# The Routledge to Advanced Japanese Reader: A Genre-Based Approach to Reading as a Social Practice



*The Routledge Intermediate to Advanced Japanese Reader: A Genre-Based Approach to Reading as a Social Practice* is designed for intermediate to advanced learners of Japanese and presents twenty-five authentic texts taken from a wide range of media and literary sources, which promote a deeper understanding of Japan among readers. The book is divided into ten genre-based chapters, allowing the learner to focus on the textual features relevant to that genre.

Key features include:

- Selected texts covering topics related to Japanese language, society and culture encountered in the Japanese media, such as news reports, interviews, film/book reviews, short stories, newspaper opinion pages and an editorial.
- Wordlists for challenging vocabulary and kanji provided throughout to aid comprehension and learning.
- Pre-reading activities to enable familiarity with the topic, the text's background and words to be encountered in the reading texts.
- Short grammar explanations of essential structures.
- Questions to help comprehension, raise awareness of genre features, promote critical reading and thinking more deeply about the content.
- Opportunities to write, utilizing what has been learned from reading the text.
- Vocabulary and grammar lists at the back of the book.

*The Routledge Intermediate to Advanced Japanese Reader* emphasizes reading as a purposeful social act, which requires readers to make meaning of the text by considering the authors' language choices (scripts, vocabulary, styles) in the text. Learners are guided to situate each text in society (for example, the author, target audience, socio-cultural background related to the subject) in order to understand the social significance of reading and writing. This book aims to help learners develop the ability to read critically and to write in Japanese for their own social purposes. It is suitable for both class use and independent study.

**Noriko Iwasaki** is Senior Lecturer in language pedagogy in the Department of Linguistics, SOAS, University of London.

**Yuri Kumagai** is Senior Lecturer in Japanese in the Department of East Asian Languages and Literatures, Smith College, Northampton, Massachusetts.

**Routledge Modern Language Readers**

SERIES EDITOR: Itesh Sachdev
*SOAS, University of London*

Routledge Modern Language Readers provide the intermediate language learner with a selection of readings which give a broad representation of modern writing in the target language.

Each reader contains approximately twenty readings graded in order of difficulty to allow the learner to grow with the book and to acquire the necessary skills to continue reading independently.

Suitable for both class use and independent study, Routledge Modern Language Readers are an essential tool for increasing language proficiency and reading comprehension skills.

Available:

Chinese
Brazilian Portuguese
Dutch
Hindi
Japanese
Korean
Polish
Turkish
Welsh

Forthcoming:

Arabic
Russian
Yiddish

# The Routledge Intermediate to Advanced Japanese Reader

## A Genre-Based Approach to Reading as a Social Practice

## ジャンル別日本語：日本をクリティカルに読む

Noriko Iwasaki and Yuri Kumagai

Routledge
Taylor & Francis Group
LONDON AND NEW YORK

First published 2016
by Routledge
2 Park Square, Milton Park, Abingdon, Oxon OX14 4RN

and by Routledge
711 Third Avenue, New York, NY 10017

*Routledge is an imprint of the Taylor & Francis Group, an informa business*



*British Library Cataloguing in Publication Data*
A catalogue record for this book is available from the British Library

*Library of Congress Cataloging in Publication Data*
A catalog record for this book has been requested

ISBN: 978-0-415-59377-9 (hbk)
ISBN: 978-0-415-59378-6 (pbk)

Typeset in Scala
by Graphicraft Limited, Hong Kong

# Contents

# Acknowledgments

In the long process of preparing this Reader, a number of people have provided us with encouragement and support, and we are truly grateful to them.

We would first like to thank the Japanese language education specialists who helped us. Miyuki Nishimata (Fukai) (and her students), Hisae Matsui, Shinji Sato, Atsushi Hasegawa, and Atsuko Takahashi tried the earlier version of the Reader and gave us tremendously helpful feedback and comments. Likewise, the students of the second author, Yuri Kumagai, used the earlier version and provided us with very useful comments. Junko Mori also examined the earlier version and gave us comments and encouragement.

We are also indebted to our colleagues and friends, who gave their precious time to help us with their expertise. First, Theresa Austin gave us valuable feedback on our original proposal for the Reader, which oriented us to the approach we adopted. Keiko Konoeda gave us helpful comments on the Essential Notes and some of the explanation on structures, and she also helped us prepare the basis of the lengthy end-of-the-book wordlist by carefully paying attention to the grammatical categories of the words. Reiko Kato gave us comments on the Essential Notes; Shinji Kawamitsu gave us insightful comments on our conceptualization of "genre" in the Reader. Tomie Takahara (the first author's long-time friend) gave us comments on the Japanese language used in the book and example sentences by carefully reading them. Vivienne Todor created beautiful scanned images for many of the texts. Connor Youngberg, who is proficient in Japanese, proofread the English language for us.

Though it was exceptionally challenging to contact all copyright holders of the texts used in this Reader, we are sincerely thankful to the authors and publishers who gave us permission to use their texts and photos promptly, willingly, and generously (once I managed to find ways to contact them!). We also thank Samantha Vale Noya at Routledge for her patience and friendly support during this time.

All of this valuable support above made it possible to publish this Reader. We express sincere gratitude to them all.

# Introduction

## 1. Goal of the book

This book is designed to help high-intermediate to advanced learners develop their ability to read authentic texts with an awareness that reading and writing are social acts. We encourage the users of this book to read not only to comprehend the content (*what* the writer says) but also to become aware of *how* the author writes to achieve their social goals in writing texts.

### 1.1 Level of the target reader

We expect the users of this book to be high-intermediate to advanced readers of Japanese. To give you a general idea of what that level means, we refer to the descriptions of the levels defined by the CEFR (Common European Framework of Reference for Languages: Learning, Teaching, Assessment) as reference here. The level targeted is approximately at B1 (or B2) Level. Readers at these levels are characterized as "Independent Users" of the language. For your information, overall reading comprehension abilities of A1–B2 readers are described below (Council of Europe 2001; p. 69) (C1–C2 levels are omitted here).

B2 Can read with a large degree of independence, adapting style and speed of reading to different texts and purposes, and using appropriate reference sources selectively. Has a broad active reading vocabulary, but may experience some difficulty with low frequency idioms.

B1 Can read straightforward factual texts on subjects related to his/her field and interest with a satisfactory level of comprehension.

A2 Can understand short, simple texts on familiar matters of a concrete type which consist of high frequency everyday or job-related language.

Can understand short, simple texts containing the highest frequency vocabulary, including a proportion of shared international vocabulary items.

A1 Can understand very short, simple texts a single phrase at a time, picking up familiar names, words and basic phrases and rereading as required.

In general, if you have successfully completed about 250 or more hours of instruction, we believe this book is suitable for you.

## 1.2 Genres and authors' language choice

The book is organized by the genre of texts. We loosely define the genre based on the social purpose/goal of the text, which has its respective genre-specific language structure. Each genre has a socially recognizable pattern for achieving its goal. In this book, we particularly focus on guiding readers to pay attention to linguistic conventions as a means to analyze text and the way in which language both reflects and constructs power relations in society and between the writers/texts and the readers. Specifically, we have the following genres in this book:

Part I: Reporting texts (Informing)
- Genre 1: the authors report events
- Genre 2: the authors report survey results

Part II: Opinion texts (Appealing; evaluating)
- Genre 3: the authors express their personal opinions/concerns related to themselves
- Genre 4: the authors evaluate a TV program, a film and a book
- Genre 5: the authors expresses an opinion about a topical social issue

Part III: Fiction (Entertaining)
- Genre 6: the authors write short stories to entertain readers

Part IV: Spoken language texts (Engaging)
- Genre 7: the authors enact interviews (with a film director, with a *Noh* performer) in written texts
- Genre 8: the authors write scripts for speeches

Part V: Essays (Narrating; responding)
- Genre 9: the authors narrate their personal experiences and express their thoughts
- Genre 10: the authors express their thoughts or opinions based on their expertise and experience, responding to societal assumptions

You are first guided to situate each text in society (for example, the author, target audience, socio-cultural background related to the subject) in order to understand the social significance of each text. You are invited to consider the author's language choices (for example, vocabulary, styles, sentence-endings) in the texts. Such textual features may not affect the information conveyed (who did what to whom), but they are bound to imply the writer's attitude towards the audience and towards the social meanings of what is being discussed.

Moreover, each genre commonly adopts some specific language features (*desu-masu* vs. the plain style, vocabulary, and sentence-ending expressions) as well as organizational patterns. Awareness and understanding of such genre-specific features will help one to be a socially effective reader-writer.

## 2. Texts and topics

We selected authentic texts from published books, newspapers, websites and a magazine. They are presented in the authentic, real-life format whenever possible either by providing the scanned images of the authentic materials or by reproducing them in a way to represent the original look as closely as possible. Items whose real size appears too small have been enlarged.

We selected topics and stories that we believe are not only interesting for those who are interested in Japanese language and culture but also are stimulating and engaging, calling for readers to think further about the topics/issues concerned. In particular, many of the texts allow readers to have glimpses of the "real" Japan, countering/challenging the popular myths surrounding Japanese people, language and culture.

The texts are ordered by their genre, content and difficulty. Because the level of difficulty is not the sole criterion for ordering the texts and because what is difficult depends on the individual reader, you may find some difficult texts appearing before what are relatively easy texts for you. But whenever a text contains words or expressions that appear to be challenging, we provide assistance by having a substantive vocabulary list and some important information on the key structures, expressions and concepts.

## 3. Treatment of vocabulary and key terms

Because vocabulary and kanji often pose challenges to readers, we have tried to facilitate the learning of vocabulary by providing vocabulary in several ways.

In the Vocabulary List 語彙 appearing before each target text, we provide a list of words that are likely to be difficult (for example, rarely introduced in elementary-intermediate textbooks, not used frequently in daily life), along with the reading of the kanji and the meaning (the closest English equivalent) in the given context in the text. In the list, the far left column indicates in which paragraph the word appears.

This list is given to help you allocate more attention and time to the content and textual features of each article. However, we also expect you, as an autonomous reader, to use some reading strategies (for example, guessing the meaning of some words in context, temporarily ignoring some words) and to look up other words and kanji that you are not familiar with. This wordlist does not include place names. For some loaded words (for example, 帝国主義（ていこくしゅぎ） "imperialism"), it does not provide explanation beyond the English equivalent. We would like readers to make a judgment as to what information to look up and where to find it (for example, dictionaries, web pages, encyclopedias).

Words and their English equivalents may also be presented in the pre-reading activity section 読む前に, either as 参考語彙（さんこうごい） (useful vocabulary) or as 重要語彙（じゅうよう） (essential vocabulary). This activity will give you the opportunity to use these words prior to encountering them in the text.

Besides the vocabulary used in the text, at the end of this introduction we provide "Vocabulary for Discussion of Texts," which lists words that are useful for in-depth discussion and analysis of texts. Many of them are often used in the questions in this book.

Once a given word is presented in any of the previous sections, it is not presented in 語彙 again. But, words appearing in the wordlists are given at the end of the book, except for proper nouns and words in the "Vocabulary for Discussion of Texts," and some very specialized words that rarely appear in other texts, for example, types of rescue activities in disaster-stricken areas, Japanese culinary terminology. The words are ordered in the same order as the Japanese syllabary.

## 4. Organization of questions for analysis, discussion and writing

読む前に (Pre-reading questions and activities): This section helps you start thinking about the topic dealt with in the text and to become familiar with some of the key words by using them to discuss the topic.

読みながら (While-reading questions): These questions lead you to pay attention to some features of the text and to look for the main idea.

読んだ後で：内容確認 (Comprehension questions): Needless to say, it is important to comprehend the important ideas in the texts, and these questions are given to assess the comprehension of the content.

読んだ後で：考えてみよう（ことば）(Questions for the analysis of textual features): These questions are posed in order to encourage you to analyze and discuss language features (for example, vocabulary choice, writing style, sentence endings). It is important to think and talk about language choices that the author has made, and their purposes, in order to develop your ability to read texts critically. Subsection 6 "Vocabulary for discussion of texts" will help you discuss the questions given in the book. "Essential Notes on Genre-based Language Choice" on p. 202 provides some useful information that aids analysis and discussion.

読んだ後で：考えてみよう（内容）(Questions to aid further thinking about the content): These questions provide opportunities to think deeper about the topic and in many cases to generate ideas which you may want to convey about the topic in the writing activities that follow.

書いてみよう In real life, people respond to what they read by discussing the topic with their friends, family or colleagues, or by writing blog posts, emails, or essays. Reading is part of social practices, and people may want to report what they have read, express their opinions or persuade others to agree with them. You will have an opportunity to make your own language choices that you think best serve your purposes, utilizing the understanding you gained by reading and discussing the texts.

## 5. Treatment of expressions/structures

The vocabulary list is immediately followed by a list of expressions (= 表現 (ひょうげん)) whose meanings or structures may require some attention. English equivalents are provided for these expressions. If the expressions are important (especially in the target genre), more explanations and/or example sentences are provided at the end of the section called 表現文型 (ひょうげんぶんけい) to help you understand how the expressions are used.

The content of the example sentences is related to the topic of the text. This is because we would like the reader to keep thinking about the topic at hand when trying to learn new expressions rather than departing from it for the sake of learning an expression/structure.

A given important expression is explained only once. You are guided to read the explanation given where the expression appeared for the first time. A list of all expressions/structures can be found at the end of the book. To explain the usage of the expressions and to provide grammatical information in the end-of-the-book wordlist, the following notations and terms are used. Some important properties of the word categories are also noted.

| | | |
|---|---|---|
| S | sentence | This includes subordinate clauses. |
| N | noun | |
| V | verb | The verb forms are also indicated as:<br>1. stem: the part that is followed by *–masu* in the *–masu* form, e.g., 書き、食べ<br>2. dictionary form: the form that appears in the dictionary, e.g., 書く、食べる<br>3. te: *te*-form, e.g., 書いて、食べて<br>Besides the irregular verbs する and 来る, verbs in the end-of-the-book wordlist are marked as *-ru* verbs and *-u* verbs. They are also marked either as Vi (intransitive verb) or Vt (transitive verb). |
| VN | verbal noun | Most verbal nouns can be used either as a noun or a verb by adding する, e.g., 勉強（勉強が好きだ；日本語を勉強する）. |
| A | adjective | A group of words often called *i*-adjectives, e.g., 高い、優(やさ)しい. |
| AN | adjectival noun | A group of words often referred to as *na*-adjectives such as きれい, しずか and 便利. Because its formation is similar to nouns in many respects, it is indicated as AN in this book. Though most ANs are followed by な when modifying nouns (しずかな部屋), some are used with の (特有(とくゆう)の "peculiar"). |
| Adv | adverb | Besides genuine adverbs, many adverbs are formed from nouns (〜に / 〜で), adjectival nouns (〜に) or adjectives (〜く). |
| Mim | mimetic word | Mimetic words are often called オノマトペ. Like English onomatopoeia, some mimetic words mimic sounds, but there are also words that describe manner, state, emotion and pain. They are typically used as adverbs, but they are extremely versatile in the ways they are used. See Essential Notes 6. |

## 6. Vocabulary for discussion of texts

The vocabulary list below provides useful words for discussing texts. Many of them are used in questions that precede or follow each text you will read in this Reader. Synonymous words that may be used (nearly) interchangeably are also given. Some of the important words (features) are explained in Essential Notes on Genre-based Language Choice (p. 202).

| | | |
|---|---|---|
| あ | 意義（いぎ） | significance |
| | 意識（いしき） | awareness |
| | 意図（いと） | intention |
| | 意味合い（いみあい） | implication; nuance; similar to ニュアンス |
| | 印象（いんしょう） | impression; similar to イメージ<br>e.g., 印象を与（あた）える "give an impression"; 印象を受（う）ける "receive an impression" |
| | 引用（いんよう）（する） | quotation; (to quote) |
| | 受け身（形） | passive voice (or passive form); also referred to as 受動態（じゅどうたい） |
| | 裏付（うらづ）ける | to support one's opinion or argument. The noun 裏付け is also often used to refer to one's supporting evidence. |
| | 影響（えいきょう）（する） | influence; impact; (to influence) |
| | 描（えが）く | to depict; illustrate; similar to 描写（びょうしゃ）する |
| か | 解釈（かいしゃく）（する） | interpretation; (to interpret) |
| | 解説（かいせつ）（する） | commentary; (to provide commentary); similar to 説明（する） |
| | 外来語（がいらいご） | loanwords → See Essential Notes 5 |
| | 画像（がぞう） | (visual) image; also referred to as イメージ |
| | 下線（かせん） | underline, e.g., 下線を引く "to underline"; 線を引く "draw lines" |
| | 課題（かだい） | a task; a problem |
| | 漢語（かんご） | Sino-Japanese compounds (words originally borrowed from Chinese or words that consist of Chinese characters) → See Essential Notes 5 |
| | 慣用句（かんようく） | an idiom; also referred to as イディオム |

| | | |
|---|---|---|
| | きかん<br>機関 | an organization |
| | きじ<br>記事 | a report; an article |
| | きしゃ<br>記者 | a reporter; also referred to as レポーター |
| | 疑問文 | an interrogative sentence |
| | きょうかん<br>共感（する） | sympathy; (to sympathize) |
| | くべつ<br>区別（する） | distinction; (to make a distinction) |
| | けいこう<br>傾向 | tendency, e.g., 傾向がある "There is a tendency"; 傾向が見られる "A tendency is seen." |
| | けいけん<br>経験（する） | experience; (to experience), e.g., 経験に基(もと)づく "is based on (one's) experience." |
| | けんさく<br>検索（する） | search; (to search), インターネット検索（をする）"do a web search; search on the web" |
| | げんしょう<br>現象 | a phenomenon |
| | こうか<br>効果（がある） | effect; (to have some effect, to be effective). 効果的 (effective) may be also useful. |
| | こうご<br>口語（的［な］） | spoken language; (colloquial) also referred to as 話しことば的 or 話しことばらしい |
| さ | さ<br>～を指す | to point to; to indicate; to refer to |
| | さべつ<br>差別（する） | discrimination [racial/social, etc.]; (to discriminate) |
| | 使役（形） | causative |
| | 指示語 | demonstrative words (これ、その etc.) |
| | じじつ<br>事実 | fact |
| | してん<br>視点 | perspective |
| | しゅじんこう<br>主人公 | protagonist |
| | しゅちょう<br>主張（する） | assertion; a claim; (to assert; to claim) |
| | じょうほう<br>情報 | information; also referred to as インフォメーション |
| | しんらい<br>信頼性 | trustworthiness; reliability |
| | しりょう<br>資料 | materials; data |
| | すいそく<br>推測（する） | conjecture; inference; (to infer) |

| | | |
|---|---|---|
| | ステレオタイプ | stereotype |
| | 接続詞（せつぞくし） | conjunction |
| | 説得（せっとく）（する） | persuasion; (to persuade) |
| | 説明（せつめい）（する） | explanation; (to explain) |
| | 選択（せんたく）（する） | choice; (to choose); similar to 選ぶ（えらぶ） |
| た | 体言（たいげん）止め | a sentence-ending style in which sentences end with nouns → See Essential Notes 3 |
| | 対象（たいしょう） | target, (often used to refer to the writer's target audience) |
| | 態度（たいど） | attitude 〜態度がうかがえる "(a certain type of) attitude can be detected/recognized." |
| | 代名詞 | a pronoun |
| | 多様性（たようせい） | diversity |
| | 段落（だんらく） | a paragraph |
| | 短所 | a shortcoming; a weak point; a demerit; also referred to as 欠点（けってん）; デメリット |
| | 調査（ちょうさ） | a survey; an investigation |
| | 長所（ちょうしょ） | an advantage; a strong point; a merit; also referred to as 利点（りてん）; メリット |
| | 出来事（できごと） | an event; a happening |
| | 登場（とうじょう）（する） | people's/characters' appearance in text; (to appear), 登場人物 "the characters in a story" |
| | 読者（どくしゃ） | readers; also referred to as 読み手（よみて） |
| | 特徴（とくちょう） | a special feature; characteristics |
| な | 内容（ないよう） | content |
| は | 背景（はいけい） | background |
| | 発言（はつげん）（する） | a remark; an utterance; (to remark) |
| | 発話（はつわ） | an utterance |
| | 反応（はんのう）（する） | reaction; (to react) |
| | 批判（ひはん）（する） | critique; (to criticize), c.f. 批判的 (critical) |

| | | |
|---|---|---|
| | ひっしゃ<br>筆者 | an author; also referred to as 書き手 (someone who writes, a generic term); 作者 (typically a writer/creator of works made public); 著者 (ちょしゃ) (a book author); 作家 (a writer of literary works, or a creator of some artistic work). |
| | ひゆ<br>比喩 | metaphor; also referred to as メタファー |
| | ひょうげん<br>表現（する） | expression; (to express, e.g., emotion)<br>e.g., 感情 (かんじょう) を表現する; 気持ちを表現する, cf. 意見を述べる; 意見を言う |
| | ひょうじゅんご<br>標準語 | the standard language |
| | ぶんご<br>文語（的［な］） | written/literary language; also referred to as 書きことば的 or 書きことばらしい |
| | ぶんたい<br>文体 | (sentence/writing) style; also referred to as スタイル → See Essential Notes 1 |
| | ぶんまつ<br>文末 | sentence ending → See Essential Notes 4 |
| | へんけん<br>偏見 | prejudice; bias 偏見がある; 偏見を持つ "have prejudice" |
| | べん<br>～弁 | suffix for denoting a regional variety of Japanese. 大阪弁 "Osaka variety". Typically translated as dialect → See Essential Notes 9 |
| | ほうげん<br>方言 | a dialect/variety |
| | ほうこく<br>報告（する） | report; (to report) |
| | ほうどう<br>報道（する） | news coverage; (to broadcast) |
| ま | もくてき<br>目的 | purpose, e.g., 目的を果たす "accomplish a purpose" |
| や | やくわり<br>役割 | a role; similar to 役目 |
| ら | れんそう<br>連想（する） | association (of ideas); (to associate) |
| わ | わご<br>和語 | native Japanese words (i.e., not borrowed from Chinese) → See Essential Notes 5 |

# Part I
# NEWSPAPERS: REPORTING TEXTS (INFORMING)

新聞記事以外でも見られるジャンルですが、特に新聞では、社会でどのような出来事や事件があったか、どういう現象がみられるかについての調査結果が報道されることが多いです。

## ジャンル1 出来事を報告する

情報（いつ、どこで、だれが、何を、どうして）を把握するだけではなく、記者がその情報をどのような視点から報告しているかも考えましょう。

**1.1** 外国人ボランティア活躍（読売新聞）
**1.2** アニメのタイガーがプレゼント！？児童相談所にランドセル（MSN 産経ニュース）
**1.3** 米兵の子 4 人を殺人未遂容疑で逮捕　バイク女性転倒事件（朝日新聞）

## ジャンル2 調査結果を報告する

調査報告には、調査の結果だけではなく、その背景、解釈（どうしてそのような結果になったか）、関係者のことばの引用、記者のコメント（感想や意見）が含まれていることがあります。事実と意見を区別しながら読みましょう。

**2.1** 22.5% ... 赤いランドセル購入の女児（読売新聞）
**2.2** 情報通信白書：震災でツイッター利用者急増（毎日新聞，共同通信社）
**2.3** 「2500 言語　消滅危機」：アイヌ「最も危険」（朝日新聞）

# ジャンル 1
# 出来事を報告する

1. あなたの住むところでは、どんな新聞が読まれていますか。

   a. 紙に印刷（いんさつ）された新聞がいくつぐらい簡単に手に入りますか。なんという新聞ですか。

      全国紙（全国で売られている新聞）：
      地方（ちほう）紙（あなたの地方だけで売られている新聞）：

   b. それぞれどんな新聞ですか。次の点について考えなさい。

      i. どんな読者が多いでしょうか。（考え方、職業、住んでいるところ）
      ii. 読者はどんな目的でその新聞を読むと思いますか。
      iii. どんな情報が多いですか。

   c. 紙に印刷された新聞とインターネットのニュースサイトとは、どう違うと思いますか。

2. あなたはどんな新聞を読みますか。その新聞について答えなさい。

   a. どうしてその新聞を読むことが多いですか。
   b. 次のトピックのうち、どのトピックの記事が多いですか。

      事件（じけん），社会，政治，経済，文化，芸能（げいのう），その他（　　　　　　　　）

   c. 次のジャンルのうち、どのジャンルの記事が多いですか。

      事件など出来事（できごと）の報告（ほうこく），社会の状況（じょうきょう）・現象（げんしょう）についての報告，解説（かいせつ），エッセー，読者の意見，社説（しゃせつ），その他（　　　　　　　　）

3. 木村 (2004) によると日本の全国紙の読者層 (readership) には以下のような特徴があるということです。あなたは、どの新聞を読みたいと思いますか。どうしてですか。

〈キーワード〉: 革新的 (progressive), 保守的 (conservative), (〜を) 占める (account for)

| | |
|---|---|
| 朝日新聞 | 日経新聞に次いで高学歴（短大・大学・大学院）の読者が多い。ホワイトカラーが 50%近くを占める。革新的な政党を支持する人が多い。 |
| 産經新聞 | 男性が 56%でやや女性より多い。60 歳以上が 40%近くを占める。ホワイトカラーが約 41%，ブルーカラーが 25%。保守的な意識の人が多い。 |
| 日本経済（日経）新聞 | 男性が 70%近くを占め，40–50 歳代が多い。高学歴の人が 62%，ホワイトカラーが 67%。与党 (ruling party) を支持する人が多いが，革新的に傾いている。 |
| 毎日新聞 | 60 歳以上が 40%，無職が 46%を占める。 |
| 読売新聞 | ホワイトカラーが約 35%。他紙よりブルーカラーの割合が多く，約 26%。保守的な意識の人が多い。 |

* 木村 雅文 (2004)「現代日本の新聞読者層– JGSS–2002 からのデータをもとにして–」『JGSS 研究論文集』3, 59–75.

## (1) 読売新聞　外国人ボランティア活躍

**読み物について**

読売新聞（ウェブ版）に 2011 年 5 月 4 日に掲載された。2011 年 3 月 11 日に起こった東日本大震災後の被災地のニュース。当時、海外では被災地が危険であると大きく報道されていた。

## 読む前に

1. あなたはボランティアをした経験がありますか。以下にあなたの参加した活動がありますか。

   泥(どろ)のかき出し (scraping out mud), がれき撤去(てっきょ) (removal of debris), 掃除(そうじ) (cleaning, sweeping), ゴミ拾(ひろ)い (garbage disposal), 募金(ぼきん)運動 (fund-raising campaign), 炊(た)き出(だ)し (emergency distribution of food)

2. 外国でボランティアをするということには、どんな意義(いぎ)があると思いますか。

3. 2011年3月11日に日本で起きた災害(さいがい)について日本語で（以下のキーワードを使って）簡単に説明してください。知らない人はインターネットで調べてみましょう。

   地震(じしん) (earthquake), 津波 (tsunami), 原子力発電所(げんしりょくはつでんしょ) (nuclear power plant), 事故 (accident), 放射能(ほうしゃのう) (radiation), 漏(も)れ (a leak), 漏れる (to leak), 死者 (people who died), 被害者(ひがいしゃ) (victims)

## 語彙

| | | | | |
|---|---|---|---|---|
| T | 活躍(かつやく)（する） | playing an active role | あっせんする | act as (an) intermediary [between] |
| 1 | 不安(ふあん) | uneasiness; anxiety | （～を）去(さ)る | leave; desert |
| | 被災地(ひさいち) | disaster-stricken area | | |
| 2 | 同行(どうこう)する | accompany sb [to (a place)] | 受け入れ | receiving; acceptance |
| | 態勢(たいせい) | preparedness | 充実(じゅうじつ) | enhancement |
| 3 | 恩返(おんがえ)し | repaying an obligation | | |
| 4 | ～在住(ざいじゅう) | residing [in] | 下旬(げじゅん) | toward the end [of ] |
| | 姿(すがた) | appearance | 状況(じょうきょう) | condition; situation |
| | 前向き（な） | forward-looking | （～に）感銘(かんめい)する | be (deeply) moved [by] |
| 5 | 脱出(だっしゅつ) | escape [from] | 大げさ（な） | exaggerated |
| | （～に）憂慮(ゆうりょ)（する） | fear; worry [over] | 交流(こうりゅう)サイト | social-networking sites |
| | 冷静(れいせい)（な） | calm; cool | 呼(よ)びかけ | appeal |

| | | | | |
|---|---|---|---|---|
| 6 | 募集（ぼしゅう） | recruitment | （～に）応（おう）じる | respond [to] |
| | 途上国（とじょうこく） | a developing country | 汗（あせ）を流（なが）す | sweat |
| 7 | 相互理解（そうごりかい） | mutual understanding | 一役（ひとやく）買う | take part [in]; help sb out |
| 8 | 派遣（はけん）（する） | dispatch | 広報（こうほう） | public relations |
| | 担当（たんとう） | being in charge | 問い合わせ | inquiry |
| | 予想（よそう） | expectation | | |
| 9 | 支援（しえん） | support sb | 人手（ひとで） | a worker; a hand; help |
| | 同胞（どうほう） | a (fellow) countryman | 発信する | send a message |
| | （～に）接（せっ）する | come into contact [with] | 波及（はきゅう）する | spread (sth) [to] |

## 表現

1. （段落 1）多くの日本人が去る一方、～ (S1 一方、S2). "While S1, S2." → 表現文型 1
2. （段落 4）（一週間）にわたり "throughout (time); for as long as (time)"
3. （段落 4）言葉を交（か）わす "exchange words"
4. （段落 5）ただ、S. "But; That said" → 表現文型 2
5. （段落 5）N を通（つう）じて "through N" → 表現文型 3
6. （段落 7）N を介（かい）して "through N" → 表現文型 4
7. （段落 7）N に沿（そ）う "be in accordance with ～; meet" → 表現文型 5
8. （段落 9）～は、～ということだけにとどまらない（N1 は N2 だけにとどまらない）"N1 does not stop at N2; N1 goes beyond N2" → 表現文型 6

## 読みながら

1. この記事の中で一番大事な段落（だんらく）はどれだと思いますか。
2. 文末（ぶんまつ）に下線を引きなさい。どんな特徴（とくちょう）がありますか。
3. 記事に登場する人や機関（きかん）に下線を引きなさい。
4. 引用（いんよう）の「」はどこで用（もち）いられていますか。だれのことばを引用していますか。

## 外国人ボランティア活躍



### ＮＧＯなどあっせん

1 東京電力福島第一原子力発電所の放射能漏れ事故への不安などから、多くの外国人が日本を去る一方、ボランティア活動をするために被災地に入る外国人も少なくない。

2 あっせんするＮＧＯが日本人通訳を同行させるなど、外国人ボランティアの受け入れ態勢の充実も進む。

3 「日本に来て１３年。いい仕事、いい奥さんをもらった。だからこの国に恩返しをしたい」

4 東京在住のカナダ人ハミルトン・ロバートさん（３９）は４月下旬、１週間にわたり、宮城県石巻市で泥のかき出しや家具の掃除をした。言葉を交わした被災者の姿に、「状況はひどいが、みんな前向きで、大きな希望を見た」と感銘した。

5 ただ、外国人の国外脱出や海外メディアの大げさな報道に憂慮。交流サイト「フェイスブック」を通じて冷静な反応を呼びかけ、ボランティアへの参加や募金への協力を求める。

6 ハミルトンさんはＮＧＯ「ピースボート」（東京都新宿区）のボランティア募集に応じて石巻に行った。ピースボートはもともと日本人を対象に途上国へのボランティアをあっせんしてきたが、３月下旬から、日本人や国内外の外国人に向けて震災ボランティアの募集を開始。これまで、欧米を中心に２５か国約１４０人が被災地でがれき撤去や炊き出しなどに汗を流した。

7 日本人の通訳ボランティアも同行し、被災者との会話や相互理解に一役買っている。その１人、安藤歩さん（３６）は「通訳がいると、被災者も安心して外国人ボランティアを受け入れてくれるし、外国人ボランティアも通訳を介して、被災者の希望に沿った活動ができる」と説明する。

8 ＮＧＯ「ＪＥＮ」（同）も震災後、英語やフランス語のサイトを作り、４月から外国人ボランティアの募集を始めた。これまでに約３０人を派遣。広報担当の浜津裕香さん（３６）は「被災地でボランティアをしたいという海外からの問い合わせも、予想以上に多い」と驚いている。

9 外国人ボランティアが活躍する意味は、支援の人手が増えるということだけにとどまらない。ピースボートの共同代表を務める吉岡達也さん（５０）は「日本に不安を感じている外国人も、同胞が被災地から発信した生の情報に接すれば安心するはず。正しい情報を波及させるためにも、できる限り外国人ボランティアを派遣したい」と考えている。

◇

外国人ボランティアについての問い合わせは、ピースボート（０３・３３６３・７９６７）、ＪＥＮ（０３・５２２５・９３５２）へ。

（2011年5月4日 読売新聞）

## 読んだ後で：内容理解

1. 東日本大震災の後、どんな理由で外国人が日本を去りましたか。また、どんな理由で日本に来る外国人が増えましたか。
2. 外国人ボランティアを受け入れるためには、どんな態勢が必要でしょうか。どうしてですか。
3. ハミルトン・ロバートさんは、どうしてボランティア活動をすることにしたのですか。いつ、どこに行って、どんなことをしましたか。今は、どんな活動をしていますか。
4. 段落 5 に「海外メディアの大げさな報道に憂慮」とあります。「大げさな報道」とはどんな報道を指すのでしょうか。
5. NGO「ピースボート」は、どんな団体（だんたい）ですか。震災後、どんな活動を始めましたか。
6. 段落 9, 3 行目：「同胞（どうほう）」とは、誰のことを指していますか。
7. 記事に書かれている外国人ボランティアが活躍する意味を 2 つあげなさい。

## 読んだ後で：考えてみよう（ことば）

1. この記事の文体は「です・ます」体ではなく、普通体（ふつうたい）（例えば「〜ない。」「〜進む。」）で書かれています。書きことばでは、どんな場合に普通体、どんな場合に「です・ます」体が使われているのだと思いますか。(→ Essential Notes 1, 2)
2. 右のカッコ内の表現と比べて、次のような「だ」を使わない、名詞で終わっている表現（「体言止め（たいげんど）」）にはどんな効果があると思いますか。(→ Essential Notes 3)

   a. 段落 3「**〜 13 年。**」（13 年になる。）
   b. 段落 5「**〜憂慮。**」（憂慮している。）
   c. 段落 6「**〜開始。**」（開始した。）
   d. 段落 9「**〜はず。**」（はずだ。）

3. 引用のことばがあると、どんな効果があると思いますか。
4. 次の二つの言い方ではどう印象が違うと思いますか。英語でも sweat や perspire を使ったイディオムがありますか。どういう意味ですか。「汗」という言葉は同じような意味で使われていますか。

   a. **被災地でがれき撤去や炊き出しなどに汗（あせ）を流した。**（6 段落， 4–5 行目）
   b. **被災地でがれき撤去や炊き出しなどに一生懸命身体（いっしょうけんめいからだ）を動かした。**

## 読んだ後で：考えてみよう（内容）

1. 「海外メディアの報道」と「同胞が発信した生（なま）の情報」とでは、その内容や信頼性（しんらい）にどんな違いが考えられますか。どうしてですか。
2. 「フェイスブック」のような交流サイトや「ツイッター」のような情報サービスは、災害時にどんな役割を果たすことができると思いますか。

3. この記事を読んで、外国人がボランティアをするということには、どんな意義があると思いますか。

## 書いてみよう

英語や日本語など自分のわかる言語を使ってインターネットでボランティア活動の記事を探して、それについて日本語で報告してください。体言止めも使ってみましょう。例えば、記事で紹介されている「JEN」のサイト (www.jen-npo.org/en/index.html) には、英語、日本語、フランス語のウェブページがあるので、見てみましょう。

## 表現文型

1. **S1 一方(いっぽう), S2**. "While S1, S2." "On one hand, S1. But on the other hand, S2." This expression is used to describe two contrasting phenomena or two distinctive events happening simultaneously. It is usually used in written texts or in formal speeches. 一方, or その一方 can also be used at the beginning of a sentence, following another sentence: S1.（その）一方、S2, as shown in Example b.

   【本文】放射能漏れ事故への不安などから、多くの外国人が日本を去る**一方**、ボランティア活動をするために被災地に入る外国人も少なくない。（1 段落 2 行目）

   【例】

   a. 新聞記事の情報は客観的な印象がある**一方**、フェイスブックなどの情報は現実的で身近に感じられる。
   b. 日本のメディアでは放射能の危険は少ないと報道されていた。その**一方**、外国のメディアでは放射能の危険が大げさに報道されているようだった。

2. **ただ, S**. "But; That said, ～." This expression is used to add a cautionary note to supplement what has been mentioned earlier. (→ Essential Notes 8)

   【本文】**ただ**、外国人の国外脱出や海外メディアの大げさな報道に憂慮。（5 段落 1 行目）

   【例】

   a. インターネットの発達により様々な情報が簡単に手に入るようになったのは事実だ。**ただ**、情報の氾濫(はんらん)という問題も起こるため、その信頼性(しんらいせい)を読み解(と)く力が必要となる。
   b. 被災地へのボランティア活動を希望する人々が多いのはすばらしい。**ただ**、そのボランティアの人たちの受け入れ態勢を整えることに努力しなければならない。

3. **N を通(つう)じて** "through ～"; **N を介(かい)して** "through ～". *-te* forms of verbs often function as the equivalents of English prepositions. These expressions are *-te* forms of the verbs 通じる and 介する (or 介す). Though they are interchangeable in some contexts, there are slight differences due to the original meanings of the verbs: i.e. 通じる is more general (roughly "to get through"); 介する / 介す, primarily refers to

the means of communication used by two parties. For this reason, 〜を通じて is used to describe various types of means, methods, routes whereas the usage of 〜を介して may be more limited. Both are often used in written texts. In addition, 通じて is often interchangeable with the alternative 通(とお)して in written texts as well as spoken language.

【本文】交流サイト「フェイスブック」**を通じて**冷静な反応を呼びかけ、ボランティアへの参加や募金への協力を求める。(5 段落 1–2 行目)

【本文】「通訳がいると、被災者も安心して外国人ボランティアを受け入れてくれるし、外国人ボランティアも通訳**を介して**、被災者の希望に沿った活動ができる」と説明する。(7 段落 3 行目)

【例】〈通じて〉

a. 私はそのボランティア団体**を通じて**、福島へ派遣された。
b. 様々な情報網(もう) (information network) **を通じて**、参加できるボランティア活動を探した。

【例】〈介して〉

a. インターネット**を介して**、被災地の友人に連絡をとることができた。
b. 英語のわかる友人**を介して**、被災者と交流した。

4. **N に沿(そ)う** "be in accordance with; meet; go along 〜" The verb 沿う is used to refer to movement along a physical entity (for example, go along a road, river, building) or follow or go along with some rule, expectation or request. With the former meaning, the expression is used both in informal and formal language; with the latter meaning, it is often used in written texts or in formal spoken language (also written as 添(そ)う).

【本文】被災者の希望**に沿った**活動ができる。(7 段落 3 行目)

【例】

a. ボランティア募集機関の期待**に沿う**人材を派遣する。
b. 被災地では道路**に沿って**がれきの山が積(つ)みあげられていた。

5. **N1 は，N2(だけ)にとどまらない**. "(N1) does not stop at N2; (The significance/effect of) N1 goes beyond N2." N1 and N2 can be simple nouns or nominalized verbs or sentences using such expressions as 〜(という)こと. It is typically used in written texts or in formal speeches.

【本文】外国人ボランティアが活躍する意味は、支援の人手が増えるということ**だけにとどまらない**。(9 段落 1–2 行目)

【例】

a. 津波の被害(ひがい)は人命(じんめい)被害**だけにとどまらない**。
b. 震災についての報道は災害の状況を報告すること**にとどまらなかった**。被災した人々の気質についても報道された。

## （2）MSN 産経ニュース　アニメのタイガーがプレゼント！？児童相談所にランドセル　群馬

**読み物について**

MSN 産経ニュース（ウェブ版）に、2010 年 12 月 28 日に掲載された。その後の「伊達直人（だてなおと）/タイガーマスク」現象のきっかけとなった出来事を報告する記事。

## 読む前に

1. 見出しを読んで、どんな記事か推測（すいそく）してみましょう。
2. 「タイガーマスク」というのは、1968 年から 1971 年まで、少年対象の週刊マンガ雑誌に連載（れんさい）されたプロレスマンガおよびアニメ作品です。「タイガーマスク」についてインターネットで調べてみましょう。

   a. どんなキャラクターでしたか。画像検索（がぞうけんさく）してみましょう。
   b. どんなストーリーでしたか。

3. 以下の言葉を使って「タイガーマスク」のストーリーを説明してください。

   主人公（しゅじんこう） (the protagonist), プロレスラー (a professional wrestler), 覆面（ふくめん） (a mask), 孤児院（こじいん） (an orphanage), 寄付（きふ）する (donate), 本名（ほんみょう） (one's real name)
   伊達直人（だてなおと） (Naoto Date, Tigermask's real name)

4. 「ランドセル」についてインターネットで調べてみましょう。

   a. 見たことがありますか。画像検索してみましょう。
   b. 何のために使いますか。
   c. あなたの国では、小学校に入学する子どもたちに何をプレゼントしますか。

## 語彙

| | | | | |
|---|---|---|---|---|
| T | 児童相談所（じどうそうだんじょ） | a child consultation center | 名乗る（なのる） | give one's name |
| 1 | 差出人（さしだしにん） | the sender | ～氏 | Mr. (or Ms.) ～ |
| 2 | 正面（しょうめん） | the front | 正午（しょうご） | noon |
| | 包装する（ほうそうする） | wrap | （～を）積み上げる（つみあげる） | pile sth up |
| | 出勤する（しゅっきんする） | go to work | 相当（そうとう）（の） | worth (amount/value) |
| | 添える（そえる） | attach | | |
| 3 | 施設（しせつ） | an institution | （～に）なぞらえる | copy/model [after] |
| 4 | 養護施設（ようごしせつ） | a child care institution | （～を）利用する（りようする） | make use [of] |

## 表現

1. （段落 1&2）同名、同相談所（同（どう） N）"above mentioned N" → 表現文型 1
2. （段落 4）S という. "They say that S" → 表現文型 2

## 読みながら

1. この記事の中で一番大事な段落（だんらく）はどれだと思いますか。
2. 文末（ぶんまつ）に下線を引きなさい。どんな特徴（とくちょう）がありますか。
3. 記事にはどんな人が登場しますか。登場（とうじょう）する人や機関（きかん）に下線を引きなさい。
4. 引用（いんよう）の「」はだれのことばを引用していますか。

## 読んだ後で：内容理解

1. 報告されている出来事について答えなさい。

   a. いつ　　b. どこで　　c. だれが
   d. 何をしたか　　e. どのようにしたか

2. ランドセルを送った人が「伊達直人（だてなおと）」という名前を使ったことに、どんな意味がありますか。

## アニメのタイガーがプレゼント！？　児童相談所にランドセル　群馬

2010.12.28 01:58

■「伊達直人」名乗り

クリックして拡大する

「伊達直人」氏から児童相談所に寄贈されたランドセル＝前橋市

1　前橋市野中町の県中央児童相談所に、ランドセル１０個の“クリスマスプレゼント”が届けられていたことが２７日、分かった。差出人は、人気プロレス漫画「タイガーマスク」の主人公と同名の「伊達直人」氏だった。住所や連絡先は書いてなかった。

2　同相談所によると、相談所の正面入り口前に２５日正午ころ、赤い紙で包装されたランドセル１０箱が積み上げられているのを出勤してきた女性職員が見つけた。ランドセルは黒、赤各５個で、計３０万円相当。クリスマスのメッセージカードが添えられ、「ランドセルです。子供達の為に使って下さい」と手書きで書かれていた。

3　漫画「タイガーマスク」では、孤児院出身の「伊達直人」が覆面プロレスラーとして活躍し、ファイトマネーを施設に寄付する場面が描かれている。相談所では「差出人の本名という可能性もあるが、有名作品になぞらえたのだろう」と推測。

4　ランドセルは来年、小学校に入学する児童養護施設の児童に利用してもらうという。

## 読んだ後で：考えてみよう（ことば）

1. 見出しにある「！？」は、どんな気持ちを表しているのでしょう。
2. 小見出し、『「伊達直人」名乗り』　から、どんな印象を受けますか。
3. 受け身（例えば「〜られる」）がたくさん使われているのはどうしてだと思いますか。
4. 右のカッコ内の表現と比べて、体言止（たいげんど）めにはどんな効果があると思いますか。(→ Essential Notes 3)

   a. 段落 3「**〜相当。**」（相当だ。）
   b. 段落 5「**〜推測。**」（推測している。）

5. 2 段落目最後「手書きで書かれていた」とありますが、それは重要な情報なのでしょうか。どうしてですか。

## 読んだ後で：調べてみよう、考えてみよう（内容）

1. この記事の写真を見てどう思いますか。写真があると、記事の印象がどう違いますか。
2. 住所や連絡先を書かず、本名を名乗らないで、プレゼントを送るという行為にはどんな意図（いと）があると思いますか。
3. プレゼントがほかのもの（例えば、文房具（ぶんぼうぐ）や運動靴（ぐつ））ではなく、ランドセルであったことにどんな意味があると思いますか。
4. この出来事の後、どのような「タイガーマスク」現象（英語では Tigermask phenomenon）が起こったのかインターネットで調べてみましょう。

## 書いてみよう

インターネットで、びっくりするような寄付についてのニュースを調べ、出来事の報告によく使われる表現（普通体・体言（たいげん）止め）を使って短い記事を書いてみましょう。

## 表現文型

1. **同（どう）N** "the same N; above mentioned N". This expression is often used in written reports.

   【本文】

   a. プロレス漫画「タイガーマスク」の主人公と**同**名の「伊達直人」だった。（1段落4行目）
   b. **同**相談所によると～（2段落1行目）

   【例】

   a. 「タイガーマスク」という競走馬（きょうそうば）が2011年6月に引退（いんたい）した。**同**馬の馬主（ばしゅ）は、賞金（しょうきん）の一部を恵（めぐ）まれない子どもたちへ寄付していた。
   b. 児童養護施設を舞台（ぶたい）にした「明日、ママがいない」というテレビドラマが2014年に放送された。**同**ドラマには様々（さまざま）な批判もあった。

2. **S という.** "They say that S; It is said that S; (She/he) says that S". This expression is often used in written (news) reports. (→ Essential Notes 4)

   【本文】ランドセルは来年、小学校に入学する児童養護施設の児童に利用してもらう**という**。（4段落）

   【例】2010年の12月に始まったタイガーマスク現象は、孤児への寄付にとどまらず、2011年には、埼玉（さいたま）県のトイレに、東北地震の被災者に使ってほしいというメッセージが添（そ）えられた百万円が置かれていた**という**。

## (3) 朝日新聞　米兵の子４人を殺人未遂容疑で逮捕 バイク女性転倒事件

**読み物について**

朝日新聞のニュースサイト (www.asahi.com) で 2009 年 12 月 5 日に報道(ほうどう)されたもの。この出来事については、この記事の前にも新聞やテレビニュースで報道されていたため、それまでの動きを知っている読者が多いと考えられる。

## 読む前に

1. 日本語の新聞を読む前に、ニューヨークタイムズの同じ出来事の記事を読みましょう。
2. 記事を読んで、どんなことが起こったのかを次の言葉を使って日本語で説明しなさい。

逮捕(たいほ)する (arrest), 転倒(てんとう)する (topple), 米軍(べいぐん) (the American military)
殺人未遂(さつじんみすい) (attempted murder), 重傷(じゅうしょう)を負(お)う (get seriously injured)
[道を横断(おうだん)するようにロープを] 張(は)る (string [a rope across the road])

**December 6, 2009**

### 4 American Teenagers Arrested in Japan

**By HIROKO TABUCHI**

TOKYO — Four teenagers from an American military base in Japan were arrested on charges of attempted murder on Saturday for allegedly toppling a woman riding her motorbike, causing her to suffer a serious head injury.

In the August episode, which has received national coverage in Japan, a 23-year-old motorbike rider suffered a fractured skull when she hit rope that the authorities say had been strung across a road by the four teenagers near the Yokota Air Base in Tokyo.

The suspects are three boys and a girl, ages 15 to 18, who all are children of United States military personnel. Local police officers arrested them after surveillance videotapes showed them near the site of the crash.

One of the teenagers sought help from a passer-by for the injured woman, according to news reports.

The police said that American officials were cooperating in the investigation.

Base-related crime is a delicate issue in Japan, where about 47,000 American troops are stationed under a mutual security pact. The United States and Japan are still negotiating the relocation of another United States military base, the Marine Corps Air Station Futenma in Okinawa, in the aftermath of a public outcry over the rape of a local schoolgirl by three American servicemen in 1995.

## ニューヨークタイムズの記事を読んで考えよう

1. どうしてこの事件がニューヨークタイムズでとりあげられたのでしょうか。
2. この記事によると、米軍側は当初（とうしょ）日本の警察に協力（きょうりょく）的でしたか。
3. ニューヨークタイムズで報道されたことが日本の新聞で報道される場合、内容（ないよう）や伝え方が違うと思いますか。違うとしたら、どんな違いがあるでしょうか。

## 語彙（前のページの言葉も参照してください）

| | | | | |
|---|---|---|---|---|
| T | 容疑（ようぎ） | suspicion | | |
| 1 | 所属（しょぞく） | affiliation | 疑（うたが）い | doubt; a question |
| | 警視庁（けいしちょう） | the Tokyo metropolitan police department | 捜査（そうさ） | criminal investigation |
| | 引（ひ）き渡（わた）し | handover; extradition | 要請（ようせい） | an appeal; a request |
| | 難色（なんしょく）を示す | show disapproval | | |
| 2 | 組織犯罪（そしきはんざい） | organized crime | 対策（たいさく） | a countermeasure |
| | 〜課 | section | 〜署（しょ） | a station (especially relating to police) |
| | 〜丁目（ちょうめ） | a unit for Japanese address | 頭蓋骨（ずがいこつ） | the skull |
| 3 | （〜に）問われる | be accused [of] | | |
| 4 | （〜に）基（もと）づく | be based [on] | 身柄（みがら） | person (e.g., involved in a criminal case) |
| | 逮捕状（たいほじょう） | an arrest warrant | 有効期限（ゆうこうきげん） | expiry date; statute of limitations |
| 5 | 現場（げんば） | the scene (e.g., of a crime) | 事情（じじょう） | the state of things |
| | 偽名（ぎめい） | a false name | 不審（ふしん）（な） | dubious; suspicious |
| | 防犯（ぼうはん）カメラ | a crime prevention camera | | |
| 6 | 倉庫（そうこ） | a warehouse | 街路灯（がいろとう） | street lights |
| | 死亡（しぼう）する | to die | おそれがある | it is feared that . . . |
| | 適用（てきよう）する | apply; adopt | | |
| 7 | 適当（てきとう）（な） | appropriate | 談話（だんわ） | comments; discussion |

## 表現

1. （段落 1）米軍横田基地（べいぐんよこたきち） “the US Yokota Air Base”
2. （段落 1）捜査関係者によると、〜という. “Those who were involved in the investigation say that 〜 ” (N によると S という) “According to N, S” → 表現文型 1
3. （段落 1）S1 ものの、S2. “Though/Although 〜.” → 表現文型 2
4. （段落 2）逮捕容疑は〜重傷を負わせたもの (N は S もの) “The charge was causing an injury . . .” → 表現文型 3
5. （段落 4）日米地位協定（にちべいちいきょうてい） “US-Japan Status of Forces Agreement”
6. （段落 6）気づかずに ( V ずに〜 ) “Without V-ing” → 表現文型 4
7. （段落 7）米軍司令部（べいぐんしれいぶ） “US Military Headquarters”

## 読みながら

1. 一番重要な段落はどれだと思いますか。
2. 記事にはだれが登場しますか。登場する人や機関（きかん）に下線を引きなさい。
3. いつのことか（何月か、何日か）についての部分に線を引きなさい。
4. どんな文末表現の文が多いですか。文の終わりに下線を引いて考えなさい。
5. 引用（いんよう）の「」はどこで用（もち）いられていますか。だれのことばを引用していますか。

## 米兵の子4人を殺人未遂容疑で逮捕　バイク女性転倒事件

2009年12月5日11時57分

ブログに利用する

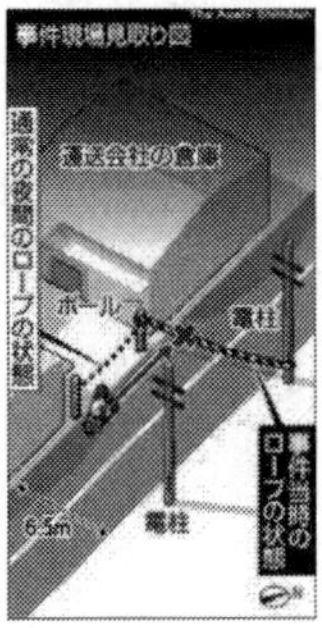

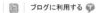

1　東京都武蔵村山市で8月、道路に張られたロープでバイクの会社員の女性(23)が転倒し重傷を負った事件で、警視庁は5日、在日米軍横田基地所属の米兵の子の少年少女4人を殺人未遂の疑いで逮捕した。捜査関係者によると、同庁の引き渡し要請に対し米軍側は当初難色を示したものの、最終的に応じたという。

2　組織犯罪対策2課と東大和署によると、逮捕されたのはともに高校1年で基地外に住む17歳の姉と15歳の弟、基地内に住む高校1年の15歳の少年と18歳の無職の少年。高1の3人はいずれも基地内の高校に通っているという。逮捕容疑は、同市伊奈平1丁目の市道を横断するようにロープを張り、8月13日午後11時半ごろ、通りかかった同市内の女性のバイクの前部にロープを引っかけて転倒させ、頭蓋骨(ずがいこつ)が折れる重傷を負わせたもの。

3　調べに姉弟は「ロープを張ったのはほかの2人だ。けがを負わせるつもりでやったのではない」と話し、18歳の少年は「ロープは4人で相談して張った。殺人未遂に問われるとは思わなかった」と話しているという。

4　2人が基地内に住んでいるため、同課は日米地位協定に基づき米軍側に身柄の引き渡しを求めていた。同課は11月24日に殺人未遂容疑で4人の逮捕状を取ったが、米軍側が引き渡しに応じない状態が続き、今月1日に有効期限が切れたため逮捕状を更新していた。

5　捜査関係者によると、第1発見者が車で現場を通りかかった際、女性が倒れているそばに外国人の少年少女4人がおり、警察官が4人から事情を聴いたが、偽名を名乗るなど不審な点があった。近くの防犯カメラに事件直前、4人が映っていたという。

6　現場付近は倉庫が立ち並び、街路灯は道路の片側にしかなく、夜間は見通しが悪い。同課は、ロープが見えにくいため、バイクや自転車が気づかずに引っかかって転倒すれば死亡するおそれがあることを判断できたはずだとして殺人未遂容疑を適用した。

7　在日米軍司令部は「この件について検討した結果、引き渡すのが適当だと判断した」との談話を出した。

## 読んだ後で：内容理解

1. 段落1に書かれている出来事（逮捕（たいほ））について答えなさい。
   - a. いつ
   - b. どこで
   - c. だれが
   - d. 何をしたか
   - e. どうして
   - f. どのように（米軍側とのやりとりは？）
   - g. fの情報はだれからの情報か
2. 読みながらで線を引いた時間の情報を使って何が起こったか順番に書き出しなさい。
3. 段落1の情報はだれから得（え）られた情報ですか。
4. 逮捕された4人について説明しなさい。

5. どんな容疑で逮捕されましたか。
6. 組織犯罪対策課が逮捕状を取ったのはいつでしたか。
7. どうしてこの 4 人が疑われていますか。
8. どうして「殺人未遂」の罪に問われることになったのでしょうか。

## 読んだ後で：考えてみよう

1. 段落 2 の最後の文「逮捕容疑は〜もの。」の文では、使役形（「転倒させ」「重傷を負わせた」）が使われています。どうしてこの場合は使役形が使われているのでしょうか。次の a と b の文を比べて読者の印象がどう違うと思いますか。

   a. **４人がロープを張り通りかかった女性を転倒させ、重傷を負わせた。**
   b. **４人の張ったロープで通りかかった女性が転倒し、重傷を負った。**

2. ニューヨークタイムズにはなかった情報はどんな情報ですか。どうしてニューヨークタイムズにその情報はなかったのだと思いますか。
3. ニューヨークタイムズにはあったのに、朝日新聞になかったのはどんな情報ですか。どうして朝日新聞にはなかったのだと思いますか。
4. なぜ現場の見取り図があると思いますか。どんな効果がありますか。
5. 段落 3 や段落 5 の情報は、読者にどんな印象を与えるでしょうか。どうしてそう思いますか。
6. ニューヨークタイムズの記事だけ読んだ人と、朝日新聞の記事だけ読んだ人とでは、この出来事についての印象や考え方がどのように違ってくると思いますか。

## 書いてみよう

あなたの日本人の友人がニューヨークタイムズを読んでいるアメリカ人と同じ職場で仕事をしていたら、記事の報道の違いで誤解が生じるかもしれません。両方の記事を読んだあなたは、どんな情報のズレ (discrepancy) があるのか、アメリカ人の印象や意見が違うかもしれないことについて、日本人の友人にメールを書いて教えてあげてください。

## 表現文型

1. **N によると S という**. "According to N, S" This is a common expression used in news reports. N refers to the information source (for example, police, a related party, family, a witness), and S is the information provided by the source. (→ Essential Notes 4)

   【本文】捜査関係者**によると**、同庁の引き渡し要請に対し米軍側は当初難色を示したものの、最終的に応じた**という**。(1 段落 3–5 行目)

   【例】

   a. 捜査関係者**によると**、米兵の子 4 人が防犯カメラに**映っていたという**。

   b. 朝日新聞**によると**、無職少年は 2010 年 11 月に 有罪判決（ゆうざいはんけつ）を**受けたという**。
   * 有罪判決（ゆうざいはんけつ）を受けた "was found guilty" ( 有罪 "guilt"; 判決 "ruling")

2. **S1 ものの, S2**. "Even though/Although S1, S2." This is a common expression in written or formal texts. Its meaning is similar to such expressions as けれども , which is common in informal texts.

   【本文】米軍側は当初難色を示した**ものの**、最終的に応じたという。(1 段落 4 行目)

   【例】被害者は、事故で大けがをした**ものの**、一命（いちめい）はとりとめた (escaped death) という。

3. **N は S もの**. In this construction, S preceding もの gives specific information about N. The copula ( だ、である ) is omitted here. Newspaper texts utilize sentences ending with nouns (as in this construction) to report events succinctly and matter-of-factly. (→ Essential Notes 3)

   【本文】逮捕容疑は、( ... ) 重傷を負わせた**もの**。(2 段落 3–6 行目)

   【例】事故は、いたずらで道路に張られたロープでバイクに乗った女性が転倒した**もの**。

4. **V ずに〜** "〜 without V-ing." This expression is more commonly used in written texts or formal speech and is analogous to V ないで , which is often used in spoken language. The verb form is the same as the form preceded by ない except for the irregular する ( せず ).

   【本文】バイクや自転車が**気づかずに**引っかかって転倒すれば死亡するおそれがある。(6 段落 2 行目)

   【例】

   a. 米兵の子は人が大けがをするとは**考えずに**ロープを張ったという。

   b. 高校生の 3 人については、身柄を**拘束（こうそく）** (imprison) **せずに** 釈放（しゃくほう） (release) したらしい。

# ジャンル 2
# 調査結果を報告する

## (1) 読売新聞　22.5% ... 赤いランドセル購入（こうにゅう）の女児

**読み物について**
2011 年 3 月 9 日に YOMIURI ONLINE に掲載（けいさい）された。

## 読む前に

1. あなたの出身地や住んでいる国では、女児（じょじ）（女の子ども）の服やカバンの色と、男児（だんじ）（男の子ども）の服やカバンの色は、違いますか。どう違いますか。

   白，黒，赤，青，紺（こん） (dark blue; navy blue), ピンク, 緑，紫（むらさき），黄色，茶色，灰色（はいいろ）

2. あなたは子どものとき、自分の好（この）みで色を選ぶことが多かったですか。
3. 見出し「22.5% ... 赤いランドセル購入（こうにゅう）の女児」から、どんな内容だと思いますか。

## 語彙

| | | | | |
|---|---|---|---|---|
| T | 購入（こうにゅう） | purchasing | | |
| 1 | 両（りょう）〜 | both | 比率（ひりつ） | proportion |
| 2 | 化（か）学メーカー | chemical(s) manufacturer | 実施（じっし）する | carry out |
| 3 | 連続（で） | [in] succession | | |
| 4 | 様々（さまざま）（な） | various | 本人（ほんにん） | the person(s) themselves |
| | 〜割（わり） | a unit referring to 10% | （〜に）達（たっ）する | reach |
| | （〜を）反映（はんえい）する | reflect sth | | |
| 5 | 人物（じんぶつ） | person | 善意（ぜんい） | goodwill |
| | 贈（おく）り物 | gift | 各（かく）〜（各地（かくち）） | various 〜 (various places) |
| | 相次（あいつ）ぐ | happen successively | （〜に）交（ま）じる | be mingled [with] |

## 表現

1. （段落 1）N と言えば "Speaking of N" → 表現文型 1
2. （段落 1）〜と思われがち (V[stem] がち) "tend to" → 表現文型 2
3. （段落 2）N 系 "type linked to N" → 表現文型 3
4. （段落 5）少なからず "(lit.) being not a small number," "in a good number"

### 22．5%…赤いランドセル購入の女児

6 B! 0 Recommend おすすめ チェック

1 ランドセルと言えば、「男子は黒、女子は赤」と思われがちだが、最近は両色とも比率を落としている。

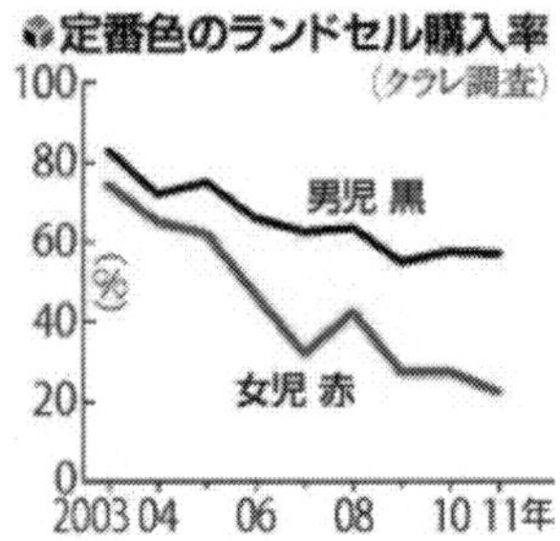


2 ランドセルを買ってもらった男女各２００人の児童を対象に、化学メーカーのクラレが毎年実施している調査によると、男子で黒は２００３年に８２．８%あったのが、今年は５７．０%。代わりに増えてきたのが青系１９．０%や紺系１５．０%だ。

3 また、女子は、０３年に７４．４%あった赤が、今年は２２．５%。逆にピンク系は５０．０%で、３年連続で赤のほぼ2倍だ。青系も１２．０%あった。

4 背景には、様々な色のランドセルが登場したことや、本人にランドセルを選ばせる家庭が６割に達し、子どもの好みが反映されやすくなったことがあるという。

5 最近、漫画「タイガーマスク」の主人公を名乗る人物から、各地の児童施設に善意の贈り物が相次いだ。届けられたランドセルは、赤や黒に交じって、ピンクや紺もあった。子どもの好みを知っている伊達直人さんが少なからずいたようだ。（石塚公康）

（2011年3月9日 読売新聞）

## 読みながら

1. 統計（とうけい）(statistics) の報告をするのに便利そうな単語や表現に下線を引きましょう。
2. この記事には、a–c が書かれています。それぞれにどんな文末表現が使われていますか。(→ Essential Notes 4)

a. 事実（じじつ）（調査の結果（けっか））　b. 解釈（かいしゃく）　c. 記者のコメント（意見）

## 読んだ後で：内容理解

1. 調査について答えなさい。

   a. だれが　　b. 何について　　c. だれを対象に（人数は？）

2. 結果について、表のわかるところを埋めなさい。

| | 男児 | | | 女児 | | |
|---|---|---|---|---|---|---|
| 色 | 黒 | ______系 | ______系 | 赤 | ______系 | ______系 |
| 2003年 | | | | 74.4% | | |
| 2011年 | | | | | | |

3. どんな背景が結果に関係していますか。
4. 記者のコメント（意見）を説明しなさい。

## 読んだ後で：考えてみよう（ことば）

1. 文末表現をみると、事実・解釈・意見を区別しやすいのはどうしてですか。
2. 下の表の (B) の表現は、この記事で使われている表現 (A) とほとんど同じ意味です。(A) は書きことばで、(B) は話しことばでよく使われます。どのように印象が違いますか。英語やあなたの知っているほかの言語では書きことばと話しことばは、どう違いますか。

| 段落 | 行 | (A) | (B) |
|---|---|---|---|
| 1 | 2 | 両色とも | どちらの色も |
| 2 | 2 | 児童 | 子ども |
| 4 | 1 | 様々な | いろいろな |
| 5 | 1 | 各地 | あちこち |

## 読んだ後で：考えてみよう（内容）

1. この記事を読んで、日本社会における男女の区別についてどんなことが言えますか。最近はどんな変化がおこっていると言えますか。
2. あなたの出身の国や、今住んでいるところではどうでしょうか。最近子どもの男女差と色についての調査があったでしょうか。インターネットを使って調べなさい。

## 書いてみよう

上の 2 で調べた調査結果をまとめるか、以下の Cunningham と Macrae という心理学者の調査結果のグラフを見ながら結果をまとめ、あなたのコメントも加えなさい。

この調査では、3 歳から 5 歳の 10 人の子ども（男の子 5 人、女の子 5 人）がおもちゃを使って、男の子と女の子の部屋の家具（かぐ）を選ぶゲームをしました。どの子どもも、男の子の部屋と女の子の部屋のための家具（例えば、ベッドやいす）を四色（ピンク、青、緑、オレンジ色）から選びました。

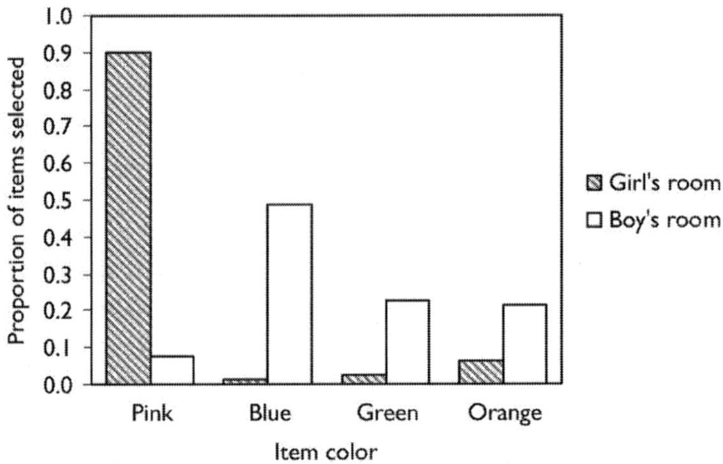


Cunningham & Macrae (2011, p. 602)

**Figure 1.** Proportion of items of each colour selected for boy's and girl's room.

Cunningham, S. J. and Macrae C. N. (2011). The colour of gender stereotyping. *British Journal of Psychology*, *102*(3), 598–614. John Wiley and Sons

## 表現文型

1. **N と言えば〜**. "Speaking of N, 〜." In this case, this expression is used to nominate what follows as the most representative object or idea related to N. The expression is used in written as well as spoken language, and is used both in formal and informal texts.

   【本文】ランドセル**と言えば**、「男子は黒、女子は赤」と思われがちだが、最近は両方とも比率を落としている。（1 段落 1 行目）

   【例】

   a. 日本では小学校の入学祝（いわ）いの贈り物**と言えば**、やはりランドセルだ。

   b. 春**と言えば**、入学式や桜を思い浮（う）かべる。

2. **V[stem] がち** "tend to 〜." がち is used to refer to (often undesirable) tendencies, liabilities, or inclinations. It is used more often in written texts (both formal and informal) than in spoken language.

【本文】ランドセルと言えば、「男子は黒、女子は赤」と**思われがち**だが、最近は両方とも比率を落としている。(1段落2行目)

【例】

a. 柔道は男子のスポーツだと**考えられがち**だが、実は女子にも強い選手が多い。
b. 大人は、子どもたちにも様々な好みがあることを**忘れがち**だ。

3. **N系** "a type linked to N; a type belonging to N" 系 originally refers to lineage/origin or a system. N(color) 系 , in this case, means colors belonging to the named color (for example, blue), "shades of (blue)." The conventional usage typically refers to a people or organization with specific heritage or origin such as 日系 (Japanese heritage) and 中国系 (Chinese heritage). N 系 also refers to general academic disciplines such as 文系 (humanities) and 理系 (science). The expression can also be productively used to mean "types belonging to N" or "types that are more N than other types" both in formal and informal written as well as spoken language. In recent years, words other than N also seem to be used in informal spoken language as 可愛い(かわい)系男子 "cute-type boys" in example c.

【本文】代わりに増えてきたのが**青系**19.0%や**紺系**15.0%だ。(2段落6行)

【例】

a. **理系**と言えば、男子学生が多いと思われがちだ。
b. 最近、経済の不況を理由に海外から引き上げる**日系**企業が相次いでいる。
c. **可愛い系**男子っていうのは、女性のようにかわいく、男性らしさもあるハイブリッドの男子のことだそうだ。

## (2) 毎日新聞　情報通信白書：震災でツイッター利用者急増

**読み物について**
毎日新聞(ウェブ版)のITセクションに、2011年8月9日に掲載(けいさい)された。

## 読む前に

1. あなたは、どんな情報伝達(じょうほうでんたつ)手段をよく利用しますか。それぞれの長所(ちょうしょ)と短所(たんしょ)を説明しなさい。

〈参考語彙〉情報伝達(じょうほうでんたつ) (transmission of information), 手段(しゅだん) (means, medium), 通信(つうしん) (communication, correspondence), 使いこなす (use something skilfully), 発信(はっしん)する (send messages), 受信(じゅしん)する (receive messages).

2. あなたは、ツイッターを利用していますか。どんなことを読んだり書いたりしますか。

## 語彙

| | | | | |
|---|---|---|---|---|
| T | 白書（はくしょ） | a white paper | 震災（しんさい） | an earthquake (disaster) |
| | 急増（きゅうぞう） | a sudden increase | | |
| 1 | 閣議（かくぎ） | a Cabinet meeting | 提出（ていしゅつ）する | submit |
| | 了承（りょうしょう）する | approve; accept | 短文（たんぶん） | short sentences |
| | 投稿（とうこう） | contribution of messages/texts | 入手（にゅうしゅ）する | obtain sth |
| | 存在（そんざい）（感） | (a sense of) existence | 指摘（してき）（する） | point out |
| | 限定的（げんてい）（な） | limited | | |
| 2 | 発生（はっせい） | an occurrence | 自治体（じちたい） | a self-governing body |
| | 登録（とうろく）する | register | 件数（けんすう） | the number (e.g., of registrations) |
| | 拡大（かくだい）する | expand; increase | 推計（すいけい）（する） | estimate |
| | 放送局（ほうそうきょく） | a broadcasting station | 大幅（おおはば）に | drastically |
| 3 | インフラ | infrastructure | 損傷（そんしょう） | a damage |
| | 停電（ていでん） | a power failure | 困難（こんなん）（な） | difficult |
| | 機器（きき） | machinery | 操作（そうさ） | operation; handling |
| | 高齢者（こうれい） | elderly person/people | 端末（たんまつ） | a terminal |
| | 開発（かいはつ） | development | 併用（へいよう）する | use sth together |
| | 取り組み | measures | 必要性（ひつようせい） | necessity |
| | 強調（きょうちょう）する | emphasize | | |

## 表現

1. （段落 1）総務相（そうむそう）"the Minister of Internal Affairs and Communications"
2. （段落 1&2）S とする / S としている / S とした. "It is/was/has been said/reported that 〜." → 表現文型 1
3. （段落 3）使い勝手の良い N "easy-to-use N"

## 読みながら

1. 文末（ぶんまつ）に下線を引きなさい。どんな特徴（とくちょう）がありますか。どんな文末が多いですか。
2. 記事にはだれが登場しますか。登場する人や機関（きかん）に下線を引きなさい。

IT

**情報通信白書：震災でツイッター利用者急増**

1 片山善博総務相は9日、2011年版「情報通信白書」を閣議に提出し、了承された。東日本大震災で短文投稿サイト「ツイッター」を通じて情報入手する人が急増するなど、利用者が情報を発信しあう「ソーシャルメディア」の存在感が高まったと指摘。一方で、ソーシャルメディアを使いこなせた人は限定的だったことなど、課題も多いとしている。

2 白書は、震災発生を受けて、被災地自治体からの情報をツイッターで受信しようと登録した件数が、3月31日には震災前の約10倍に拡大したと推計。地域放送局などからの情報を受信するための登録件数も大幅に増え、ラジオ福島は震災前の約50倍、茨城新聞も約7倍に増加したとした。

3 ただ、通信インフラの損傷や停電などで、インターネット利用が困難だった地域が多かったことや、ツイッターを使いこなせる人ばかりではなかったことも指摘。情報機器の操作が苦手な高齢者でも使い勝手の良い端末の開発や、インターネット以外の情報伝達手段も併用する取り組みの必要性を強調した。

**毎日新聞　2011年8月9日　20時38分（最終更新　8月9日　21時07分）**



## 読んだ後で：内容理解

1. 2011年8月9日、だれが何をしましたか。
2. 「情報通信白書」によると、東日本大震災（だいしんさい）は「ソーシャルメディア」にどんな影響（えいきょう）を与えたと報告されていますか。
3. 震災前と後で、情報伝達手段にどのような変化がありましたか。
4. 今後、情報通信に関して、どのような課題がありますか。

## 読んだ後で：考えてみよう（ことば）

1. それぞれの段落でどんな文末表現が使われていますか。どうしてそのような文末表現になっていると思いますか。(→ Essential Notes 3)

   a. 段落1 (1) **〜了承された。**
      (2) **〜存在感が高まったと指摘。**
      (3) **〜課題も多いとしている。**
   b. 段落2 (1) **〜10倍に拡大したと推計。**
      (2) **〜約7倍に増加したとした。**
   c. 段落3 (3) **〜使いこなせる人ばかりでないことも指摘。**

## 読んだ後で：考えてみよう（内容）

1. ツイッターなどの色々な情報サービスには、どんな長所と短所があると思いますか。
2. 現代のようなインターネットに依存した情報伝達のあり方についてどう考えますか。
3. インターネットの利用が可能でない人々（高齢者、インターネットが発達していない地域に住む人）のために、どのような手段を使えば情報が公平に伝達されるでしょうか。

## 書いてみよう

インターネットで興味のある統計的報告を（好きな言語で）探して、短い日本語のレポート（約600字）を書きなさい。

## 表現文型

1. **Sとする / Sとしている / Sとした**. "It is/was/has been said/reported that ～." This expression is commonly used to report what has been claimed by an authority (for example, the government, police, official reports).

【本文】

a. ソーシャルメディアを使いこなせた人は限定的だったことなど、課題も多い**としている**。（1段落4行目）
b. 地域放送局からの情報を受信するための登録件数も大幅に増え、茨城新聞も約7倍に**増加したとした**。（2段落4行目）

【例】報告書では、携帯電話の利用が広く普及したため、自宅に電話をもたない家庭が急増**したとしている**。

## (3) 朝日新聞「２５００言語　消滅危機」：アイヌ「最も危険」

**読み物について**
朝日新聞に2009年2月20日に掲載された。朝日新聞パリ支局の国末憲人が消滅の危機にある危機言語 (endangered languages) についての国連教育科学文化機関 (UNESCO) の発表をパリから報道。（記事のセクションAには、記事の背景や記者名、まとめが書いてある。）

## 読む前に

1. あなたが子どもの時から話している言語・方言を話す人がどんどん少なくなって、話されなくなったら、どう思いますか。
2. 「方言」と「言語」はどうやって区別されているのだと思いますか。

〈参考語彙〉政治的，標準（ひょうじゅん）（化），独立，固有 (unique, indigenous), アイデンティティ，民族 (race, ethnic group)

## 語彙

| | | | | |
|---|---|---|---|---|
| A | 消滅（しょうめつ） | extinction | 分類（ぶんるい） | classify |
| 1 | 極（きわ）めて | extremely | 深刻（しんこく）（な） | serious; grave |
| | 脆弱（ぜいじゃく）（な） | frail; fragile | | |
| 2 | （～に）のぼる | reach; amount [to] | 途絶（とだ）える | come to an end |
| 3 | かつて | once; before | | |
| 4 | 扱（あつか）う | treat/regard sth [as] | 認識（にんしき）する | recognize |
| | 基準（きじゅん） | a standard; a criterion | 妥当（だとう）（な） | proper; appropriate |
| 5 | （～を）動員（どういん）する | mobilize | 包括的（ほうかつてき）（な） | comprehensive |
| | 規模（きぼ） | scale | 継続的（けいぞくてき）（な） | continuous |
| 6 | 世代（せだい） | a generation | 意思（いし） | a wish |
| | 失（うしな）う | lose | 心理的（な） | mental |
| | 要素（ようそ） | factor; element | 条件（じょうけん） | a condition; terms |
| B | 名誉（めいよ）教授 | Professor Emeritus | 明確（めいかく）（な） | clear; precise |
| | 神話（しんわ） | a myth | 単一（たんいつ）民族神話 | the myth of racial homogeneity |

## 表現

1. （段落 B）N も手伝って～ "With the help of N, ～" → 表現文型 1
2. （段落 6）事務局長補（じむきょくちょうほ） "Assistant Director General"

## 読みながら（1）〈見出し〉 まず、記事全体を見て考えなさい。

1. 見出しと地図から、日本の言語や方言についてどんなことがわかりますか。

見出しにある地域名（ちいきめい）：八重山（やえやま），与那国（よなぐに），沖縄（おきなわ），国頭（くにがみ），宮古（みやこ），八丈（はちじょう），奄美（あまみ）

2. 見出しの活字の大きさから考えて、筆者の一番言いたいことは何だと思いますか。

# 2500言語 消滅危機

## 日本は…八重山、与那国、沖縄、国頭、宮古、奄美、八丈も

A 【パリ＝国末憲人】世界で約2500の言語が消滅の危機にさらされているとの調査結果を、国連教育科学文化機関（ユネスコ、本部パリ）が19日発表した。日本では、アイヌ語が最も危険な状態にある言語と分類されたほか、八丈島や南西諸島の各方言も独立の言語と見なされ、計8言語がリストに加えられた。

## アイヌ「最も危険」

1 調査は、全世界で6千前後あるといわれる言語を調査。538言語が最も危険な「極めて深刻」に分類され、このうち199語は話し手が10人以下だった。続いて「重大な危険」が502語、「危険」が632語、「脆弱（ぜいじゃく）」が607語だった。サハラ以南のアフリカ、南米、メラネシアで目立っていた。

2 また、1950年以降消滅した言語が219語にのぼった。最近では08年、米アラスカ州でイヤック語が、最後の話者の死亡で途絶えた。

3 日本では、アイヌ語について話し手が15人とされ、「極めて深刻」と評価された。アイヌ語はかつてロシアのサハリンや千島列島でも話されていたが、いずれもすでに消滅していた。

4 このほか沖縄県の八重山語、与那国語が「重大な危険」に、沖縄語、国頭（くにがみ）語、宮古語、鹿児島県・奄美諸島の奄美語、東京都・八丈島などの八丈語が「危険」と分類された。ユネスコの担当者は「これらの言語が日本で方言として扱われているのは認識しているが、国際的な基準だと独立の言語と扱うのが妥当と考えた」と話した。

5 ユネスコは96年と01年にも危機にさらされている言語調査を実施。今回は30人以上の言語学者を動員して全世界を包括的にカバーする例のない規模の調査となった。目的について、ユネスコは「言語は常に変化する。その変化の実態を知るため」と説明。今後継続的に調査を続けるという。

6 ユネスコのフランソワーズ・リビエール事務局長補は「言語消滅の原因には、次世代に伝える意思を失うという心理的要素が大きい。自信を持って少数言語を話せるよう条件づくりに努めたい」と話している。

### 日本の言語に多様性

B 崎山理・国立民族学博物館名誉教授（言語学）の話　方言と言語の区別は明確ではなく、政治的に決まってくる部分もある。私は話し手が固有の文化を持っていれば、独立した言語とするべきだと思う。琉球諸島では、かつてはそれぞれの島の言葉は大きく異なっていたが、交通が盛んになるにつれて元の形が失われている。単一民族神話も手伝って、日本で話されている言語は一つだけと思われがちだが、実は多様性があることを知ってほしい。

## 読みながら（2）　〈A〉〈B〉31 ページと本文 32 ページ

1. Aは記事のまとめです。調査結果の最も重要な情報に線を引きなさい。
2. どんな文末表現の文が多いですか。文の終わりに下線を引いて考えなさい。
3. 記事に登場する人や機関（きかん）に下線を引きなさい。
4. 引用（いんよう）の「」はどこで用（もち）いられていますか。だれのことばを引用していますか。

A

# 日本は…八重山、与那国、沖縄、国頭、宮古、奄美、八丈も

【パリ=国末憲人】世界で約2500の言語が消滅の危機にさらされているとの調査結果を、国連教育科学文化機関（ユネスコ、本部パリ）が19日発表した。日本では、アイヌ語が最も危険な状態にある言語と分類されたほか、八丈島や南西諸島の各方言も独立の言語と見なされ、計8言語がリストに加えられた。

## 日本の言語に多様性

B

崎山理・国立民族学博物館名誉教授（言語学）の話　方言と言語の区別は明確ではなく、政治的に決まってくる部分もある。私は話し手が固有の文化を持っていれば、独立した言語とするべきだと思う。琉球諸島では、かつてはそれぞれの島の言葉は大きく異なっていたが、交通が盛んになるにつれて元の形が失われている。単一民族神話も手伝って、日本で話されている言語は一つだけと思われがちだが、実は多様性があることを知ってほしい。

# アイヌ「最も危険」

1 調査は、全世界で6千前後あるといわれる言語を調査。538言語が最も危険な「極めて深刻」に分類され、このうち199語は話し手が10人以下だった。続いて「重大な危険」が502語、「危険」が632語、「脆弱（ぜいじゃく）」が607語だった。サハラ以南のアフリカ、南米、メラネシアで目立っていた。

2 また、1950年以降消滅した言語が219語にのぼった。最近では08年、米アラスカ州でイヤック語が、最後の話者の死亡で途絶えた。

3 日本では、アイヌ語について話し手が15人とされ、「極めて深刻」と評価された。アイヌ語はかつてロシアのサハリンや千島列島でも話されていたが、いずれもすでに消滅していた。

4 このほか沖縄県の八重山語、与那国語が「重大な危険」に、沖縄語、国頭（くにがみ）語、宮古語、鹿児島県・奄美諸島の奄美語、東京都・八丈島などの八丈語が「危険」と分類された。ユネスコの担当者は「これらの言語が日本で方言として扱われているのは認識しているが、国際的な基準だと独立の言語と扱うのが妥当と考えた」と話した。

5 ユネスコは96年と01年にも危機にさらされている言語調査を実施。今回は30人以上の言語学者を動員して全世界を包括的にカバーする例のない規模の調査となった。目的について、ユネスコは「言語は常に変化する。その変化の実態を知るため」と説明。今後継続的に調査を続けるという。

6 ユネスコのフランソワーズ・リビエール事務局長補は「言語消滅の原因には、次世代に伝える意思を失うという心理的要素が大きい。自信を持って少数言語を話せるよう条件づくりに努めたい」と話している。

## 読んだ後で：内容理解

1. 次の表に情報を書き込みなさい。

| 危機の分類 | 分類された言語の数 | その言語の（話されている）地域 |
|---|---|---|
| 「極めて深刻」 | | |
| 「重大な危険」 | | |
| 「危険」 | | |
| 「脆弱」 | | |

2. 最近消滅（しょうめつ）した言語にはどんな言語がありますか。
3. アイヌ語はどんな状態にありますか。
4. ほかにはどんな言語・方言が日本で危機（きき）にさらされていますか。それは「言語」と考えた方がいいのでしょうか、「方言」と考えた方がいいのでしょうか。
5. 今回のユネスコの調査は、前の調査とどのように違いますか。調査の目的は何ですか。
6. フランソワーズ・リビエール事務局長補（ほ）によると言語消滅の原因は何ですか。どうすれば、言語の消滅を防（ふせ）げるのでしょうか。

〈B〉を読んで答えなさい。

1. 崎山理（さきやまおさむ）名誉教授によると、琉球諸島（りゅうきゅうしょとう）で話されている言葉は、「言語」と「方言」のどちらと考えた方がいいでしょうか。どうしてですか。
2. 「単一民族神話」と言語についての考え方は、どのように関係しているのでしょうか。

## 読んだ後で：考えてみよう（ことば）

1. 数を報告するとき、次の a と b では筆者の伝えたい意味がどう違うと思いますか。

   a. **1950 年以降消滅した言語が 219 語だった。**
   b. **1950 年以降消滅した言語が 219 語にのぼった。**（段落 1）

2. この記事で使われていた以下の言葉の意味を表現するのに、会話ではどんな言葉を使うことが多いと思いますか。

   例：〈A〉— と見なす（— と考える）

   a. （段落 1）**極めて**（　　　　　）　b. （段落 2）**途絶えた**（　　　　　）
   c. （段落 3）**かつて**（　　　　　）　d. （段落 3）**いずれも**（　　　　　）

   a–d のような言葉は、どんな時に使うと効果的だと思いますか。

## 読んだ後で：調べてみよう、考えてみよう（内容）

1. どうして言語が消滅の危機にさらされることは、深刻な問題なのでしょうか。
2. 筆者は日本人の読者のためにどうしてこの記事を書いたのだと思いますか。
3. なぜ、崎山理名誉教授の話も加えたのでしょうか。どんな効果がありますか。
4. あなたの住んでいる国・地域で、消滅の危機にある言語や方言がありますか。どうしてあまり話されなくなったのでしょうか。インターネットで調べてみましょう。
5. 「自信を持って少数言語を話せる」ために必要な条件にはどんなことがあると思いますか。どうすればそのような環境を作ることができると思いますか。

## 書いてみよう

あなたの国や地域の言語・方言について調べ、a–d について考えて、報告しなさい。

a. どんな読者に報告するのか（例：同じ国・地域に住む人たち、または、世界の人々）
b. どんな方法で報告するのか（例：新聞の読者欄（らん）、ブログ）
c. 読者に一番伝えたいことは何か
d. どのように伝えるか（例：どんな引用が役立つか、自分のコメントを加えるかどうか）

## 表現文型

1. **N も手伝って〜** "(lit.) With the help of N, 〜" 手伝う in this text is used to refer to an additional factor (N) that leads to the outcome. Despite the positive connotation of the verb 手伝う, this expression is used to describe additional factors that led to either a favorable or unfavorable outcome. This expression is often used in written texts.

   【本文】単一民族神話**も手伝って**、日本で話されている言語は一つだけだと思われがちだ....（段落 B9 行目）

   【例】

   a. テレビなどのメディアの発達**も手伝って**、地方の方言が失われてきている。
   b. インターネットの普及**も手伝って**、英語がグローバル化してきた。

# Part II
# NEWSPAPERS: OPINION TEXTS (APPEALING; EVALUATING)

新聞に掲載される記事には出来事や調査の報告だけではなく、読者の意見や悩みの投稿、専門家による映画や書籍に関する批評など、意見や感想を多く含むものもあります。

## ジャンル3　個人的な意見、主張、悩みを（新聞に投稿して）伝える (Appealing)

新聞に投稿する人たちは、どのようなことばを使ってどんな自分の考えや悩みを伝えているのか読んでみましょう。

3.1　「日本人も色々、決めつけずに」（朝日新聞）
3.2, 3.3「国籍も民族もあるがままに」，「帰化したいが家族を思うと」（朝日新聞）
3.4　「現実の女性に興味持てず」（読売新聞）

## ジャンル4　番組・映画・本を紹介，批評(ひひょう)する (Evaluating)

映画やテレビ番組や本についての記事を読んで、見る番組や映画、読む本を選ぶことがあります。どのような内容なのかを知るだけではなく、筆者がその作品についてどのような印象を持ち、どのようなコメントをしたのか読んでみましょう。

4.1　番組紹介：テレビ番組『J ブンガク』について
4.2　書　評(しょひょう)：小説『すき・やき』について
4.3　映画批評：米映画『ザ・コーヴ』について

## ジャンル5　社説社会問題について解説し、意見を述べる (Evaluating)

日本の新聞にも社説 (editorial) があり、新聞社の社説担当記者が特に話題となった事件やトピックについて解説(かいせつ)をして意見をまとめています。解説には事実と記者の意見の両方が含まれるので、何が記者の意見で、どのような視点から書かれているのか注意しながら読みましょう。

# ジャンル3

# 主張（しゅちょう）・悩みを訴（うった）える（投稿記事）

## （1）朝日新聞「日本人も色々　決めつけずに」

**読み物について**

「声」は、朝日新聞の読者が自分の意見を投稿（とうこう）する欄（らん） (column)。「日本人も色々 決めつけずに」は「声」に2000年12月7日に掲載された。

## 読む前に

1. 「日本人らしい」日本人はどんな人だと思いますか。

   a. 何語を話しますか。
   b. どんな食べ物が好きですか。
   c. 国歌（こっか）が歌えますか。

2. 「日本人も色々 決めつけずに」というタイトルから、どんな意見の投稿だと思いますか。

   ( 決めつける = to make a judgment based on preconceptions)

## 語彙

| | | | | |
|---|---|---|---|---|
| 2 | 部活（ぶかつ） | club activities | 対外（たいがい）〜 | external |
| 3 | 納豆（なっとう） | fermented soybeans | | |
| 4 | 当（あ）たり前（な／の） | naturally expected; normal | | |

## 表現

1. （段落 1）君(きみ)が代(よ) is the Japanese national anthem.
2. （段落 1）(S) 当時 "At the time S happened"
3. （段落 2）帰国生徒(きこくせいと) "school children who have returned from abroad", similar to 帰国子女(しじょ).
4. （段落 2）バリバリ a colloquial expression to mean "completely/totally/fully"
5. （段落 2）日本人のくせ（に）"though/although/despite 〜" often with negative connotation
6. （段落 2）N ぶり "after an interval of N"
7. （段落 3）不自由なく "without difficulty; with ease"
8. （段落 3）いったい〜. "(What/who/how/why/when/where) on earth" → 表現文型 1
9. （段落 4）A とも B とも言えない. "One cannot say (that something is) either A or B." → 表現文型 2
10. （段落 4）S のではないかと思う. "I believe that . . . /I suspect" → 表現文型 3

## 読みながら

1. 筆者はどんな文体や文末表現を使って書いていますか。どうしてそのような文体を使ったのか考えながら読みなさい。
2. 筆者が一番言いたいことを表現しているところに線を引きなさい。

### 日本人も色々 決めつけずに

高校生　鈴木　えり
（東京都大田区　16歳）

1 「君が代が歌えないんじゃ、日本人じゃないんじゃないの」と先生に言われた当時、私は小学六年だった。一生懸命に練習し、次の日には皆と同じように歌えるようになったことを覚えている。

2 私は帰国生徒だ。五年前、小学六年の時アメリカから帰国した。三学期は日本で過ごしたが、それまでアメリカに住んでいたので、日本の学校生活に触れるのはしばらくぶりだった。先日、部活の対外試合で、仲間の帰国生徒と英語で話していたら、周りの生徒たちが「さっき後ろで英語をペラペラしゃべってた人がいた。顔はバリバリ日本人のくせして」と笑っていた。

3 いったい、どのような人が日本人なのだろうか。日本語を不自由なく話せることが日本人なのだろうか。少しでも外国語を上手に話せると、完ぺきな日本人ではなくなるのだろうか。納豆が食べられるから日本人なのか。

4 外国で生活したことのある人と、日本で育った人とは色々違いがあると思う。それは、良いとも悪いとも言えない。どこで生まれても、育っても、日本人は日本人、どんなに考えが違っても日本人だ。私は、日本人の中にも色々な人がいていいと思う。何カ国語も話せたり、日本食が嫌いな日本人。他人とは違って当たり前なのだから、考えや生き方が違う人間がいてもいいのではないかと思う。

## 読んだ後で：内容理解

1. 筆者はどんな人ですか。年齢や育ったところなどについて説明しなさい。
2. 次の引用について答えなさい。

   a. 「君が代が歌えないんじゃ、日本人じゃないんじゃないの」（段落 1）

      i. だれが言いましたか。
      ii. いつの出来事ですか。

   b. 「さっき後ろで英語をペラペラしゃべってた人がいた。顔はバリバリ日本人のくせして」（段落 2）

      i. だれが言いましたか。
      ii. だれについて言いましたか。

3. 筆者が一番言いたいことは何ですか。

## 読んだ後で：考えてみよう（ことば）

1. 筆者は、どうしてタイトルを「日本人<u>も</u>色々 ...」にしたのでしょう。「日本人<u>は</u>色々 ...」と比べてどう違いますか。「も」は、筆者のどんな気持ちを表わしていますか。
2. 二度引用(いんよう)を使っていますが、どのような効果(こうか)があると思いますか。
3. （段落 2）「さっき後ろで英語をペラペラしゃべってた人がいた。顔はバリバリ日本人のくせして」という引用について

   3.1. 「ペラペラ」「バリバリ」のような言葉を使うと、どんな効果があると思いますか。次の二つの表現は印象がどう違うと思いますか。（→ Essential Notes 5）

   (1) a. **ペラペラ話していた。** b. **流暢(りゅうちょう) (fluent) に話していた。**
   (2) a. **顔はバリバリ日本人のくせして** b. **顔はいかにも日本人のくせして**

   ＊いかにも = very typical of, indeed, really

   3.2. 「〜くせに、〜くせして」という表現を聞いたことがありますか。どんな時に聞きましたか。どんな時に使われる言葉だと思いますか。

4. （段落 3）「いったい、どのような人が日本人なのだろうか」に続いてたくさんの質問（修辞(しゅうじ)疑問文 rhetorical questions）が書かれています。どんな効果があると思いますか。
5. 次の表現は書きことば的です。話しことばではどう言いますか。（→ Essential Notes 1）

   a. **日本語を不自由なく話せることが<u>日本人なのだろうか</u>。**
   b. **考えや生き方が違う人間がいても<u>いいのではないかと思う</u>。**

6. a と b では印象や効果がどう違うと思いますか。（→ 表現文型 3）（→ Essential Notes 4）

   a. **考えや生き方が違う人間がいても<u>いいと思う</u>。**
   b. **考えや生き方が違う人間がいても<u>いいのではないかと思う</u>。**

## 読んだ後で：考えてみよう（内容）

1. 筆者がこれを書いた目的はなんだと思いますか。
2. これを読むのはどんな人だと思いますか。読者はこれを読んでどう思うと思いますか。
3. 筆者は、これを書いたことでその目的を果(は)たせると思いますか。なぜそう思いますか。
4. あなたは自分の経験に基(もと)づいて何か主張したいことがありますか。だれに対して主張したいですか。どんな主張をしたいか話してみましょう。

## 書いてみよう

上の 4 で話した主張を新聞の読者欄(らん)に投稿するつもりで書いてみましょう。

## 表現文型

1. **いったい** "(What/who/how/why/when/where) on earth" This expression is used to strengthen the interrogative questions both in formal and informal texts. It can be written as 一体 as well.

   【本文】**いったい**、どのような人が日本人なのだろうか。(3 段落 1 行目)

   【例】いろいろな問題がありすぎて、**いったい**どうすればいいのかわからない。

2. **X とも Y とも言えない（言える）**. "One cannot say (that something is) either X or Y." ("One can say (that something is) either X or Y.") X and Y can be sentences, phrases or single words (A, AN, V, N). It is a useful expression to describe ambivalent views.

   【本文】それは、良い**とも**悪い**とも言えない**。(4 段落 4–5 行目)

   【例】アメリカに長く住んだが、アメリカが好き**とも**嫌い**とも言えない**。

3. **S のではないかと思う**. "I believe that . . . /I suspect that . . ." This expression can be used to suggest a lack of certainty about S. But it is also an effective expression to present one's opinion without being too assertive and it does not necessarily indicate the writer's lack of confidence in his/her opinion. Instead, it conveys the writer's cautiousness in making one's claim. When used to express one's opinion, the phrase ではないか expresses a nuance of "Wouldn't it be the case that . . . ?" which invites the reader's agreement. (→ Essential Notes 4.2)

   【本文】考えや生き方が違う人間がいても**いいのではないかと思う**（4 段落 14 行目）

   【例】近年鈴木えりさんの意見に賛成する若者も**多いのではないかと思う**。

## (2) 朝日新聞 「国籍も民族(みんぞく)もあるがままに」
## (3) 朝日新聞 「帰化したいが家族を思うと」

**読み物について**

「国籍(こくせき)も民族(みんぞく)もあるがままに」は、2001年3月30日に、「帰化(きか)したいが家族を思うと」は、同9月6日に、それぞれ「声」欄に掲載された在日(ざいにち)韓国人読者からの投稿意見文。このふたつの投稿文には、在日問題と在日韓国人としての悩みが述べられている。

## 読む前に

1. 「在日」（「在日韓国人」「在日朝鮮(ちょうせん)人」）と呼ばれる人々は、どんな歴史的、社会政治的な背景(はいけい)を持って日本に住んでいる人々ですか。インターネットで調べなさい。
2. あなたの住む国や地域では、国籍や民族に関係する差別(さべつ)や偏見(へんけん)があると思いますか。次の言葉を参考にして a, b, c について話しなさい。

   国籍(こくせき) (nationality), 人種(じんしゅ) (race), 民族 (ethnicity), 言語，宗教(しゅうきょう), 肌(はだ)の色 (skin color)

   a. あなたの出身国にはどんな国籍や民族の人が住んでいますか。
   b. 特定(とくてい)の民族や人種の人に対する差別や偏見があると思いますか。
   c. どんな理由で差別や偏見があるのだと思いますか。

3. 韓国と日本はどのような歴史的関係があるか知っていますか。インターネットで歴史の「教科書問題」についても調べてみましょう。

## (2) 投稿 1「国籍も民族もあるがままに」

### 語彙

| | | | | |
|---|---|---|---|---|
| | 非常勤 (ひじょうきん) | part-time | 講師 (こうし) | a lecturer |
| 1 | 三世 (さんせい) | a third-generation | 全く | thoroughly; completely |
| 2 | 否定する (ひてい) | deny | 安どする (あん) | feel relieved |
| 3 | 朝鮮半島 (ちょうせんはんとう) | the Korean Peninsula | 話題 (わだい) | a topic (of conversation) |
| | やけに | awfully; desperately | 受け止める | grasp; accept |
| 4 | 板ばさみ (いた) | (be caught in) a dilemma [between] | 力む (りき) | show a bold front [to (sb)] |
| 5 | 無視する (むし) | ignore; disregard | 個性 (こせい) | one's individuality |
| | 才能 (さいのう) | talent; ability | 実力 (じつりょく) | one's ability |
| | 知識 (ちしき) | knowledge | 回る (まわ) | go around |
| 6 | 島国 (しまぐに) | an island nation | | |

### 表現

1. (段落 1) N を機に "taking N as an opportunity" → 表現文型 1
2. (段落 1) 通名 "a name one uses for unofficial purposes." It can be read either つうめい or とおりな.
3. (段落 3) あるがまま "as it is" → 表現文型 2
4. (段落 5) 一個の人間 = 一人の人間
5. (段落 6) こだわりなく "without being bothered/without concerns"

### 読みながら

1. どんな文末表現が使われていますか。
2. 引用の「」は、誰の言ったことばですか。
3. 筆者が一番言いたいことを表現しているところに線を引きなさい。

2001年(平成13年)3月30日 金曜日 12版▲ 主張・解説 14

# 声

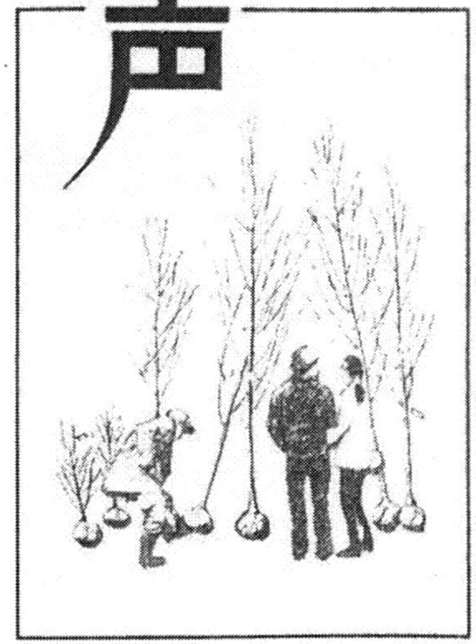

植木市

## 国籍も民族もあるがままに

大学非常勤講師 朴 久玲（横浜市 33歳）

1 在日韓国人三世の私は、小学六年の時、転校を機に通名の「福田」から「朴」に変えた。大学で在日について話した時、ある女の子が言った。「差別、差別って言うけど、あなたを見ても、日本人と同じで韓国人だと分からないし、私は全くの日本人と思って接します」

2 それこそが差別。韓国人という存在を否定している。どうして韓国人の私が日本人と思われなきゃいけないのか。日本人と思われて、なぜ安どしなければならないのか。

3 朝鮮半島の話題になると、やけに気を使う人もいる。なぜ隣に座っている人間が違う人種や異なった民族だという当たり前のことが、あるがまま受け止められないのか。

4 二十歳の時、ピアノ留学でモスクワへ行き、八年過ごした。それまでは、コリアに行けばハングルを知らず、日本では外国人、板ばさみのサンドイッチだった。それが突然オープンサンドになった気分。自分の名をいう時、初めて力む必要がなくなった。

5「私はハムよ」。おいしければ人はそれを取るし、まずければ無視される。一個の人間としての価値観、個性、才能、実力、知識。それだけで人間関係が回っていった。

6 帰国して母校で教え四年になるが、こだわりなく本名を使っている。国籍と民族が違っていて、当たり前の社会……島国日本には無理かな。

## 読んだ後で：内容理解

1. 筆者はどんな人ですか。筆者の育ったところ、住んだところなどについて説明しなさい。
2. 次の指示語(しじ)は何を指していますか。

    a. 2段落1行目：**それこそが差別。**
    b. 4段落3行目：**それまでは、…。**
    c. 4段落6行目：**それが突然…**
    d. 5段落2行目：**それ**
    e. 5段落5行目：**それだけで**

3. モスクワに留学したことで、自分のアイデンティティについての考えや気持ちがどう変わりましたか。
4. 「自分の名をいう時、初めて力む必要がなくなった」というのは、筆者のどんな精神的な変化を表していますか。
5. 「島国日本には無理かな」とありますが、何が無理なのですか。
6. 筆者が一番言いたいことは何ですか。

## 読んだ後で：考えてみよう（ことば）

1. 本文で使われたaは、bと比べてどのような効果があると思いますか。

    a. **それこそが差別。**（2段落1行目）
    b. **それこそが差別だ。**

2. この投稿には修辞(しゅうじ)疑問文がいくつも書かれています。どんな効果があると思いますか。

    a. 「**どうして韓国人の私が日本人と思われなきゃいけないのか。**」
    b. 「**日本人と思われて、なぜ安どしなければならないのか。**」
    c. 「**なぜ隣に座っている人間が違う人種や異なった民族だという当たり前のことが、あるがままに受け止められないのか。**」

3. 「朝鮮半島の話題になると、やけに気を使う人もいる」という文から筆者のどのような感情が読み取れますか。
4. 筆者が「韓国」ではなく「コリア」という言葉を使ったのはどうしてだと思いますか。
5. 「サンドイッチ」、「オープンサンド」、「ハム」といった比喩(ひゆ)表現が使われていますが、それぞれどんな意味があるのでしょうか。この比喩は効果的だと思いますか。
6. 本文最後のひとこと「島国日本には無理かな」は、そこまでの文章とスタイルが違います。なぜだと思いますか。どんな効果があると思いますか。

## (3) 投稿 2「帰化したいが家族を思うと」

### 語彙

| | | | | |
|---|---|---|---|---|
| T | 帰化（きか）する | naturalize | | |
| | 無職（むしょく） | unemployed | | |
| 2 | 成人式（せいじんしき） | a coming-of-age ceremony | (〜を) 迎（むか）える | reach (time, phase) |
| | 選挙（せんきょ） | an election | 権利（けんり） | a right |
| 3 | (〜に) 悩（なや）む | be troubled [by] | 尋（たず）ねる | ask (sb a question) |
| | 誇（ほこ）り | pride | (〜を) 裏切（うらぎ）る | let sb down |
| 4 | いまだ (に) | still; even now | 溝（みぞ） | a gulf; a gap |
| | 疎外（そがい）する | alienate | 受け入れる | accept |
| | 中（ちゅう）ぶらりん (な) | dangling in the air (also written as 宙ぶらりん) | | |

### 表現

1. (段落 1) とは言っても “Nevertheless” → 表現文型 3
2. (段落 3) V わけにはいかない. “cannot do V” (due to social/moral reasons) → 表現文型 4
3. (段落 4) いら立ちを覚える. “feel irritated; annoyed”
4. (段落 4) 何より “more than anything”

### 読みながら

1. どんな文末表現が使われていますか。
2. 引用の「」は、誰の言ったことばですか。
3. 筆者が一番言いたいことを表現しているところに線を引きなさい。

2001年(平成13年)9月6日　木曜日　13版▲　オピニオン　12

# 声

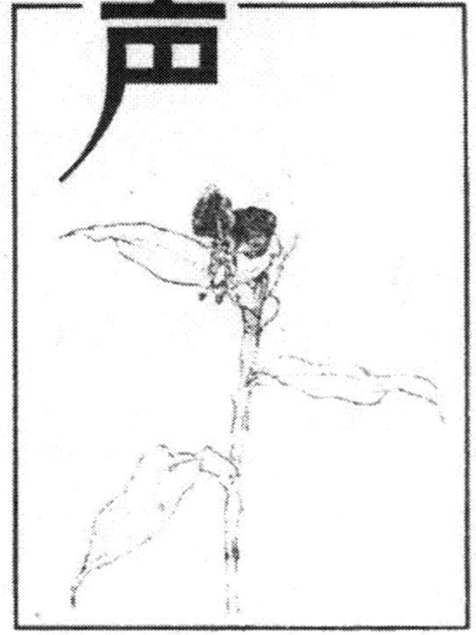

ツユクサ

## 帰化したいが家族を思うと

無職　李川　玲奈
(東京都大田区　19歳)

1 私は日本で生まれ育った在日韓国人です。とは言っても、韓国に行ったこともなく、言葉も全く話せません。父や母もそうです。

2 私自身、韓国人であることを意識したりはせず今まで生きてきました。そして来年、私は成人式を迎えます。でも、選挙に参加する権利を与えてはもらえません。日本人じゃないから。

3 このことに気付いてから私はだれにも言えずに、ずっと悩んでいます。帰化して日本人になりたいと思い始めたからです。一度、父に帰化する意思はないのかと尋ねた時、「自分が韓国人であることに誇りを持つ祖父母を裏切るわけにはいかない」と言われました。

4 いまだ深い溝を感じてしまう教科書問題などには、自分も少しいら立ちを覚えたりしますが、日本では外国人だと疎外され、韓国では在日のくせにと受け入れてはもらえない。そんな中ぶらりんな状態は、やはり不安だし、そして何より私は日本というこの国が好きです。これからもずっと変わりません。だから日本人になりたい……。

5 この願いは、家族を悲しませ困らせてしまうだけなのでしょうか。

## 読んだ後で：内容理解

1. 筆者はどんな人ですか。筆者の育ったところ、住んだところなどについて説明しなさい。
2. 次の指示語は何を指していますか。

   a. 1段落5行目：**父や母もそうです。**
   b. 3段落1行目：**このことに気付いてから…**
   c. 4段落7行目：**そんな中ぶらりんな状態**
   d. 5段落1行目：**この願い**

3. 「だれにも言えずに、ずっと悩んでいます」と書いていますが、何について悩んでいるのですか。どうしてだれにも言えないのですか。
4. 筆者は、何をきっかけとして日本人になりたいと考えるようになったのですか。
5. 筆者の父親はなぜ帰化するつもりはないのですか。
6. どうして筆者は、帰化したいのですか。
7. 筆者が一番言いたいことは何ですか。

## 読んだ後で：考えてみよう（ことば）

1. タイトル「帰化したいが家族を思うと」の後には、どんな文が続きますか。
2. aとbではどう印象が違いますか。

   a. **選挙に参加する権利を与えてはもらえません。日本人じゃないから。**（2段落5–7行目）
   b. **日本人じゃないから、選挙に参加する権利を与えてもらえません。**

## 投稿1と2を比べて：考えてみよう

1. 投稿1は主に普通体で、投稿2は主に「です・ます体」で書かれています。どんな違った印象を受けますか。(→ Essential Notes 1, 2)
2. 投稿2の段落4では、普通体も使われています。どうしてだと思いますか。
3. 次の文を比べてみましょう。

   投稿1：**コリアに行けばハングルを知らず、日本では外国人、板ばさみのサンドイッチだった。**
   投稿2：**日本では外国人だと疎外され、韓国では在日のくせにと受け入れてはもらえない。そんな中ぶらりんな状態は、やはり不安だし、**（以下略）。

   それぞれの文に、筆者のどんな気持ちが表されていますか。「板ばさみ」「中ぶらりん」ということばから、どんな状況や気持ちが分かりますか。

4. 投稿1の筆者と投稿2の筆者は、それぞれ日本に対してどんな気持ちをもっていますか。それは、どんなことばの使い方や文から推測（すいそく）できますか。
5. あなたは、投稿1と投稿2のどちらの意見や立場に共感（きょうかん）しますか。どうしてですか。

## 書いてみよう

あなたやあなたの家族や友人には、人に聞いてもらいたい悩みや問題がありますか。その問題についての悩みや、問題を通して考えた主張を新聞の投稿欄に投稿するつもりで書いてみましょう。

## 表現文型

1. **Nを機に** (き) "taking N as an opportunity" This expression is used to talk about turning points in one's life, and is often used when describing one's background and experience.

   【本文】転校**を機に**通名の「福田」から「朴」に変えた。(投稿 1 : 1 段落 2 行目)

   【例】就職**を機に**生まれ育った東京から横浜に引っ越すことに決めた。

2. **あるがまま** "as it is." This expression is similar to ありのまま (also "as it is"). Both are used to describe people (the way they naturally are, especially in terms of their personality), places and facts ( ありのままの日本, ありのままの事実 ). They are also often used to describe one's identity and one's own way of life without trying to or without being able to accommodate themselves to others' expectations. Whereas ありのまま is commonly used to describe one's characteristics and appearances without the speaker pretending or attempting to be different from how they really are, あるがまま seems to be used to refer to the more stable, inevitable state of being that is difficult or impossible to change (and hence it sounds rather philosophical).

   【本文】なぜ隣に座っている人間が違う人種や異なった民族だという当たり前のことが、**あるがまま**に受け止められないのか。( 投稿 1 : 3 段落 5–6 行目)

   【例】私は人種や民族にこだわらず、**あるがまま**の自分でいたい。

3. **とは言っても** "(lit) Even if I say so; nevertheless." This expression is used both in written and spoken language. In more informal spoken language, the form changes slightly to って言っても. In formal language, other expressions such as とは言え and とは言うものの are used.

   【本文】私は在日韓国人です。**とは言っても**、韓国に行ったこともなく、言葉も全く話せません。( 投稿 2 : 1 段落 2–3 行目)

   【例】私は日本で生まれ育った。**とは言っても**、日本の国籍は持っていない。

4. **V[dictionary form] わけにはいかない** . "Cannot possibly do V(due to social/moral reasons, or circumstances)."

   【本文】自分が韓国人であることに誇りを持つ祖父母を**裏切るわけにはいかない**。(投稿 2 : 3 段落 9–10 行目)

   【例】国籍が韓国だからと言って韓国に**住むわけにはいかない**。

## （4） 読売新聞　人生案内　「現実の女性に興味持てず」

**読み物について**

2011年9月20日、読売新聞に掲載（けいさい）された「人生案内」の記事。前半が悩み、後半は助言（じょげん）。

## 読む前に

1. どんな「～案内」という言葉を知っていますか。それは、どういう時に使われますか。
2. 見出し「人生案内」のデザインを見てください。そのデザインから、この「人生案内」とは、どんな行為（こうい） (action) だと考えられますか。（51ページにもっと大きい記事があります。）

**現実の女性に興味持てず**

20代半ばの会社員男性。「気持ち悪い」と思われるのを承知で告白しますと、僕はアニメやマンガなどが好きなオタクで、その女の子キャラクターが大好き。一方、リアル（現実）の女性に全く興味が持てません。

自分で言うのも何ですが、オタクの割には外向的で、飲み会に出るなどして友達もホイホイ増やしています。女性から告白されることもあるので、見た目もひどくないと思っています。

でも、僕が感情移入できるのは女性キャラクターだけ。彼女たちと一緒に泣いたり笑ったりする時間は特別で大切なものと感じます。リアルの女性と付き合い、いずれは結婚も、という考えに、気持ちが向きません。

もちろん、このままで良いとは思っていません。どういった心構えや行動をすれば、現実の女性との付き合いに興味を持っていけますか。（千葉・M男）

**人生案内**

野村　総一郎（精神科医）

アニメやマンガの女の子キャラクターに恋愛感情を抱くのは、「萌え」と呼ばれる現象ですね。まあ別にオタクでなくても、ありうることだとは思いますが、それゆえに現実の女性に興味が湧かないとしたら、やはり「萌えすぎ」でしょう。いくら「リアルの女性」がアプローチしようとしても、アニメの女性がライバルではあまりに手強いです。

この場合、あなたの方にもこれではいけないという問題意識があるんだから、今のままホイホイと女性と付き合い続ければ、今に良い出会いも生まれるというのが一番平凡な答えでしょうが、仮想現実からの脱却は案外難しい。

これはいっそ、この世はマンガだ、アニメだ、と思って暮らしてみてはどうでしょうか。海賊や忍者こそ居ませんが、そこにはいろんなドラマと冒険があり、その気になって見れば、リアルの女の子だって十分にマンガ的でしょう。

あなたはもてるタイプみたいですから、自分の持ち味も十分に発揮して、アニメの主人公みたいに自信たっぷりに振る舞えば良いのです。そうして相手の女性に共感して、泣いたり笑ったりするうち、リアルな「萌え」が芽生える。それを待ちましょう。

3. あなたは、アニメやマンガを見たり読んだりするのが好きですか。どんなアニメやマンガが好きですか。どうしてですか。
4. 「オタク」ということばを聞いたことがありますか。どんな人のことを指しますか。
5. 「萌（も）え」ということばを聞いたことがありますか。なかったらインターネットでどういう意味か調べてみてください。

## 語彙

| | | | | |
|---|---|---|---|---|
| | 精神科医（せいしんかい） | psychiatrist | | |
| 1 | 承知（しょうち） | acknowledge | 告白（こくはく）する | confess |
| | 現実（げんじつ） | a reality | | |
| 2 | 外向的（がいこうてき）（な） | out-going | 見た目 | appearance |
| 3 | いずれ（は） | sooner or later | 向く | lean towards |
| 4 | 心構え（こころがまえ） | a mental attitude | 行動（こうどう） | behavior; action |

| | | | | |
|---|---|---|---|---|
| 5 | 恋愛（れんあい） | love | 抱（いだ）く | embrace |
| | 手強（ごわ）い | tough | | |
| 6 | 問題意識（いしき） | an awareness of the issues | ホイホイ | easily; readily |
| | 平凡（へいぼん）（な） | common; ordinary | 仮想現実（かそうげんじつ） | virtual reality |
| | 脱却（だっきゃく） | freeing oneself [from] | 案外（あんがい） | contrary to expectations |
| 7 | この世（よ） | this world (cf. あの世) | 海賊（かいぞく） | a pirate |
| | 忍者（にんじゃ） | a ninja | 冒険（ぼうけん） | an adventure |
| 8 | 持ち味（あじ） | a distinctive quality | 発揮（はっき）する | bring one's ability into full play |
| | 自信（じしん）たっぷり | with complete self-confidence | 振（ふ）る舞（ま）う | behave |
| | 芽生（めば）える | begin to grow | | |

## 表現

1. （段落 2）自分で言うのも何だが "if I may say so myself . . ."
2. （段落 2）N の割（わり）に（は）"considering that (something is) N; for being N; despite N" → 表現文型 1
3. （段落 3）感情移入（かんじょういにゅう）（する）"empathy (to empathize)"
4. （段落 5）ありうる "is possible" (also ありえる; the negative form for both is ありえない）
5. （段落 5）それゆえに "Precisely for that reason; therefore" Used in written language or in formal contexts.
6. （段落 5）〜に興味が湧（わ）かない "(one) does not have/take interest [in]"
7. （段落 7）いっそ "rather; take the plunge and . . ." → 表現文型 2
8. （段落 7）その気になって "Thinking that way" → 表現文型 3

## 読みながら

### 悩み（前半：段落 1–4）

1. 「現実の女性に興味持てず」を書いた M 男さんについて、どんなことがわかりますか。
2. どんな文体をつかって書かれていますか。
3. どんな言葉がカタカナで書かれていますか。カタカナを使うことでどんな効果があるか考えながら読んでください。

### 助言（後半：段落 5–8）

4. この部分を書いたのは、だれですか。その人はどんな仕事をする人ですか。
5. 口語的な文体に線を引いて、その効果を考えながら読んでください。

# 人生案内

## 現実の女性に興味持てず

1 20代半ばの会社員男性。「気持ち悪い」と思われるのを承知で告白しますと、僕はアニメやマンガなどが好きなオタクで、その女の子キャラクターが大好き。一方、リアル（現実）の女性に全く興味が持てません。

2 自分で言うのも何ですが、オタクの割には外向的で、飲み会に出るなどして友達もホイホイ増やしています。女性から告白されることもあるので、見た目もひどくないと思っています。

3 でも、僕が感情移入できるのは女性キャラクターだけ。彼女たちと一緒に泣いたり笑ったりする時間は特別で大切なものと感じます。リアルの女性と付き合い、いずれは結婚も、という考えに、気持ちが向きません。

4 もちろん、このままで良いとは思っていません。どういった心構えや行動をすれば、現実の女性との付き合いに興味を持っていけますか。（千葉・M男）

野村 総一郎（精神科医）

5 アニメやマンガの女の子キャラクターに恋愛感情を抱くのは、「萌え」と呼ばれる現象ですね。まあ別にオタクでなくても、ありうることだとは思いますが、それゆえに現実の女性に興味が湧かないとしたら、やはり「萌えすぎ」でしょう。いくら「リアルの女性」がアプローチしようとしても、アニメの女性がライバルではあまりに手強いです。

6 この場合、あなたの方にもこれではいけないという問題意識があるんだから、今のままホイホイと女性と付き合い続ければ、今に良い出会いも生まれるというのが一番平凡な答えでしょうが、仮想現実からの脱却は案外難しい。

7 これはいっそ、この世はマンガだ、アニメだ、と思って暮らしてみてはどうでしょうか。海賊や忍者こそ居ませんが、そこにはいろんなドラマと冒険があり、その気になって見れば、リアルの女の子だって十分にマンガ的でしょう。

8 あなたはもてるタイプみたいですから、自分の持ち味も十分に発揮して、アニメの主人公みたいに自信たっぷりに振る舞えば良いのです。そうして相手の女性に共感して、泣いたり笑ったりするうち、リアルな「萌え」が芽生える。それを待ちましょう。

## 読んだ後で：内容理解

1. M 男さんはどんな悩みがあってこの投稿を書いたのですか。
2. 「「気持ち悪い」と思われるのを承知で告白します」と書いてありますが、だれが何を「気持ち悪い」と思うのですか。この文から M 男さんのどんな気持ちが読み取れますか。
3. 「オタクの割には外交的で、飲み会に出るなどして友だちもホイホイ増やしています」という部分に、「オタク」に対するどんな一般的な考えが表れていますか。一般的に、オタクとはどんな人のことなのでしょうか。
4. 「見た目もひどくない」というのは、どういう意味ですか。
5. 3 段落 3 行目「彼女たち」とは誰ですか。
6. M 男さんにとって、アニメやマンガの女性キャラクターはどんな存在ですか。
7. 野村さんは、「萌(も)え」という現象(げんしょう)をどのように説明していますか。
8. 「萌えすぎ」とはどういう意味ですか。
9. 「いくら「リアルの女性」がアプローチしようとしても、アニメの女性がライバルではあまりに手強(てごわ)いです」とは、どういう意味ですか。
10. 「問題意識」は、何に対するどんな意識を指していますか。
11. 野村さんは M 男さんに対してどんなアドバイスをしましたか。

## 読んだ後で：考えてみよう（ことば）

1. 次の指示語は何を指しますか。

   a. 4 段落 1 行目：**このままでよいとは思っていません。**
   b. 6 段落 2 行目：**これではいけないという問題意識があるんだから…**
   c. 7 段落 5 行目：**そこにはいろんなドラマと冒険があり…**
   d. 8 段落 9 行目：**それを待ちましょう。**

2. 読者（M 男さん）からの悩みの投稿の部分（前半）と、精神科医、野村総一郎さんが書いた助言の部分（後半）では、文体にどんな違いがありますか。
3. 野村総一郎さんの書いた部分は、どんな調子(ちょうし)（トーン）で書かれていますか。どんなことばを使うことでそのような効果が表れていますか。このような書き方は、効果的だと思いますか。

## 読んだ後で：考えてみよう（内容）

1. あなたの意見では、M 男さんはどうしてリアルな女性ではなくアニメやマンガのキャラクターにしか恋愛感情を抱けないのだと思いますか。
2. 野村総一郎さんのアドバイスについてあなたはどう思いますか。

## 書いてみよう

あなただったら、M男さんにどんなアドバイスをしますか。次の立場からひとつ選んで、M男さんにアドバイスを書いてください。

a. M男さんと同様にアニメやマンガの主人公の女性が好きな男性の立場
b. 「リアル」な女性の立場
c. M男さんのような考えは「気持ち悪い」と思う人の立場

## 表現文型

1. **Nの割に（は）** "considering (that something is) N; for being N; despite N" This expression is used both in written and spoken language, and both in formal and informal situations.

   【本文】オタク**の割には**外交的で、飲み会に出るなどして友達などもホイホイ増やしています。（2段落2行目）

   【例】M男さんの投稿とそれに対する助言は、悩み相談**の割には**明るくてユーモラスだ。

2. **いっそ** "rather", "take the plunge and . . ." This expression (and the related synonymous expression いっそのこと) is used to suggest that someone will commit themselves to a course of action that is rather drastic in a given situation (where one is troubled). It can also be used to declare that one would venture to do something to tackle their problems. It is used both in written and spoken language, and both in formal and informal situations.

   【本文】これは**いっそ**、この世はマンガだ、アニメだ、と思って暮らしてみてはどうでしょうか。（7段落1行目）

   【例】深刻な悩みみたいだから、**いっそ**精神科医の先生に相談に行ったらどうですか。

3. **その気になる**. "(get to) think that way; become so minded; feel like doing; is willing" This expression can be used both in written and spoken language, and both in formal and informal situations.

   【本文】**その気になって**見れば、リアルの女の子だって十分にマンガ的でしょう。（7段落7行目）

   【例】M男さんさえ**その気になれば**、現実の世界を楽しめるはずだ。

# ジャンル4 番組・映画・本を紹介，批評する

## (1) 朝日新聞　サブｃｈ．「Ｊブンガク」異文化として読む文学

**読み物について**

朝日新聞の番組面(ばんぐみめん)で､NHK 教育テレビのデジタルサブチャンネルの番組を紹介する「サブ ch.」の 2009 年 7 月 1 日の記事。この番組は 2012 年 3 月まで放送されていた。

当時の番組担当はロバート・キャンベル (Robert Campbell (1957–), an American-born professor of Japanese literature at the University of Tokyo) と依布サラサ (Sarasa Ifu (1983–), a Japanese singer-songwriter).

## 読む前に

1. 「J ブンガク」という番組名は「日本文学」のことです。どうしてアルファベットを使ったり、カタカナを使ったりした番組名なのだと思いますか。どんな番組だと思いますか。
2. 平日の昼間に放映されているドラマを「昼ドラ」ということがあります。どんな視聴者を対象に、どんな内容のドラマが多いと思いますか。
3. 記事で話題になっている文学作品についてインターネットで調べ、映画やドラマの映像も探してみましょう。

金色夜叉(こんじきやしゃ)　*The Golden Demon.* A renowned literary work by Kōyō Ozaki (1868–1903), which appeared in 1887. The novel was performed as a play and made into TV dramas, films and a song. A scene of two characters (Kan-ichi and Omiya) meeting on Atami beach is particularly well known.

三四郎(さんしろう)　*Sanshirō.* A renowned literary work by Sōseki Natsume (1867–1916). The story revolves around the protagonist, Sanshirō, who relocated to Tokyo from a rural area to study at Tokyo University. This novel appeared in 1908, and TV dramas and a film were based on it.

## 語彙

| | | | | |
|---|---|---|---|---|
| 1 | 格式（かくしき） | social standing | はじける | burst open |
| | 権威（けんい） | authority; power | | |
| 2 | （～を）手がける | work [on] | 枠（わく） | a frame |
| | 息苦（いきぐる）しさ | stuffiness | 掲（かか）げる | hold (sth) up [as] |
| 3 | 冒頭（ぼうとう） | the beginning; opening | 一節（せつ） | one passage |
| | 異化（いか）（する） | make sth different | | |
| 4 | 常識（じょうしき） | common sense | しがらみ | chains; bonds |
| | 外（はず）す | remove | | |
| 6 | 戸惑（とまど）い | puzzlement | 心地（ここち）よい | comfortable |
| | 違和感（いわかん） | sense of incongruity | 幅（はば） | width |
| | 再発見（さいはっけん）（する） | re-discover | | |

## 表現

1. （段落1）たった N で “In only N” → 表現文型 1
2. （段落1）読み替（か）えられてしまう “(it) ends up being re-read; re-interpreted”
3. （段落2）S1 だけあって S2. “S1 being a fact, it naturally leads to S2.” → 表現文型 2
4. （段落3）S かのように “as if S” → 表現文型 3
5. （段落4）これまた “This, also” → 表現文型 4
6. （段落4）何（なん）せ～. “Anyhow; you know; as you can tell by the fact that ～.” → 表現文型 5

## 読みながら

1. 「文学」と「ブンガク」は、どう違うのでしょうか。違いの説明に線を引きなさい。
2. この記事の中で「」は、何を示すのに使われていますか。(例：「ブンガク」「J ブンガク」「金色夜叉」「英語でしゃべらナイト」)
3. 番組の紹介はどの部分で、筆者の番組についての評価はどの部分ですか。
4. 人の考えたことや、話したことの内容を引用しているのはどの部分ですか。だれの 考えや話ですか。
5. 「J ブンガク」という番組についてのキーワードは何ですか。
6. 「ブンガク」のほかにどんな言葉にカタカナが使われていますか。何のことですか。

## 読んだ後で：内容理解

1. （段落 1）「J ブンガク」はどんな番組（時間、出場者、内容）ですか。
2. （段落 2）どんなスタッフが手がけた番組ですか。
3. （段落 3）どうして日本文学の作品の内容が気になってくるのでしょうか。
4. （段落 4）「昼ドラな本」というのはどんな本のことだと思いますか。
5. （段落 4–5）この番組では日本文学をどのように読んでいますか。
6. （段落 6）この場合「異文化」は何を指しますか。

サブch.

### 異文化として読む文学

1 たった5分で、格式高い「文学」がポップではじけた「ブンガク」に読み替えられてしまう。NHK教育で月～木曜深夜0時25分から放送の「Jブンガク」。江戸文学研究の権威で東京大学教授のロバート・キャンベルと、歌手・作詞家の依布サラサが、「金色夜叉」や「三四郎」についておしゃべりする番組だ。

2 総合・衛星第2で放送した「英語でしゃべらナイト」と同じ制作スタッフが手がけ、「語学番組の枠を超えた異文化コミュニケーション番組」を掲げるだけあって、「お勉強」という息苦しさは感じられない。

Jブンガクに出演するロバート・キャンベル教授（左）と依布サラサ

3 冒頭、英語で作品の一節が紹介されると、「文学」が海外からの視点による「ブンガク」に異化され、全く別の作品であるかのように「どんな内容だろう?」と気になってくる。

4 さらに、依布の解釈がこれまた常識のしがらみを外してくれる。何せ「金色夜叉」が、「昼ドラな本」なのだ。

5 こんな読み方、国語の授業では教えてくれない。キャンベル教授も同じように感じるそうで、別のNHKの番組に出演した際に「大学の授業ではありえない読み方」と話していた。

6 なるほど、その戸惑いこそ異文化と出合った時の心地よい違和感ではないか。番組は文学との異文化コミュニケーションなのだ。そんなことが出来るのも、作品に幅があるから。文学の魅力も再発見できる。

（高津祐典）

## 読んだ後で：考えてみよう（ことば）

1. 記事によると、「文学」を「ブンガク」とカタカナで書くと、どんな効果がありますか。
2. 「英語でしゃべらナイト」という番組名の「ナイト」には二つ意味があります。どういう意味だと思いますか。（ヒント：「英語でしゃべらないと、…」）このような番組名についてどう思いますか。
3. 記事で使われていた次の表現を、国語の授業や大学の授業での「文学」に関係するものと、この番組の「ブンガク」に関係するものに分けなさい。

**格式高い、ポップではじける、息苦しい、常識、戸惑い、心地よい、違和感、異文化**

4. 上の 3 で選んだ「ブンガク」に関係する言葉から、番組に対する筆者のどんな評価が読み取れますか。
5. 段落 4, 5, 6 の冒頭のことばは、前の段落とのどんな関係を表していますか。

## 読んだ後で：考えてみよう（内容）

1. 上の 3 で分けた言葉を使って、大学の授業の「文学」と「ブンガク」がどのように違っているか、説明しなさい。
2. あなたは「文学」とか "literature" とか聞くと、どんなイメージがありますか。
3. この番組は、どんな人のために作られていると思いますか。どうしてそう思いますか。

## 書いてみよう

例文 a–b や表現文型の説明を参考にして、自分の好きな番組、文学作品、映画について、人の興味を引きつけるような記事（600 字程度）をブログに掲載するつもりで書きなさい。カタカナの使い方にも注意しながら、この記事で使われている表現をいくつか使いなさい。

a. （レストラン）**たった** 10 分で、おいしい家庭料理が出てくる。食べ物もおいしいが、無料で出される日本茶が**これまた**おいしい。我が家にいる**かのように**くつろげるのもうれしい。
b. （映画）**たった** 2 時間の映画で、自分が実際に素晴らしい世界旅行を体験**したかのような**気がする。訪れる場所の光景が**これまた**美しい。

## 表現文型

1. **たった（の）+ N（数量）（で）** "(In) only N; merely N; no more than N; just N"

   たった emphasizes the smallness/shortness (of quantity, time). When the smallness or shortness of time is a positive feature of what is mentioned, the expression is useful in advertisements. In evaluative comments, it is used to highlight smallness/shortness either as a positive or negative feature.

   【本文】**たった** 5 分で、格式高い「文学」がポップではじけた「ブンガク」に読み替えられてしまう（1 段落 1 行目）

   【例】

   a. これは**たった** 5 分の番組だ。
   b. 英語で書かれた「三四郎」なら、**たった**一日で読める。
   c. 古本なら、**たったの** 100 円で文学作品の本が買える。

2. **S1 だけあって, S2**. "S1 being a fact, it naturally leads to S2."

   【本文】「語学番組の枠を超えた異文化コミュニケーション番組」を掲げる**だけあって**、「お勉強」という息苦しさは感じられない。（2 段落 4–5 行目）

   【例】

   a. キャンベル教授は、江戸文学の権威（けんい）**だけあって**、江戸の文化にとてもくわしい。
   b. 「J ブンガク」というタイトル**だけあって**、日本文学を外国の視点から解釈する新しいテレビ番組だ。

3. **S かのように** "as if S". This expression is used to describe a state or event as if it were something else. It may be effective when used to highlight certain features of what is being described.

   【本文】全く別の作品である**かのように**「どんな内容だろう？」と気になってくる。（3 段落 3–4 行目）

   【例】

   a. 娯楽番組である**かのように**楽しめる教育番組だ。
   b. 楽しいおしゃべりを聞いていると、1 時間の番組もまるで数分である**かのように**感じられる。

4. **これまた** "This, also". The writer/speaker gives an additional statement that confirms and intensifies the claim that s/he made earlier. これがまた can also be used in the same context. Both are colloquial, but これまた sounds more colloquial and casual.

   【本文】依布の解釈が**これまた**常識のしがらみを外してくれる。（4 段落 1 行目）

   【例】

   a. 原作（げんさく）もいいが、その翻訳（ほんやく）家の翻訳が**これまた**すばらしい。（原作：original writing）
   b. 英語を学ぶだけでなく、**これまた**文学の魅力まで経験できるのである。

5. **何せ** "Anyhow; you know; as you can tell by the fact that 〜 ; as you see." This expression is synonymous to 何しろ , which may also be used in similar contexts. It is used to give a primary example, reason, or evidence that supports the earlier statement.

【本文】**何せ**『金色夜叉』が『昼ドラな本』なのだ。(4 段落 2 行目)

【例】

a. 「金色夜叉」が好きな人には、熱海（あたみ）は特別なところだろう。**何せ**熱海の海岸の場面はだれでも知っているから。
b. その番組は若者に人気があるにちがいない。**何せ**人気歌手が出演しているのだ。

## (2) 読売新聞　書評：心に栄養がつく文学『すき・やき』楊逸（ヤン・イー）著

**読み物について**
読売新聞 2009 年 12 月 13 日に掲載された『すき・やき』( 楊逸（ヤン・イー）著 ) の書評（しょひょう）.

**筆者**　小野政嗣（おのまさつぐ） (1970–) 小説家・比較文学者・フランス文学者．2007 年より明治学院大学文学部専任講師 .

## 読む前に

1. 「書評（しょひょう）」とは、**何のために**書かれた文章ですか。
2. 「書評」には、たいてい**どんな情報**が書かれていると思いますか。
3. 『すき・やき』の筆者である楊逸（ヤン・イー）について、インターネットを使って調べなさい。
4. 『すき・やき』は、すき焼き店を舞台（ぶたい）にした小説です。「すき焼き」という料理を知っていますか。どんな料理ですか。
5. 心に「栄養（えいよう）がつく」 (nutritious) 文学、または「おいしい」文学というのはどんな文学のことだと思いますか。次の言葉も参照にしながら説明しなさい。

感覚（かんかく） (sense), 味覚（みかく） (sense of taste), 嗅覚（きゅうかく） (sense of smell)
視覚（しかく） (sense of sight), 刺激（しげき）する , 感覚に働きかける
考えさせる , 感じさせる , 味わう (taste), 味わわせる (allow one to taste/enjoy)

## 語彙

| | | | | |
|---|---|---|---|---|
| 1 | しかも | moreover | 滅法（めっぽう） | extraordinarily |
| | 絶妙（ぜつみょう）に | exquisitely | ずばり | right to the point |
| | 舞台 | a stage; a scene | | |
| 2 | 間借（まが）りする | rent a room | (〜に)憧（あこが）れる | yearn [for] |
| | 仲居（なかい） | Japanese-style waitress | 制服（せいふく） | uniform |
| | 着付け | way to dress | 立ち居（い）振（ふ）る舞（ま）い | manners |
| | 困惑（こんわく） | perplexity | 自明（じめい） | self-evident; obvious |
| 3 | 盆（ぼん） | a tray | 動作（どうさ） | movements |
| | おぼつかない | unstable | 口調（くちょう） | a tone (e.g., of speech) |
| | 屈伸（くっしん）する | bend and stretch | 麻痺（まひ）する | be paralyzed |
| | 筋肉（きんにく） | a muscle | 連動（れんどう）する | operate together |
| | (〜に)刻（きざ）み込む | engrave sth [on] | 身体的（しんたいてき）(な) | bodily |
| | (〜に)働（はたら）きかける | appeal to; influence | 飲食（いんしょく） | eating and drinking |
| | 注目（ちゅうもく） | attention; notice | 素材（そざい） | (raw) material |
| | 多彩（たさい）(な) | colorful | 刺激（しげき）する | stimulate |
| 4 | 恋心（こいごころ） | the awakening of love | 執拗（しつよう）に | persistently |
| | (〜に)惹（ひ）かれる | be attracted [to] | 乙女（おとめ） | a maiden |
| | 挟（はさ）む | sandwich [between] | 爆笑（ばくしょう） | roar of laughter |
| | 朗（ほが）らか(な) | cheerful; merry | 微細（びさい）(な) | fine; microscopic |
| | 差異（さい） | difference; disparity | 聞き漏（も）らす | fail to catch a word |
| | 繊細（せんさい）さ | delicacy | | |

## 表現

1. （段落 2）気にも留めない “does not even take notice (of)”
2. （段落 3）N は働きかけずにはおかない “N is bound to act on ～ ” （N は V ずにはおかない）“N (something) cannot withhold from V-ing” → 表現文型 1
3. （段落 3）注目あれ “Pay attention!”
4. （段落 4）～さながら “just like”
5. （段落 4）身動き（みうご）きがとれない “cannot move”
6. （段落 4）爆笑必至（ひっし） “roar of laughter is inevitable”
7. （段落 4）身を揺（ゆ）さぶられつつも “even while shaking one's body ～ ” （V[stem]+ つつも）→ 表現文型 2
8. （段落 4）舌を巻く “be astonished [at, by]”
9. （段落 4）V ほかない “There is no other option but V-ing; cannot help ～ing” → 表現文型 3
10. （段落 4）恐（おそ）るべし “not to be underestimated”

## 読みながら

1. 筆者の文章のスタイルについて、特徴的だと思うことばや文体に線を引きなさい。
2. 書評には、本の内容を説明する文と書評を書いている筆者の意見文が混じっています。どの文が説明で、どの文が意見なのかを考えながら読みなさい。
3. 筆者は、すき焼き屋を舞台にした「すき・やき」という小説のテーマにあわせて、「食べること」に関係のある言葉を比喩的（ひゆてき）に使って書いています。「食べること」に関係のある言葉や表現を抜き出しなさい。

# すき・やき

楊逸著　新潮社　1300円

評・小野 正嗣（作家）

## 心に栄養がつく文学

1 楊逸の小説はすごい。母語ではない日本語で書かれ、しかもそれが滅法〈面白い！〉ということ。そして物語としての面白さが、文学表現の面白さと絶妙に混じりあい、言葉を読むことの喜びを味わわせてくれること。読めばおいしく、必ず心に栄養がつく楊逸文学の今度の舞台は、ずばり、すき焼き店である。

2 主人公の中国人女性、梅虹智は来日して一年余り。日本人男性と結婚した姉の家に間借りしながら、私立大学に通っている。「アルバイト」に憧れていた彼女に、姉が紹介してくれたのがすき焼き店での仲居の仕事だった。制服である着物の着付け、客への挨拶や立ち居振る舞い、日本語表現の意味や解釈など、困惑の連続である。虹智の感じる「？」によって、私たちがふだん自明なものとして気にも留めない生活習慣や表現が新鮮なものとして立ち現れてくる。

◇ヤン・イー＝1964年、中国・ハルビン生まれ。『ワンちゃん』で文学界新人賞、『時が滲む朝』で芥川賞。

3 盆を置く動作をしながら、おぼつかない口調で「お待ちしました」、「かしこりました」と練習するとき、虹智の「口は硬くなっていき」、「口に合わせ屈伸していた腕も感覚が麻痺」する。言葉と筋肉は連動し、体の上に文化は刻み込まれる。言葉や文化は何よりも身体的なものなのだ。そのことを知る楊逸の言葉は当然、読者の身体感覚に働きかけずにはおかない。飲食の場面に注目あれ。素材の多彩な色の描写が、視覚を通じて味覚や嗅覚を刺激してくるはずだ。

4 虹智は、すき焼き店の日本人店長に恋心を抱くが、彼女に執拗にアタックし、焼き肉店でのデートに誘う韓国人留学生柳賢哲にも惹かれていく。タイトル内の〈・〉さながら、中国人乙女の心は、和と韓に挟まれ身動きがとれなくなる。同じ大学のコミュニケーション学科に所属するこの柳と虹智の、外国語である日本語でのやりとりは爆笑必至。朗らかな笑いに身を揺さぶられつつも、外国人の話す日本語のあいだにある微細な差異を聞き漏らさないこの耳の繊細さには舌を巻くほかない。恐るべし、楊逸！

## 読んだ後で：内容理解

（段落 1）
1. 一番始めの文に「楊逸の小説はすごい。」と書いてありますが、どんな点が「すごい」のですか。
2. 「すき・やき」という小説の主人公についてわかることをまとめなさい。

（段落 2–3）
3. 「すき・やき」の主人公がアルバイトで経験する「困惑(こんわく)」は、読者の「私たち」にどんなことを考えさせると思いますか。「私たち」というのはどんな人のことでしょうか。
4. 虹智(コウチ)が言う「お待ちしました」「かしこりました」は、正しい表現では何ですか。
5. 「そのこと」（段落 3、7 行目）とは、何を指しますか。

（段落 4）
6. 「タイトル内の〈・〉さながら、中国人乙女(おとめ)の心は、和と韓に挟(はさ)まれ身動きがとれなくなる。」という文について：

   a. 「和」「韓」とは、それぞれ何（だれ）を指していますか。
   b. 和と韓に挟まれるとはどういう意味ですか。
   c. 「タイトル内の〈・〉さながら」とは、どういう意味だと思いますか。

7 「朗(ほが)らかな笑い」とありますが、それは誰が何（どんなこと）に対して笑うのですか。
8. 「外国人の話す日本語のあいだにある微細(びさい)な差異(さい)」とは、どんなことを指すのでしょうか。
9. 「恐るべし、楊逸！」という作者の最後のことばには、どんな気持ちが込められていると思いますか。

## 読んだ後で：考えてみよう（ことば）

1. 「楊逸の小説はすごい。」という文で書き始めたことは、効果的だと思いますか。
2. 次の文を比べてどんな印象の違いを感じますか。

   a. **それが滅法(めっぽう)〈面白い！〉ということ。**
   b. **それが滅法面白いということ。**

3. 筆者は、「食べること」に関係のある比喩(ひゆ)をいろいろ使ってこの書評を書いています。次の表現は、他にどんな言い方ができるか考えてみましょう。

   a. **言葉を読むことの喜びを味わわせてくれる**
   b. **読めばおいしい**
   c. **心に栄養がつく**
   d. **舌を巻く**

4. 次の表現を比べて、どんな印象の違いを感じますか。

   a. **虹智(コウチ)の感じる「?」**
   b. **虹智の感じる疑問**

5. 「すき・やき」という本の説明文と筆者の意見文では、文体にどんな違いがありますか。

## 読んだ後で：考えてみよう（内容）

1. 「心に栄養(えいよう)がつく文学」とは、どんな意味だと思いますか。
2. 「ふだん自明なものとして気にも留めない生活習慣や表現」とは、どんなことを指すと思いますか。その例として、どんなことが書かれていますか。あなたの国の生活習慣や言語表現には、どんな「自明なもの」があるか考えて、話し合ってください。
3. 「言葉と筋肉(きんにく)は連動(れんどう)し、体の上に文化は刻(きざ)み込まれる。言葉や文化は何よりも身体(しんたい)的なものなのだ。」とは、どんな意味だと思いますか。あなたは、そのような考え方についてどう思いますか。
4. 「外国語である日本語のやりとりは爆笑必至」（段落 4）には、筆者のどんな視点が読み取れますか。
5. この書評は効果的だと思いますか。どうしてですか。
6. どんな書評がいい書評だと思いますか。

## 書いてみよう

あなたが好きな本の書評を 600 字ぐらいの長さで書いてみましょう。書評を読んだ人がその本を読みたくなるように比喩(ひゆ)を使ったり、引用を使ったり工夫(くふう)してください。

## 表現文型

1. **NはVずにはおかない**. "N (something) cannot withhold from V-ing; N (something) inevitably makes V happen." Either a transitive verb with causative meaning (i.e. an action directly influencing the other) or the causative form of a verb is used. The verb form is the same form that precedes the negative ない except for the irregular する (せず). In 例文 a and b, the causative forms of 持つ and 期待する (持たせる and 期待させる) are used.

   【本文】「読者の身体感覚に**働きかけずにはおかない**」(3 段落 8 行目)

   【例】

   a. うまい書評は読者にその本への興味を**持たせずにはおきません**。
   b. その作家の作品がすばらしく、これからの活躍(かつやく)を**期待させずにはおかない**。

2. **V[stem] つつも** “even while V-ing” つつ is the equivalent of English “while ~ ” (another simultaneous event/action follows this phrase). When も is added, it stresses the simultaneous occurrence of the two phenomena or events, and this simultaneous occurrence is rather difficult to suppress or control. What is described by V is often psychological events or events that are not under the control of the subject (including passives such as the 揺さぶられる in the text) rather than volitional actions.

【本文】朗(ほが)らかな笑いに身を**揺(ゆ)さぶられつつも**、外国人の話す日本語のあいだにある微細(びさい)な差異(さい)を聞き漏(も)らさないこの耳の繊細(せんさい)さには舌を巻くほかはない。（4段落8–9行目）

【例】

a. 主人公は、すき焼き店の日本人店長に恋心(こいごころ)を**抱(いだ)きつつも**、韓国人留学生の柳賢哲(ユヒョンチョル)にも惹(ひ)かれていく。
b. 電車で面白いまんがを読んでいたら、周りの人の目を**気にしつつも**、笑ってしまった。

3. **V[dictionary form] ほか（は）ない**. “There is no other option but V-ing; (someone) cannot help V-ing.” The action/event is often a consequence of yielding oneself to something (for example, circumstances, authority).

【本文】朗(ほが)らかな笑いに身を揺(ゆ)さぶられつつも、外国人の話す日本語のあいだにある微細(びさい)な差異(さい)を聞き漏(も)らさないこの耳の繊細(せんさい)さには**舌を巻くほかない**。（4段落11行目）

【例】

a. 旅館の仲居(なかい)の仕事をするには、着物を着て日本語を**話すほかない**。
b. いい書評を書くためには、本の初めから最後までじっくりと**読むほかはない**。

## (3) 朝日新聞 米映画「ザ・コーヴ」で喚起(かんき)された愛国心(あいこくしん)：ドキュメンタリー 単純(たんじゅん)化の功罪(こうざい)

**読み物について**
朝日新聞2010年7月20日、文化面に掲載(けいさい)されたアメリカのドキュメンタリー映画『ザ・コーヴ』についての評論(ひょうろん)。

**背景情報**　『ザ・コーヴ』(*The Cove*) は、和歌山県太地町(わかやまけんたいじちょう)で行われているイルカ追い込み漁を批判的に描いた、2009年に公開されたアメリカのドキュメンタリー映画。監督(かんとく)は、ルイ・シホヨス監督。第82回アカデミー賞長編ドキュメンタリー賞ほか多くの章を受賞している。この映画は、公開(こうかい)をめぐり様々(さまざま)な議論(ぎろん)を巻(ま)き起(お)こした。

## 読む前に

1. 「ドキュメンタリー」と聞いて、どんな言葉を連想(れんそう)しますか。5つ考えてください。
2. 見出しの下に「深層(しんそう)/新層(しんそう)」とありますが、これはコラムのシリーズの名前です。

   「深層」は「深い層(そう) (layer)」という意味ですが、「新層(しんそう)」は辞書にない造語です。また、同音異義語(どうおんいぎご) (a homonym) に「真相(しんそう)」(the truth) という言葉もあります。どんなコラムだと思いますか。
3. 次の映画を見たことがありますか。見たことがない人は、インターネットで調べ、下の言葉を使って、どんな映画か日本語で簡単に説明してください。

   a. ハリソン・フォード主演:「インディー・ジョーンズ」シリーズ

   秘儀(ひぎ) (a secret ceremony) を行う, 未開人(みかいじん) (a barbarian)

   b. マイケル・ムーア監督:

   「ボウリング・フォー・コロンバイン」「華氏(かし) 911」「キャピタリズム」

   銃 規制(じゅうきせい) (gun control), ブッシュ大統領 (President Bush)

   大企業 (large enterprise), 大銀行の幹部(かんぶ) (an executive; leader)

   c. モーガン・スパーロック監督:「スーパーサイズ・ミー」

   ファストフード, 食品 (food), 身体(しんたい), 変調(へんちょう)をきたす (cease to function properly)

## 語彙

| | | | | |
|---|---|---|---|---|
| T | 喚起(かんき)する | rouse; stir up | 愛国心(あいこくしん) | patriotism |
| | 単純化(たんじゅんか) | simplification | 功罪(こうざい) | merits and faults |
| 1 | イルカ漁(りょう) | dolphin-catching | 公開(こうかい)する | release |
| | 反日的(はんにちてき)(な) | anti-Japanese | 保守系団体(ほしゅけいだんたい) | conservative group |
| | 上映(じょうえい) | film showing | 表明(ひょうめい)(する) | declare |
| | 危(あや)ぶむ | worry [about]; doubt | 劇場(げきじょう) | theater |
| | 観客(かんきゃく) | the audience | | |
| 2 | 侵害(しんがい) | an infringement | かき立てる | stir; arouse |
| | 推進(すいしん)する | promote | 得策(とくさく) | a wise policy or plan |
| 3 | 乗り込む | march into [a place] | 保護(ほご) | protection |
| | 活動家(かつどうか) | activist | 構図(こうず) | composition of |
| | 原点(げんてん) | the origin | 西部劇(せいぶげき) | a cowboy film |

| | | | | |
|---|---|---|---|---|
| 4 | 娯楽作(ごらくさく) | entertainment work | ～の側(がわ) | side |
| | 心穏(こころおだ)やか | calm; peaceful | 帝国主義(ていこくしゅぎ) | imperialism |
| | におい | a smell | ぷんぷんする | smell strongly [of] |
| 5 | 漁民(ぎょみん) | fishermen | 突(つ)っ込(こ)む | dig deep [into a matter] |
| | 形跡(けいせき) | traces | 探(さぐ)る | explore; investigate |
| | 漁業(ぎょぎょう) | the fishing industry | 悪者(わるもの) | the villain; the blame |
| 6 | 善悪(ぜんあく) | good and evil | 明快(めいかい) | clear-cut |
| | 営(いとな)み | work; activity | 訴(うった)える | appeal |
| | 旗手(きしゅ) | a flag-bearer | | |
| 7 | 常(つね)に | always | 糾弾(きゅうだん)する | denounce; condemn |
| | 徹底的(てってい)（に） | thoroughly; completely | 評価(ひょうか)する | value; evaluate |
| 8 | 候補作(こうほさく) | works being considered for a prize | | |
| 9 | 好意的(こうい)（に） | favorably | 敵方(てきがた) | the enemy side |
| | 反省(はんせい)する | reflect on one's past conduct | 両刃(りょうば)の剣(つるぎ) | double-edged sword |

## 表現

1. （1 段落）N に詰めかける "crowd [to a place]; throng to N" → 表現文型 1
2. （2 段落）口を挟(はさ)む "put a word in; interfere; interpolate"
3. （3 段落）N そのもの "It is exactly (like) N"
4. （4 段落）耳にする "hear"
5. （4 段落）面白(おもしろ)かろう "(it) must be interesting." (A かろう) → 表現文型 2
6. （5 段落）（映画を見る）限り "As far as I can tell (by watching the film)" → 表現文型 3
7. （7 段落）N をヤリ玉に挙(あ)げる "to make a victim of N"
8. （7 段落）N をコケにする "to make a fool of N (someone)"
9. （8 段落）S と思ったものだ "I had thought that S." (reflecting upon the thought [at the time of viewing the film])
10. （9 段落）心を入(い)れ替(か)える "change one's attitude; repent"

## 読みながら

1. 記事の全体像（下）を見て、写真を使うことにはどんな効果があると思いますか。
2. 69–70 ページを読みながら、文末に線を引きなさい。どんな特徴（とくちょう）がありますか。
3. 引用（いんよう）の「」はどこで用（もち）いられていますか。だれのことばを引用していますか。
4. この記事で、筆者が一番言いたかったことはどんなことでしょう。筆者の意見を最も良く表している部分を選んでください。

# 文化

米映画「ザ・コーヴ」で喚起された愛国心

## ドキュメンタリー 単純化の功罪

深層新層

1 和歌山県太地町のイルカ漁を批判する米国のドキュメンタリー映画「ザ・コーヴ」が東京、大阪などで公開されている。「反日的だ」として保守系団体が上映反対を表明。上映が危ぶまれたが、各劇場には観客が詰めかけている。

2 それにしても、保守系団体のやり方は間違っている。表現の自由の侵害という意味ではない。作品を見た日本人の多くがむしろナショナリズムをかき立てられている。「外国人が日本の文化に口を挟むな」というわけだ。保守系団体としては上映を推進した方が得策ではないだろうか。

3 この映画を見て思い出すのは「インディ・ジョーンズ」シリーズだ。太地町に乗り込む動物保護活動家のリック・オバリーさんは、秘儀を行う未開人のコミュニティーにやって来るハリソン・フォードそのもの。この構図の原点はもちろん西部劇にある。

4 もう少しクールな観客からは「娯楽作としては良く出来ている」という感想も耳にする。確かにヒーローの側にいる観客には面白かろう。しかし、未開人とされた側は心穏やかではいられない。西洋人による文化帝国主義のにおいがぷんぷんする。

「ザ・コーヴ」から

5 映画を見る限り、ルイ・シホヨス監督らスタッフが太地町の漁民と突っ込んだ話し合いをした形跡はない。なぜイルカ漁を続けるのかを、探ろうともしていない。最初から最後まで太地町の漁業関係者を悪者だと決めつけている。

6 娯楽作として面白いのは、善悪が明快だからである。ドキュメンタリーとは、複雑な世界を少しでも知ろうとカメラを回す営みだ、と私は認識していたが、米国のドキュメンタリーは今、世界を単純化して感情に訴えることで注目されている。こうしたシンプル・ドキュメンタリーの旗手がマイケル・ムーア監督だ。

7 彼は常に一方の側から他方を糾弾する。銃規制に反対する人々をヤリ玉に挙げた「ボウリング・フォー・コロンバイン」がアカデミー賞長編ドキュメンタリー賞を、ブッシュ大統領を徹底的にコケにした「華氏911」ではカンヌ国際映画祭最高賞を受けた。シンプル・ドキュメンタリーが評価される時代なのだ。

8 「スーパーサイズ・ミー」（モーガン・スパーロック監督）というアカデミー賞候補作もあった。ファストフードだけを1カ月食べ続けて身体に表れる変化を追った作品。どんな食品でも、同じ物を食べ続けたらどこか変調をきたすだろうなと思ったものだ。

9 これらの作品は日本でも好意的に受け入れられた。それは、敵方が大企業だったり大統領だったり、日本の観客にとっても敵方として違和感のない存在だったせいだ。今回は自分たちが敵方に回っただけである。もしムーアの「キャピタリズム」を大銀行の幹部が見たら、反省して心を入れ替えるだろうか。シンプル・ドキュメンタリーは両刃の剣なのだ。

（石飛徳樹）

7 3版△ 2010年(平成22年)7月20日 火曜日 朝刊

# 文化

## 米映画「ザ・コーヴ」で喚起された愛国心

# ドキュメンタリー 単純化の

1 和歌山県太地町のイルカ漁を批判する米国のドキュメンタリー映画「ザ・コーヴ」が東京、大阪などで公開されている。「反日的だ」として保守系団体が上映反対を表明。上映が危ぶまれたが、各劇場には観客が詰めかけている。

2 それにしても、保守系団体のやり方は間違っている。表現の自由の侵害という意味ではない。作品を見た日本人の多くがむしろナショナリズムをかき立てられている。「外国人が日本の文化に口を挟むな」というわけだ。保守系団体としては上映を推進した方が得策ではないだろうか。

3 この映画を見て思い出すのは「インディ・ジョーンズ」シリーズだ。太地町に乗り込む動物保護活動家のリック・オバリーさんは、秘儀を行う未開人のコミュニティーにやって来るハリソン・フォードそのもの。この構図の原点はもちろん西部劇にある。

4 もう少しクールな観客から

「ザ・コーヴ」から

## 功罪

深層 新層

は「娯楽作としては良く出来ている」という感想も耳にする。確かにヒーローの側にいる観客には面白かろう。しかし、未開人とされた側は心穏やかではいられない。西洋人による文化帝国主義のにおいがぷんぷんする。

5 映画を見る限り、ルイ・シホヨス監督らスタッフが太地町の漁民と突っ込んだ話し合いをした形跡はない。なぜイルカ漁を続けるのかを、探ろうともしていない。最初から最後まで太地町の漁業関係者を悪者だと決めつけている。

6 娯楽作として面白いのは、善悪が明快だからである。ドキュメンタリーとは、複雑な世界を少しでも知ろうとカメラを回す営みだ、と私は認識していたが、米国のドキュメンタリーは今、世界を単純化して感情に訴えることで注目されている。こうしたシンプル・ドキュメンタリーの旗手がマイケル・ムーア監督だ。

7 彼は常に一方の側から他方を糾弾する。銃規制に反対する人々をやり玉に挙げた「ボウリング・フォー・コロンバイン」がアカデミー賞長編ドキュメンタリー賞を、ブッシュ大統領を徹底的にコケにした「華氏911」ではカンヌ国際映画祭最高賞を受けた。シンプル・ドキュメンタリーが評価される時代なのだ。

8「スーパーサイズ・ミー」（モーガン・スパーロック監督）というアカデミー賞候補作もあった。ファストフードだけを1カ月食べ続けて身体に表れる変化を追った作品。どんな食品でも、同じ物を食べ続けたらどこか変調をきたすだろうなと思ったものだ。

9 これらの作品は日本でも好意的に受け入れられた。それは、敵方が大企業だったり大統領だったり、日本の観客にとっても敵方として違和感のない存在だったせいだ。今回は自分たちが敵方に回っただけである。もしムーアの「キャピタリズム」を大銀行の幹部が見たら、反省して心を入れ替えるだろうか。シンプル・ドキュメンタリーは両刃の剣なのだ。　（石飛徳樹）

## 読んだ後で：（内容理解）

（段落 1–3）

1. なぜ日本での「ザ・コーヴ」の上映が危(あや)ぶまれたのですか。
2. 保守系団体(ほしゅけいだんたい)のやりかたとは、何を指していますか。なぜ、筆者は保守系団体のやりかたは間違っていると考えるのですか。
3. なぜ日本人の多くが映画を見て、ナショナリズムをかき立てられているのでしょうか。
4. どうして筆者は「ザ・コーヴ」と「インディ・ジョーンズ」シリーズを比べましたか。だれが「ハリソン・フォードそのもの」なのですか。
5. 筆者は「ザ・コーヴ」と「インディー・ジョーンズ」を西部劇と比べていますが、西部劇の善悪(ぜんあく)の構図(こうず)とは、どのようなものですか。

（段落 4–5）

6. 「ヒーローの側」、「未開人とされた側」とは、それぞれ誰のことですか。
7. 「西洋人による文化帝国(ていこく)主義のにおい」というのは、どういう意味だと思いますか。

（段落 6–9）

8. 筆者の考えでは、ドキュメンタリー映画とはどんなものですか。
9. 筆者は、「世界を単純(たんじゅん)化して感情に訴えること」は好(この)ましいことだと考えていますか。どうしてそう思いますか。
10. 筆者は、「スーパーサイズ・ミー」を見て、どんな感想を持ちましたか。
11. 筆者によると、「ボウリング・フォー・コロンバイン」「華氏(かし)９１１」「スーパーサイズ・ミー」が日本でも好意(こうい)的に受け入れられたのは、どんな理由からですか。

## 読んだ後で：考えてみよう（ことば）

1. この記事では、新聞でよく使われる体言止めが使われています。次の表現を、動詞を使って書き直すとどうなりますか。(→ Essential Notes 3)

   a. 見出し：　**米映画「ザ・コーヴ」で喚起(かんき)された愛国心**

   b. 見出し：　**ドキュメンタリー　単純化の功罪(こうざい)**

   c. 段落 1：　**「反日的だ」として保守系団体が上映反対を表明。**

   d. 段落 3：　**オバリーさんは、…未開人のコミュニティーにやって来るハリソン・フォードそのもの。**

   e. 段落 8：　**ファストフードだけを１カ月食べ続けて身体に表れる変化を追った作品。**

2. （段落 1）b の表現を使わず、a の表現を使ったのはどうしてだと思いますか。表現文型 1 も参考にしましょう。

   a. **各劇場には観客が詰めかけている。**

   b. **各劇場には観客が大勢(おおぜい)見に来ている。**

3. （段落 2）「作品をみた日本人の多くがむしろナショナリズムをかき立てられている。」と書いてありますが、なぜ、「むしろ」という表現が使われているのでしょうか。
4. a は、「外国人は日本の文化についてよけいなことを言うな」という意味です。a や b のように「口」や「耳」を使った慣用表現を使うことでどんな効果があると思いますか。例えば、英語の場合、"Watch your mouth!" と "Pay attention to what you are saying!" では、聞いた感じや効果が違いますか。

   a. **「外国人が日本の文化に口を挟むな」というわけだ。**（2 段落 7 行目）
   b. **「娯楽作としてはよく出来ている」という感想も耳にする。**（4 段落 2 行目）

   ＊次の慣用句はどういう意味か考えてみましょう。わからない場合は、調べてください。別の言い方で同じ意味を表現できますか。その場合に、ニュアンスはどう変わるでしょう。

   〈口〉 口にする、口が悪い、口が軽い、口が滑る、口が堅い、口を割る、口をすっぱくする、口がうまい
   〈耳〉 耳が痛い、耳にタコができる、耳が早い、耳に挟む、耳を疑う、耳をすます、耳をかす、耳をそろえる

5. （段落 7）「ヤリ玉に挙げる」「コケにする」といった表現から、筆者のどんな意見が感じられますか。
6. この記事は、映画についての批評なので、筆者の目的は自分の意見や考えを読者に伝え説得することです。そのために、どのような表現が使われていますか。気づいた表現に線を引いて、説明してください。

## 読んだ後で：考えてみよう（内容）

1. 筆者は「ザ・コーヴ」に対して好意的ですか、批判的ですか。記事のどんな点からそんな印象を受けますか。
2. 「シンプル・ドキュメンタリーは両刃の剣なのだ」とありますが、それはどういう意味だと思いますか。
3. イギリスのガーディアン紙は「東洋人はイルカを食べるが西洋人は牛を食べる。どこに違いがあるのか？」という記事を公開しています。あなたは、そのような意見についてどう考えますか。(www.guardian.co.uk/film/filmblog/2009/oct/26/the-cove-documentary)
4. 映画を見ていて、文化、人種、性別、宗教などに関する偏見を感じたことがありますか。それは、何という映画ですか。どうして偏見を感じたのか、話し合いましょう。

## 読んだ後で：書いてみよう

あなたの見た映画で、問題（例えば、偏見や差別）を感じ、批評したい作品がありますか。新聞の読者欄に投稿するつもりで、できれば、比喩表現や慣用句を効果的に使って、インパクトのある評論を 800 字ぐらいで書いてみましょう。

## 表現文型

1. **Nに詰めかける.** "crowd; throng." 詰める literally means "pack; cram; jam" and it is used in other compound verbs such as 詰め込む "cram/stuff something in (forcefully)." Compared to single verb expressions（劇場に）行く or（カバンに）入れる, these compound verbs such as 詰めかける and 詰め込む can express the more intense manner of going or putting something in due to the combined meaning of two verbs. ～かける is used to describe forceful (crashing) movement (e.g. 押しかける). (See also Genre 7.1 表現文型 1 about the effect of 込む).

   【本文】各劇場には観客が**詰めかけている**。（1段落8行目）

   【例】監督が劇場を出ると、ジャーナリストが**詰めかけた**。

2. **Aかろう.** "(it) must be . . ." This is a tentative form of an adjective. Similar to Nだろう, it is typically used in formal writing (except for the use in expressions such as 面白かろうがなかろうが "no matter whether . . .", which is used both in spoken and written language). It sounds more formal than Aだろう（面白いだろう), which can be used informally in spoken language. It is formed by changing い to かろう. It is often used when the concerned party's feelings are speculated about（例：楽しかろう、悲しかろう、難しかろう、寒かろう).

   【本文】ヒーローの側にいる観客には**面白かろう**。（4段落5行目）

   【例】

   a. 突っ込んだ話し合いなく映画が作られたことは、太地町の漁民には**腹立(はらだ)たしかろう**。
   b. 長い時間と多くのお金をかけて作成した映画が賞を取って、監督はさぞ**嬉しかろう**。

3. **V[dictionary form] 限り（では）** "As far as (for example, I know; I see; I hear)"

   【本文】映画を**見る限り**、ルイ・シホヨス監督が太地町の漁民と話し合いをした形跡はない。（5段落1行目）

   【例】

   a. 私の**知る限り（では）**、日本でもクジラの肉を買うのは難しい。
   b. 新聞で**読む限り**、その映画はいろいろな議論を呼んだようだ。

# ジャンル5

# 社説　社会問題について解説し、意見を述べる

## 読売新聞　社説「教師による犯罪ではないのか」

**読み物について**

2013年1月11日読売新聞（朝刊），社説に掲載された。

## 読む前に

1. 見出し「教師による犯罪ではないのか」と小見出し「大阪体罰自殺」を読んで、どんな事件に関する社説だと想像できますか。
2. 「体罰」と聞いて、どんな行為（こうい）が考えられますか。
3. あなたの国や社会でも「体罰」がありますか。

## 語彙

| | | | | |
|---|---|---|---|---|
| 1 | 事態（じたい） | the situation | | |
| 2 | （〜に）所属（しょぞく）する | belong [to] | 顧問（こもん） | an adviser |
| | 体罰（たいばつ） | corporal punishment | | |
| 3 | 記述（きじゅつ） | description | 要因（よういん） | a factor; cause |
| 4 | 市教委（しきょうい） | Municipal Board of Education | 頬（ほほ） | a cheek |
| | 平手（ひらて） | an open hand | 〜発（ぱつ／はつ） | a counter for punch/shot |
| 5 | 発奮（はっぷん）する | be spurred/roused | 指導（しどう） | guidance; coaching |
| | 暴力行為（ぼうりょく） | an act of violence | | |
| 6 | 禁じる | ban; prohibit | 正常（せいじょう）（な） | normal |
| | 倫理観（りんり） | ethics; moral value | 養（やしな）う | foster |
| | 恐怖心（きょうふ） | feeling of fear | 反抗心（はんこうしん） | rebellious spirit |
| | 植（う）え付（つ）ける | implant | | |
| 7 | 回答する | respond | 常態化（じょうたい）する | get normalized |
| | 管理責任（かんり せきにん） | administrative responsibility | | |
| 8 | 寄（よ）せる | send (e.g., letter [to]) | 聞き取り | inquiry |
| | 結論（けつろん）づける | reach the conclusion | | |
| 9 | ずさん（な） | careless; sloppy | 対応 | dealing with |
| | 悲劇（ひげき） | tragedy | 大失態（だいしったい） | a huge mistake |
| | 当然（の） | a matter of course; natural | | |
| 10 | 強豪（きょうごう） | a powerful team | 発覚（はっかく）する | come to light |
| | 停職（ていしょく） | suspension from work | 懲戒処分（ちょうかいしょぶん） | disciplinary action |
| 11 | 容認（ようにん）する | permit; tolerate | 風潮（ふうちょう） | a trend; climate |
| 12 | 減少（げんしょう） | decrease | | |
| 14 | 事例 | an instance | | |
| 15 | 肉体的（にくたい）（な） | physical | 苦痛（くつう） | pain |
| | 再認識（さいにんしき）する | re-realize | | |

## 表現

1. (段落 1) あってはならない N. "N that we should not have allowed to happen." → 表現文型 1
2. (段落 3) 徹底解明(てっていかいめい) "thorough investigation of the truth"
3. (段落 5) 一線を越える. "to cross the line; step over the line" → 表現文型 2
4. (段落 5) 〜というほかない. "(One) can say nothing but 〜" → 表現文型 3
5. (段落 5) 許されぬ "not to be allowed; not to be permitted." (V ぬ) → 表現文型 4
6. (段落 6) (植え付け) かねない (V かねない) "It might (even) . . ." → 表現文型 5
7. (段落 7) 問われよう (V よう ; A かろう) "It is inferred that X; X might happen, might be the case." → 表現文型 6
8. (段落 8) うのみにする. "to swallow something as it is; to accept whatever one hears or reads without questioning it."
9. (段落 9) 踏み込んだ調査をする "conduct an in-depth, thorough investigation"
10. (段落 11) 勝利至上主義(しょうりしじょうしゅぎ) "a belief that winning is the most important"

    (段落 11) N の名の下(もと)に "in the name of X" → 表現文型 7
11. (段落 14) (N が) 後を絶たない. "N never ceases" → 表現文型 8
12. (段落 14) 毅然(きぜん)とした態度で "with a resolute/firm attitude"
13. (段落 15) いかなる N でも "No matter what kind of N it is . . ." → 表現文型 9

## 読みながら

1. カッコ内のことばは、だれが言ったことなのか注意しながら読みなさい。
2. 筆者の意見に線を引きなさい。
3. 意見を述べる文では、どんな文末表現が使われていますか。

# 教師による犯罪ではないのか

**大阪体罰自殺**

1 教育現場であってはならない事態が起きた。

2 大阪市の市立高校2年の男子生徒が、所属するバスケットボール部顧問の男性教師から体罰を受け、その翌日に自殺した。

3 生徒が残した教師あての手紙には「体罰がつらい」という内容の記述があった。大阪市教育委員会は、体罰が自殺の主な要因とみている。警察も捜査を始めた。事実関係の徹底解明が求められる。

4 市教委によると、教師はこれまで、試合で生徒がミスをすると、頬を平手でたたく体罰を加えた。自殺した前日にも、生徒は母親に「30～40発ぐらいたたかれた」と話していたという。

5 教師は市教委に「発奮させようと思った」などと説明している。しかし、指導の一線を越えた許されぬ暴力行為というほかない。

6 学校教育法は体罰を明確に禁じている。暴力による指導では、子供たちの正常な倫理観を養うことができず、かえって恐怖心や反抗心を植え付けかねないからだ。

7 生徒の自殺後、学校が部員50人に行ったアンケートでは、「自分も体罰を受けた」と回答した部員が21人もいた。体罰が常態化していた疑いが強い。校長らの管理責任も厳しく問われよう。

8 この教師については、一昨年にも体罰情報が市に寄せられていた。それにもかかわらず、学校側は教師から事情を聞いただけで、部員からの聞き取りをせず、「体罰はなかった」と結論づけた。市教委も報告をうのみにした。

9 極めてずさんな対応である。この時、踏み込んだ調査をしていれば、今回の悲劇を防ぐことができた可能性もある。大阪市の橋下徹市長が「教育現場の最悪の大失態だ」と指摘したのは当然だ。

10 スポーツの強豪として知られるこの市立高校では以前にも、男子バレーボール部顧問の男性教師による体罰が発覚した。教師は停職3か月の懲戒処分を受けた。

11 行き過ぎた勝利至上主義によって、指導の名の下に体罰を容認する風潮があったのではないか。

12 体罰を理由に処分された教職員数は、全国で毎年400人前後に上る。減少傾向は見られない。

13 文部科学省は体罰の禁止を改めて徹底すべきだ。

14 教育現場では生徒が教師に暴力を振るう事例も後を絶たない。教師が毅然とした態度で指導しなければならない場面もあろう。

15 ただ、肉体的苦痛を与える体罰は、いかなるケースでも認められないことを、教師は再認識する必要がある。

## 読んだ後で：内容理解

1. どんな事件が起こったのか簡単に説明しなさい。

    a. どこで？　　b. だれが？
    c. なぜ？　　d. 何をした？

2. バスケットボール部顧問の教師は、体罰の理由をどのように説明していますか。
3. (段落 6) なぜ学校教育法は体罰を禁じているのですか。
4. 今回の事件で発覚した「体罰」はめずらしいケースですか。なぜそう思いますか。
5. (段落 9) 何が「ずさんな対応」なのですか。
6. この事件の起こった私立高校は、どんなことで有名ですか。
7. 筆者は、「勝利至上主義」と「体罰」の関係をどのように推測していますか。
8. (段落 12)「体罰を理由に処分された教職員数は、全国で毎年 400 人前後に上がる。減少傾向は見られない。」から、日本の教育現場でのどんな問題が浮かびあがりますか。
9. 筆者の意見をまとめなさい。
10. 筆者はその意見をどのような事実関係を使って裏付(うらづ)けていますか。

## 読んだ後で：考えてみよう（ことば）

1. 過去形と現在形の文は、それぞれどんなことを書く時に使われていますか。
2. 次のことばはだれが言ったことばですか。引用があるとどんな効果がありますか。

    a. (段落 3)「**体罰がつらい**」
    b. (段落 4)「**30 ～ 40 発ぐらいたたかれた**」
    c. (段落 5)「**発奮させようと思った**」
    d. (段落 7)「**自分も体罰を受けた**」
    e. (段落 8)「**体罰はなかった**」
    f. (段落 9)「**教育現場の最悪の大失態だ**」

3. この社説はどのような文体や表現で書かれていますか。どうしてだと思いますか。(→ Essential Note 1)
4. 筆者が自分の意見を強く訴えるために選んだ表現や言葉（単語）を抜き出してみましょう。

## 読んだ後で：考えてみよう（内容）

1. 「勝利至上主義」という考え方についてどう思いますか。
2. スポーツの世界の「勝利至上主義」にはどのような弊害(へいがい) (harmful effects) がありますか。
3. 教師が「毅然とした態度で指導」することと「体罰」とは、どう違うと考えますか。
4. この社説は、説得力があると思いますか。どうしてそう思いますか。
5. 体罰をなくすためには、どうしたらいいと思いますか。

## 書いてみよう

1. 書く前に日本語で話してみましょう。
   a. 最近のニュースで、どんなニュースに興味をもちましたか。
   b. その事件、または、現象についてどんな意見を持っていますか。
2. オンライン新聞の社説を書くつもりで、事実の伝達とあなた自身の意見を交えた社説的なレポートを書いてみましょう。Essential Notes 2, 3, 4 と表現文型を参考にして、いろいろな文末表現を使ってみましょう。

## 表現文型

1. **あってはならない N** "N that should not have been allowed to happen; N that should not exist (for the sake of justice, ethics)." The expression is usually used in formal, written texts. It sounds formal and imperative. Example a below, for instance, provides a more imperative ethical statement than 教師が暴力をふるってはならない, which is a more specific prohibition of action.

   【本文】教育現場で**あってはならない事態**が起きた。(1段落)

   【例】

   a. 教師が暴力をふるうことが**あってはならない**。

   b. 2013年には、柔道(じゅうどう)部の監督(かんとく)が女子学生への暴力やセクハラで逮捕された。学生から信頼される立場にある監督に**あってはならない行為**だ。(セクハラ：sexual harassment)

2. **一線を越える**. "to cross the line; step over the line." In newspapers, this expression is often used to refer to someone committing an unfavourable act by going over the commonly understood or accepted boundary.

   【本文】しかし指導の**一線を越えた**許されぬ暴力行為というほかない。(5段落3行目)

   【例】

   a. 親のしつけが**一線を越えて**虐待(ぎゃくたい)につながることがある。

   b. 英国で既婚(きこん)の高校教師が女子生徒と**一線を越え**、二人でフランスへ逃亡した。

3. **許されぬ N (V ぬ N)** "N that is not to be allowed; N that is not to be permitted." ぬ is the classical equivalent of the negative ない, and it is used to modify nouns. The modern equivalent is 許されない N. The classical expressions are more often used in written texts and they give the texts a formal and elevated feeling. The verb that precedes ぬ has the same form as what precedes ない except for the irregular する (せぬ N). There are some verbs with which ぬ is frequently used, resulting in conventional expressions such as 気づかぬうち "while not realizing; not knowingly" and 思わぬ N "unexpected N."

【本文】しかし指導の一線を越えた**許されぬ暴力行為**というほかない。(5段落3–4行目)

【例】

a. 親がしつけを理由に**気づかぬうち**に暴力をふるっている場合もあるかもしれない。
b. 小さな不注意が**思わぬ事故**につながる。

4. 〜 X **(N, AN, A, V) というほかない**. "(One) can say nothing but 〜 ". See also Genre 4.2 表現文型 3. This expression is usually used in writing or in formal contexts. The expression is used to make a definitive statement that something is X, often with a negative attitude (for example, discontent, accusation) towards what is being commented on. But it can also be used positively as well, such as to give exceptional praise.

【本文】しかし指導の一線を越えた許されぬ暴力行為**というほかない**。(5段落3–4行目)

【例】

a. 若者の自殺は悲劇(ひげき)**というほかない**。
b. その教師はいかなる状況でも毅然として指導を続けた。完璧な教師**というほかない**。

5. V[stem] **かねない**. "It might (even) X." 〜 かねない literally means "it is not hard/unlikely for X to happen." The expression is used to refer to the possibility of an undesirable event occurring.

【本文】暴力による指導では、子供たちの正常な倫理観を養うことができず、かえって恐怖心や反抗心を**植え付けかねない**からだ。(6段落4–5行目)

【例】

a. 小さな問題でも対応せずにいると、大問題に**発展しかねない**。
b. 学校でのいじめは子どもの自殺を引き**起こしかねない**。

6. **V よう, A かろう** "It must be . . . ; It is inferred that X; It might be the case that . . ." 〜 *yoo* for *ru*-verbs such as 見る and 〜 *oo* for *u*-verbs such as 行く, 話す, 待つ, 起こる and しよう and 来(こ)よう for the irregular verbs, する and 来る. 〜かろう for adjectives (*i*-adjectives) and 〜 であろう for noun predicates and adjectival nouns. This expression is typically used in formal written texts. In spoken language, V[dictionary]/A/AN/N でしょう or more blunt V[dic]/A/AN/N だろう is used. See also Genre 4.3 表現文型 2.

【本文】

a. 校長らの管理責任も**問われよう**。(7段落6行目)
b. 教師が毅然とした態度で指導しなければならない場面も**あろう**。(14段落4行目)

【例】

a. 今のような経済不況の時代では将来への不安も**多かろう**。
b. 子供に規則正しい生活をさせるのは親の**責任であろう**。

7. **Nの名の下**(もと)**に** "in the name of N." This expression is used when condemning that a certain (allegedly) undesirable practice is carried out under the name of a more desirable or idealistic practice or principle.

【本文】指導**の名の下に**体罰を容認する風潮があったのではないか。(11段落2行目)

【例】

a. 言論の自由**の名の下に**他人を傷つけるような発言はするべきではないと思う。
b. 権力**の名の下に**国民を支配することは許されることではない。

8. (**Nが**) **後**(あと)**を絶たない**. "N never ceases." This expression is used often in written, formal texts. It is usually used to describe continuation of undesirable incidents.

【本文】教育現場では生徒が教師に暴力を振るう事例も**後を絶たない**。(14段落2行目)

【例】

a. 青少年による犯罪が**後を絶たない**。
b. 車を運転しながら携帯を使っていたことによる交通事故が**後を絶たない**。

9. **いかなるNでも** "No matter what kind of N it is." This expression is very formal, and it is primarily used in written texts. The less formal equivalent is どのようなNでも and the more colloquial equivalent is どんなNでも. いかなるNでも is used to express a strong assertion.

【本文】ただ、肉体的苦痛を与える体罰は、**いかなるケースでも**認められないことを、教師は再確認する必要がある。(15段落2行目)

【例】

a. 教師による学生に対する暴力は**いかなる状況でも**容認することはできない。
b. 他人と問題が起こった時は、**いかなる場合でも**相手を非難する前に自分の行為を反省する必要があるだろう。

# Part III
# FICTION (ENTERTAINING)

## ジャンル6 短編小説（たんぺん）　読者を楽しませる

情報を伝えたり、意見を述べたりするのではなく、読者を楽しませるために書くものとして小説や詩などの創作作品がありますが、ここでは、短編小説を２作読みます。

筆者は主人公の人柄や場面を生き生きと伝えるためにどのような工夫をしているか、どのようなメッセージを読者に伝えているかも考えながら、楽しんで読みましょう。

**6.1**「メロン」江國香織（えくにかおり）

**6.2**「旅する本」石田衣良（いしだいら）

# ジャンル6
# 短編小説　読者を楽しませる

## (1)「メロン」　江國香織

**読み物について**
この読み物は、くだものをテーマにいろいろな作家が執筆（しっぴつ）した短編（たんぺん）小説を集めた『くだものだもの』（日本ペンクラブ編）の中のひとつ。

**筆者**　筆者の江國香織（えくにかおり）(1964–) は、小説家、児童（じどう）文学作家、翻訳家、詩人。多数の文学賞を受賞。

## 読む前に

1. あなたはメロンという果物（くだもの）から、どんなことをイメージしますか。
2. 日本でメロンは、「高級果物（くだもの）の代名詞（だいめいし）」だとよく言われます。インターネットで日本のメロンの値段や価値について調べてみましょう。
3. 「メロン」というタイトルから、このお話はどんなストーリーだと思いますか。

## 語彙

| | | | | |
|---|---|---|---|---|
| 1 | つきさす | pierce; stab | 天然(てんねん) | natural |
| 3 | あっさり | simply; readily | うなずく | nod |
| 4 | しょっちゅう | very frequently | | |
| 5 | そっくり | having a striking resemblance | だんなさま | your/her (honorable) husband |
| | 愛す | love | | |
| 6 | たれ | sauce; gravy | | |
| 7 | 下駄箱(げたばこ) | shoe case (located in the entrance areas) | （～を）裏返す | turn over |
| 8 | 校庭(こうてい) | schoolyard | 駆(か)ける | run; 走る |
| 9 | 土けむり | cloud of dust | 平気 | calm; cool |
| | 横顔 | a profile | 大人びる | look like a grown-up |
| 12 | 留年(りゅうねん) | repeating a school year | | |
| 13 | （～を）自慢(じまん)する | brag [about] | | |
| 14 | 乾杯(かんぱい) | a toast; toasting | 黙(だま)る | fall silent |
| 15 | どうせ | in any case | （～を）ほおばる | fill one's mouth (with food) |
| 16 | （～を）ねだる | pester [for] | | |
| 17 | 期待(きたい)する | expect | おしまい | an end |
| 18 | ひろげる | unpack; open | | |
| 19 | （～に）転校(てんこう)する | transfer to another school | | |
| 20 | 実家 | one's parents' home | まつ毛 | eyelashes |
| 21 | 裁判所(さいばんしょ) | a courthouse | | |
| 23 | うつむく | look down | 涙 | tear |
| 25 | 哀(かな)しい | sad; 悲しい | | |
| 26 | しばる | tie | | |
| 30 | （～に）あきれる | be flabbergasted | | |
| 32 | 茶の間 | a Japanese style living room | うれる | become ripe; ripen |
| 33 | 難産(なんざん) | a hard labor (giving birth) | 陰気(いんき) | gloomy; dismal |
| | 憂鬱(ゆううつ) | depressed; miserable | 果肉(かにく) | flesh of fruits |
| | すくう | scoop | 冷気(れいき)（な） | cold; chill |
| 34 | 顔をみあわせる | look at each other | | |
| 35 | 声をひそめる | lower (one's voice) | 真剣（な） | serious |
| 37 | 無愛想(ぶあいそう)（な） | surly; unfriendly | （～に）しみる | go deeply [into] |

## 表現

1. （段落 1）玉子焼き "Japanese style omelette, a common bento item"
2. （段落 2）菜めし "rice cooked with vegetables"
3. （段落 1）〜っぽい "-ish; -like"
4. （段落 6, 17, 23）N なんて〜 "such a thing as N" → 表現文型 1
5. （段落 11）ちっともよくなんかない "not at all; not one bit A" → 表現文型 2
6. （段落 11）好きな人がいたって＝好きな人がいても
7. （段落 12）俺（おれ）、留年だわ "Looks like I am repeating my academic year." → 表現文型 3
8. （段落 14）乾杯の時だって＝乾杯の時でも "even at the time of toasting"
9. （段落 15）ほっとく This is a colloquial contracted form of 放（ほう）っておく (to leave something/someone alone).
10. （段落 16）聞こえないふりで "With the pretence of not hearing; pretending that (it is not audible)."
11. （段落 23）ばかみたい "silly; ridiculous"
12. （段落 23）うつむいたひょうしに〜（V[ta] ひょうしに）"At the moment of doing V 〜"
13. （段落 30）親ばか "parents willing to do anything for their children"

## 読みながら

1. この読み物には、オノマトペがたくさん使われています。オノマトペに線を引いて、どんな様子を表現しているのか考えながら読みなさい。(→ Essential Note 6)
2. この読み物はだれの視点から書かれていますか。それはどんな文体や表現に表れていますか。視点を表していると考える文体や表現を抜き出しなさい。
3. 「　」の中の引用のことばは誰が言ったことばですか。
4. カッコ（　）の中には、どんなことが書かれていますか。

1 お弁当の時間に、玉子焼きにフォークをつきさして、

「きょう、うちに泊まりにおいでよ」

とみほが言った。みほは、中学に入ってからできた友達で、すごく美人。白くって、細くって、天然パーマの茶色い髪が、肩のところでくるくるっと揺れる。何だかお人形っぽい感じ。

2「ごめん。きょうはダメなんだ。お母さんの誕生日だから」

じゃ、しかたないね、とみほは言った。みほのお弁当はいつもすごくきれい。菜めしの青、にんじんサラダのオレンジ、玉子焼きのきいろ。でもとても小さなお弁当箱だから、私だったらちょっとたりないなと思う。

3「また夫婦でおでかけなの」

私がきくと、みほはあっさりうなずいた。

4 みほの両親は仲がいい。しょっちゅう、二人ででかけてゆく。コンサートだとか、食事だとか、温泉だとか。だから、私はみほの家に、もう三回も遊びに行った。（そのうち一回は、泊まりだった。）

---

5 みほのママとは会ったことがないけれど、写真はいっぱいみた。みほのママはみほにそっくり。白くって、細くって、茶色い髪。やっぱり、すごく美人。だんなさまに愛される奥さんになるには、どうしても美人じゃなくちゃいけないのだ。

6 甘いたれのかかったミートボールを一つ口に入れ、私は、結婚なんてしたくない、と思った。

7 みほの下駄箱に、またラブレターが入っていた。四通目だ。入学して、たった二ヵ月で、四人の男の子がみほを好きになった、ということだ。みほは、封筒を裏返して差出し人の名前をたしかめると、興味なさそうに、それをカバンにしまった。

8「好きな人、いないの」

校庭を歩きながら、私はきいた。きょうは少しむし暑い。

「いない」

ふうん、とこたえたとき、横をサッカー部員がどやどやと駆けていった。

9「やだーっ。土けむり」

私はスカートを両手ではんぱんたたいたけれど、みほは平気な顔で歩きつづけた。

10「みのりはいいね、好きな人がいて」

そう言ったみほの横顔が、びっくりするほど大人びてきれいだったので、私はドキッとしてしまった。

11「よくないよ、別に」
ちっともよくなんかない。好きな人がいたって、むこうはこっちが好きじゃないんだし。
12「大学生なんでしょ、その人」
「……わかんない」
次郎くんは、去年の今ごろ大学四年生だったから、普通ならもう大学生じゃない。でも、そのころすでに自信たっぷりに、俺、留年だわ、と言っていたから、もしかして、まだ大学生かもしれない。そうだといいなと思う。
「ふうん」
興味なさそうに、みほは言った。

13 その夜は、お母さんの誕生祝いをやった。去年結婚したお姉ちゃんも来た。大きなケーキを持ってきて、自分で焼いたのだと自慢した。私とおばあちゃんがブラウスをプレゼントしたら（私が二千円、おばあちゃんが五千九百円、それぞれだしあって買ったのだ）、お母さんはにこにこして、嬉しそうに、ありがとう、と言った。
14 今年も、お父さんはなんにもあげなかった。乾杯のときだって、みんな「おめでとう」と言ったのに、お父さんだけ黙ったままだった。でも、それはもうあたりま

---

えのことになっていて、誰も（もちろん私も）不思議には思わない。みほのパパなら、こういうとき、きっと何か（お花とかアクセサリーとか）、ママにプレゼントするんだろうなと思う。
15「島木さん、ほっといていいの」
お母さんがお姉ちゃんにきいた。島木さんというのはお姉ちゃんのだんなさま。からだが大きくて、ぼーっとしていて、めがねをかけている。
「いいの、いいの。どうせ遅いんだし」
自分で焼いたケーキをほおばって、お姉ちゃんは言った。
16「お母さん、誕生祝いに、海外旅行でもねだっちゃえば？」
ふふふ、と、お母さんは笑った。
「そうねえ、それもいいわねえ」
お父さんはむっつりしたまま、聞こえないふりでお茶をのんでいる。
「ダイヤモンドの指輪とか」
お姉ちゃんが言い、お母さんはもう一度、ふふふ、と笑った。
17「あたしね、島木さんにピンクハウスのワンピース買ってもらうんだ。今度の誕生日」
お姉ちゃんとお母さんの誕生日は一週間ちがいなのだ。

「はいはい、ごちそうさま。でもね、お父さんはこういう人ですからね、プレゼントなんて、最初から期待していませんよ」

お母さんが言い、この話はそれぞれおしまいになった。でも、こういう人って、一体どういう人のことだろう。

18 びっくりすることがあったのは、それから少しあとだった。お弁当の時間で、みほはいつものとおり、きれいなハンカチの上にきれいなお弁当をひろげていた。

19「私、二学期から転校するの」

きょう、泊まりにおいでよ、と言うのとおんなじ、普通の口調でみほが言った。

「ええっ」

私はコーヒー牛乳をのみこむと、思わず大きな声をだして言った。

20 みほはおちついていた。

「両親が離婚するの。私はママと一緒にママの実家に行くから」

どこ、ときいたら、横浜、とみほはこたえた。すごくながいまつ毛をしている。

21 コンサートとか食事とかっていうのは嘘で、ほんとうは裁判所とか、両親の実家とかに行っていたのだ、とみほは言った。

22 私は、写真の中のみほのママを思い出す。白くて、細くって、茶色い髪の、笑っている女の人。

23「夫婦なんて、ばかみたい」

みほが言った。うつむいたひょうしに、ぽたっと涙がおちた。

24「手紙、書くね」

私は言い、みほは黙っていた。

25 女は哀しい。美人でも、やっぱり哀しい。

26 みほは、お弁当箱をハンカチで包み、きゅっとしばった。髪が、肩のところでくるくるっと揺れる。

27「横浜にも、泊まりに来ていいよ」

小さくて白い、気の強そうな、みほの顔。うん、と私は言った。

28 横浜の学校でも、みほの下駄箱はきっと手紙で一杯になる。でも、みほは興味なさそうに、それをすっとカバンにしまうだろう。

29「その前に期末試験かぁ」

みほが、さばさばと言った。

30 夜、みほのことを考えながら、ぼーっとテレビを見ていたら、お父さんが帰ってきて、「みやげだ」と言ってテーブルにメロンをおいた。私は、ちょっとあきれて、

「親ばかあ」
と言った。お父さんは毎年、お姉ちゃんの誕生日には決まってメロンを買ってくる。でも、今年はもう、ここにお姉ちゃんはいないのだ。
31「島木さんのとこに持ってったら?」
私が言うと、お母さんが台所から、
「せっかくだからうちでいただきましょう」
と言った。
32 お風呂に入ってから、お母さんと、おばあちゃんと、私でメロンを食べた。(自分で買ってきたくせに、お父さんは食べなかった。茶の間に一人ですわって、スポーツニュースをみながらビールをのんでいる。)メロンは、とてもよくうれていた。
33「かよこを産むときね」
お母さんが言った。
「難産でね、産んだあともしばらく入院していたの。病院は陰気だし、毎日むし暑くて、憂鬱(ゆううつ)だったわ」
ふうん。私は、きれいな緑色の果肉をスプーンですくって口に入れる。さあっと冷気がひろがる。
34「メロンが食べたいって言ったら、お父さんすぐ買ってきてくれてね」

---

そこまで言って、お母さんは黙った。そして、おばあちゃんとお母さんと顔をみあわせてくくくっと笑った。
35「なに?」
「お父さんね」
声をひそめて、お母さんが言う。
「これから毎年、死ぬまでメロンを買ってやるから、だから元気になってくれ、って」
くくくっとおばあちゃんが笑い、お母さんも笑いそうな顔になって、
「真剣な顔で言うのよ。死ぬまで、なんて」
と、もう一度言った。
36 私は、何とも返事ができなかった。それで毎年毎年、ほんとにメロンを買い続けているのだと思うと、笑うよりおどろいてしまう。
37 茶の間をみると、お父さんの後ろ姿はいつもどおり無愛想だった。私は、メロンをせっせとすくいながら、
「夫婦なんて、ばかみたい」
と言ったみほの、お人形みたいな横顔を思い出していた。メロンは、甘くて、つめたくて、しみるみたいな味がした。

## 読んだ後で：内容理解

（場面 1: 段落 1–12）
1. 「私（みのり）」は今、何歳ぐらいでしょう。どうしてそう思いますか。
2. 「みほ」はどんな人ですか。外見や性格についてどんなことがわかりますか。
3. 「みほ」の両親はどんな人たちですか。
4. 「私」はどうして「結婚なんてしたくない」と思ったのでしょうか。
5. 「みほ」はラブレターをもらって、喜んだでしょうか。どうしてだと思いますか。
6. 「次郎君」とは誰ですか。「次郎君」についてどんなことがわかりますか。

（場面 2: 段落 13–17）
7. 「私」のお父さんはどんな人だと思いますか。どうしてそう思いますか。
8. 「私」は両親の関係について、どんなことを考えていると思いますか。
9. 「お母さん」は「お父さんはこういう人ですからね」と言って、「私」は「こういう人って、一体どういう人のことだろう」と考えました。あなたは、「こういう人」ってどういう人だと思いますか。

（場面 3: 段落 18–29）
10. 「みほ」の両親について、どんなことがわかりましたか。
    a. 「私」が考えていたこと
    b. 本当は？
11. 両親について話している時の「みほ」の気持ちは、どんな気持ちだと思いますか。
12. 「みほ」はどうして「夫婦なんて、ばかみたい」って言ったんでしょうか。
13. （段落 25）「私」は「女は哀しい。美人でもやっぱり哀しい。」と思いました。「私」の考えは、今までとどう変わりましたか。

（場面 4: 段落 30–37）
14. お父さんはどうしてメロンを買ってきたのですか。
15. 「私」はどうしてあきれた（段落 30）のですか。
16. お父さんは誰のために毎年メロンを買ってくるのですか。どうしてですか。
17. どうして「私は何とも返事ができなかった」（段落 36）のですか。

## 読んだ後で：考えてみよう（ことば）

1. この作品は、こどもの視点から書かれています。どんな表現や文体で「こどもらしさ」が表されていますか。
2. オノマトペ (→ Essential Notes 6)
    a. 次の表現でオノマトペがある場合とない場合で、どう印象が違いますか。
        i. （段落 3）みほはうなずいた → **みほは<u>あっさりと</u>うなずいた。**
        ii. （段落 8）サッカー部員が駆けていった →
        **サッカー部員が<u>どやどやと</u>駆けていった。**

iii.（段落 9）スカートを両手でたたいた →
**スカートを両手でぱんぱんたたいた。**
iv.（段落 23）涙がおちた → **ぼたっと涙がおちた。**
v.（段落 26）しばった → **きゅっとしばった。**
vi.（段落 28）それをカバンにしまうだろう →
**それをすっとカバンにしまうだろう。**
vii.（段落 33）冷気がひろがる → **さぁっと冷気がひろがる。**

b. 次のオノマトペは、どんな様子を表していると思いますか。その様子を表すのに他にどんな言い方があるでしょう。

i.（段落 10）**ドキッとしてしまった。**
ii.（段落 15）**ぼーっとしている。**
iii.（段落 16）**お父さんはむっつりしている。**
iv.（段落 29）**みほが、さばさばと言った。**
v.（段落 30）**ぼーっとテレビを見ている。**
vi.（段落 37）**メロンをせっせとすくう。**

c.（段落 16）「ふふふと笑う」と（段落 34 and 35）「くくくっと笑う」では、気持ちや様子にどんな違いが読み取れますか。

3. 次の表現は、カジュアルなくだけた話し言葉でよくつかわれます。丁寧（ていねい）な話し言葉や書き言葉ではどう言い換えたらいいでしょう。(→ Essential Notes 1)

a.（段落 1）**すごく美人**
b.（段落 1）**白くって、細くって、…お人形っぽい感じ**
c.（段落 4）**しょっちゅう**
d.（段落 5）**いっぱいみた**
e.（段落 5）**そっくり**
f.（段落 7）**たった二ヶ月**
g.（段落 14）**なんにもあげなかった**
h.（段落 15）**ケーキをほおばる**
i.（段落 17）**話はおしまいになった**
j.（段落 19）**おんなじ**

4. 次の文は、縮約（しゅくやく）形になっています。どんな効果があると思いますか。

a.（段落 5）**美人じゃなくちゃいけないのだ。**← 美人でなくてはいけないのだ。
b.（段落 16）**海外旅行でもねだっちゃえば？**← 海外旅行でもねだってしまえば？

5.（段落 12）〈そのころすでに自信たっぷりに、俺、留年だわ〉と言ったのは誰ですか。この発言や言葉づかいでどんな人だと思いますか。(→ 表現文型 3)
6.（段落 17）お母さんはどうして「はい、はい、ごちそうさま。…」と言ったのでしょう。(注：この「ごちそうさま」は、比喩的に使われています。)
7.（段落 32）「自分で買ってきたくせに、お父さんは食べなかった。」とありますが、「〜くせに」を使うことで、みのりのどんな気持ちが表されていますか。

## 読んだ後で：考えてみよう（内容）

1. あなたはこのお父さんが好きですか。どうしてですか。
2. この後、みのりの「結婚」や「夫婦」についての考えが変わったと思いますか。どう変わったでしょうか。
3. 筆者がこの作品を通して、読者に伝えたかったメッセージはどんなことでしょうか。
4. 筆者は、なぜこの小説のタイトルに「メロン」を選んだのでしょうか。この話の中で、「メロン」は何を象徴していると思いますか。
5. この作品では、日本語でのストーリーテリングの基本と言われる「起承転結(きしょうてんけつ)」の構成(こうせい)がうまく使われています。以下は Maynard (1998: p. 33) からの引用です。

> Ki: (topic presentation) presenting topic at the beginning of one's argument
>
> Shō: (topic development) following *ki*, developing the topic further
>
> Ten: (surprise turn) after the development of the topic in shō, introducing a surprising element, indirectly relevant, related to or connected with *ki*
>
> Ketsu: (conclusion) bringing all of the elements together and reaching a conclusion

(Maynard, S. K. (1998). Principles of Japanese discourse: a handbook. Cambridge University Press.)

この作品で、起・承・転・結のそれぞれの部分でどんな目的が達成されていますか。

## 読んだ後で：書いてみよう

くだものをひとつテーマに選び、以下の点を考えながら短いストーリー (800 字程度 ) を書いてみましょう。

a. 起承転結の構成を使う
b. だれの視点か、その視点にふさわしい表現や文体を使う
c. どんなオノマトペを使ったらいいか考え、使ってみる

## 表現文型

1. **N なんて〜** なんて is used when undervaluing N, suggesting the speaker's dislike of it (as in a and c below). It can also be used to emphasize that N is not expected (as in b below). The function and meaning of N なんて are very similar to those of N なんか . But observe how なんて can also be used following the dictionary form of the verb as seen in the example sentence below ( 離婚するなんて ), while なんか can only follow N (but see なんかない below). Both なんて and なんか are colloquial and

used in informal contexts. In a more formal text, N など can be used in most contexts (for example, in a and b below).

【本文】

a. 結婚**なんて**したくない、と思った。(6 段落 1 行目)
b. プレゼント**なんて**、最初から期待していませんよ。(17 段落 4–5 行目)
c. 夫婦**なんて**、ばかみたい。(23 段落 1 行目)

【例】私の親が離婚する**なんて**信じられなかった。

2. **ちっともAくなんかない**. This expression intensifies negation. The negation is further amplified by ちっとも, meaning "not at all; not in the least bit." The expression can be used with AN (for example, 元気, 大丈夫) in AN なんかじゃない form (as in b) and can also be used with V-*te* as in 泣いてなんかない "I am not crying at all." It is a very informal colloquial expression.

【本文】**ちっともよくなんかない**。(11 段落 2 行目)

【例】

a. お母さんの誕生日パーティーなのに、お父さんは**ちっとも**楽し**くなんか**な**さ**そうだ。
b. みほは平気そうな顔をしているけど、本当は**ちっとも**平気**なんかじゃない**はずだ。

3. **〜(だ)わ**. There are two sentence final particles written as わ in Japanese: one is spoken with rising intonation and the other with falling intonation. In contrast with the former, which is stereotypically associated with feminine speech, the latter わ with falling intonation is used by both male and female speakers in informal situations. It is used when the speaker lightly announces their (minor) decision, or commenting on/asserting the outcome of their judgment. The speaker's choice of sentence-final particles (for example, わ, ね, よね, ぞ, な), as well as the choice of first-person pronouns (for example, 俺, ぼく, 私), provides important clues to understand the persona of the speaker.

【本文】俺、留年だ**わ** (12 段落 4 行目)

【例】

a. 今日仕事全部終らなかったから、明日も来る**わ**。
b. 試験の結果、やっぱりだめだった**わ**。

## (2)「旅する本」石田衣良（いら）

**読み物について**
この読み物は、石田衣良の短編小説を集めた『てのひらの迷路（めいろ）』という本 (講談社（こうだんしゃ）文庫) の中の作品。

**筆者**　筆者の石田衣良 (1960–) は、東京都出身の小説家。数多くの賞を受賞している。

## 読む前に

1. 「旅する本」というタイトルを読んで、どんなストーリーを想像しますか。
2. あなたはどんな本を読むのが好きですか。その時の気分によって違ったタイプの本を読みますか。どんな気分の時に、どんな本を読みますか。
3. このお話は、次のような文章でストーリーが始まります。

> **本は自分がいつ生まれたのか知らなかった。遥か(はるか)昔は乾(かわ)いた葉を束(たば)ねただけだったような気がしたけど、それがいつ手漉(す)きの紙を綴(と)じたものに変わったのかもわからなかった。本はその時代の書物(しょもつ)の形に変身(へんしん)を繰(く)り返しながら、百年千年の時間を、ただ人の手から人の手に旅して生きてきたのである。**

a. この部分のストーリーの主人公は、誰（何）ですか。
b. 「気がした」「わからなかった」の、主語は何ですか。
c. 「その時代の書物の形」の例としてどんな形があげられていますか。
本には、他にどんな形や種類がありますか。

〈参考語彙〉 単行本(たんこうぼん) (hard-cover book), 文庫本, 四六判(しろくばん)（単行本の大きさ), B5 判（週刊誌・一般雑誌などの大きさ), B6 判（文庫本の大きさ), 横長, 縦長, 絵本, 表紙(ひょうし) (a cover), 絵柄 (design), 厚い (thick), 薄い (thin), 印刷(いんさつ) (printing), 活字(かつじ) (print)

## 語彙

| | | | | |
|---|---|---|---|---|
| 2 | 遥か(はる) | far away (time, distance) | 乾(かわ)く | get dry |
| | 束(たば)ねる | bundle | 手漉(てす)き | handmade (paper) |
| | 綴(と)じる | bind | 書物(しょもつ) | a book; a volume |
| | 変身(へんしん) | transformation | ただ | simply; merely |
| 3 | 面(めん) | a surface; a side | 奥(おく) | the inner part |
| | こぼれる | overflow | 澄(す)む | become clear/transparent |
| | 朝焼(あさや)け | a morning glow in the sky | 束(たば) | a bundle |
| | 連絡通路(れんらくつうろ) | connecting passageway | なかごろ | about the middle |
| | ぼんやり（と） | vaguely; dimly | | |
| | あたり | the vicinity | 照(て)らす | illuminate |
| 4 | 足取り | step; the way one walks | 通勤(つうきん)ラッシュ | rush hour |
| | 職業安定所(あんていじょ) | an unemployment office | 中高年むけ | for the middle-aged or older |
| | 極端(きょくたん)に | extremely | 求人(きゅうじん) | a job offer |

| | | | | |
|---|---|---|---|---|
| | (〜に)応募(おうぼ)する | apply [for] | 状態(じょうたい) | the situation |
| | (〜を)残(のこ)す | leave sth | 希望(きぼう) | hope |
| | 磨(す)り減(へ)る | wear thin | 震(ふる)える | tremble; shake; shiver |
| | 退職金(たいしょくきん) | a severance allowance | わずか(な) | a little |
| | つま先 | tiptoe | 視界(しかい) | the range of vision |
| 5 | おき去(ざ)り | being left; deserted | 腰(こし)をおろす | sit down; 座る |
| | ぱらぱら(と) | flipping through a book | | |
| 6 | ページを繰(く)る | turn over pages | 霧(きり) | fog; mist |
| | 刷(す)る | print | 錯覚(さっかく) | an (optical) illusion |
| 7 | リストラ | restructuring; downsizing | 首になる | get fired |
| | 境遇(きょうぐう) | circumstances | 細部(さいぶ) | details |
| | 夢中(むちゅう)になる | be absorbed in | ふくれあがる | expand |
| 8 | (〜に)引っかかる | get caught [in] | (〜を)つかい古す | wear sth out (through usage) |
| | 続き | continuation | | |
| 9 | 奮戦(ふんせん) | a brave fight | (〜を)重(かさ)ねる | repeat; experience (e.g., hardship) repeatedly |
| | 波乱万丈(はらんばんじょう) | full of ups and downs | 職探し | job hunting |
| | (〜に)こもる | shut oneself up [in] | 表情 | facial expressions |
| 10 | 締(し)める | tie (e.g., a necktie) | (〜を)救(すく)う | rescue |
| | 架空(かくう) | fictitious; fictional | (〜に)溺(おぼ)れる | indulge [in] |
| | 豊(ゆた)か(な) | rich; enriched | 魔法(まほう) | magic |
| 11 | ブランコ | a swing | ななめ | diagonal |
| | 出会い | an encounter | 薄(うす)れる | fade (away) |
| | (〜を)もたらす | bring about; cause | | |
| 12 | ペンキ | paint | はげる | peel off; come off |
| | 座面 | seat | (〜を)一瞥(いちべつ)する | cast a glance [at] |
| 13 | 背 | the back | ひきずる | drag (e.g., one's feet) |
| | 横切る | go across | 築山(つきやま) | an artificial hill |
| | ジャングルジム | a jungle gym | シーソー | a seesaw |
| | 遊具(ゆうぐ) | playground equipment | 大往生(だいおうじょう) | a peaceful (natural) death |
| | 納得(なっとく)する | accept | | |

| | | | | |
|---|---|---|---|---|
| 14 | 曇(くも)る | cloud (up) [with] | 穏(おだ)やか（な） | calm |
| | 柵(さく) | a fence | （～を）くぐる | go under sth |
| | 抽象的(ちゅうしょうてき)（な） | abstract | 斑(ぶち) | patches; spots |
| | 澄(す)ます | look proper | | |
| 15 | 模様(もよう) | a pattern; a design | 歓声(かんせい) | a shout of joy |
| 16 | 幸福(こうふく)（な） | happy | 臆病(おくびょう)（な） | timid |
| | ともにする | share | 四季 | four seasons |
| | 無二の親友 | one's best friend | 成長する | grow up |
| 17 | 隅(すみ) | a corner | 満足(まんぞく)（な） | be satisfied; content |
| 18 | 引きこむ | attract; draw sth [into] | | |
| 19 | 胸(むね) | chest | | |
| 20 | 日課(にっか) | daily routine | 痛み | pain |
| | いきいき（と） | vividly; full of life | よみがえる | revive; come back |
| | 熱中する | be enthusiastic | | |
| 21 | 黒ずむ | blacken | （～を）丸める | curl sth up |
| | 醒(さ)める | cool down; cool off | | |
| 22 | 遊歩道(ゆうほどう) | a promenade | ゆるやか（な） | gentle |
| | 坂沿(さかぞ)い | along the slope | ケヤキ並木(なみき) | row of *keyaki* trees |
| | 参道(さんどう) | an entrance path (to a Shinto shrine) | | |
| 23 | 周囲(しゅうい) | the surroundings | 見まわす | look around |
| | 枝 | a branch | 分かれ目 | a branching point |
| | 挿(さ)す | put in; insert | 深緑(ふかみどり) | dark green |
| | 若葉(わかば) | young leaves | （～と/に）なじむ | match; fit into |
| | 樹木(じゅもく) | trees (and shrubs) | | |
| 24 | 急停止(きゅうていし)する | stop suddenly | 木漏(こも)れ日 | sunlight filtering through trees |
| 25 | 迷う | hesitate; waver | 勢(いきお)い | momentum |
| | 底(そこ) | the sole (of footwear) | | |
| 26 | 見世物(みせもの) | a show; an exhibition | たかが | only; merely |
| | 失恋(しつれん)する | have a broken heart | 切り裂(さ)く | rip; slash |
| 27 | 不実(ふじつ)（な） | unfaithful | 魅力(みりょく) | attraction; charm |
| | 皮肉(ひにく) | irony | 泣き笑い | smile through one's tears |

| | | | |
|---|---|---|---|
| 28 街路樹（がいろじゅ） | trees lining a street | しゃれた | stylish; smart |
| 飾る（かざ） | display; decorate | 色味（いろみ） | color; shade |
| 濡れる（ぬ） | get wet | 日ざし | sunlight; rays of the sun |
| 謎（なぞ） | a mystery | 解き明かす（と・あ） | solve |
| （～に）魅せられる（み） | be enchanted | | |

## 表現

1. （段落 3）三百ページ足らず "fewer than 300 pages; nearly 300 pages"
2. （段落 4）残された希望 "remaining hope"
3. （段落 5）いそがしげ ＝ いそがしそう；（段落 13）たのしげ ＝ たのしそう
4. （段落 5）生活を切り詰める "cut down on one's living expenses"
5. （段落 6）ひとりとして～ない "not even one person (paid attention)." → 表現文型 1
6. （段落 7）細部のいちいち "in every detail"
7. （段落 7）読みすすめる "proceed in reading" (V[stem] すすめる) → 表現文型 2
8. （段落 8）下（くだ）り電車 "down train (typically, trains that go further away from Tokyo)" Trains running towards Tokyo are referred to as 上（のぼ）り電車.
9. （段落 11）この本はこの本で "this book itself; this book in its own right" (N は N で) "N has its own merits or ways forward" → 表現文型 3
10. （段落 15）もちごたえがある "(lit) (something) has the solid feel of carrying; feels heavy" (V[stem] ごたえがある) "gives one the solid feel of V-ing" → 表現文型 4
11. （段落 17）満足そうな表情 "a (facial) expression showing satisfaction" (A/AN そうな N) "N that appears A/AN" → 表現文型 5
12. （段落 24）駆けだした "started running; dashing off" (V[stem] だす) "start V-ing") → 表現文型 6
13. （段落 25）まるまる手つかずで "completely untouched"
14. （段落 26）バカげている "silly"
15. （段落 27）不実な男に限って "(lit) it is limited to insincere men . . . ; Why is it always the insincere men who are so charming that you cannot take your eyes off from them?" (N に限って S) → 表現文型 7

## 読みながら

1. この物語でどんな人が登場しますか。それぞれの主な登場人物がどこからどこまで登場しているか印をつけなさい。
2. この物語は、いろいろな人や物の視点（ナレーター、本の読み手、その他）から書かれています。それぞれの場面の登場人物の考えていることや独り言に線を引きなさい。
3. カッコ（　）の中にはどんなことが書かれていますか。

1 本は自分がいつ生まれたのか知らなかった。

2 遥か昔は乾いた葉を束ねただけだったような気がしたけれど、それがいつ手漉きの紙を綴じたものに変わったのかもわからなかった。本はその時代の書物の形に変身を繰り返しながら、百年千年の時間を、ただ人の手から人の手に旅して生きてきたのである。

3 本は今、四六判の単行本の姿をしていた。表紙は印刷面の奥から光りがこぼれてくるような澄んだ朝焼けの空である。束は三百ページ足らずだろうか。薄暗い地下鉄の連絡通路、そのなかごろにあるベンチのうえで、ぼんやりとあたりを照らしながら、本は誰かがやってくるのを待っていた。

4 男が重い足取りで歩いてきたのは、通勤ラッシュが終わった十一時すぎだった。一年半もまえに職を失い、その日も職業安定所で中高年むけのファイルを見てきた帰りである。仕事は極端にすくなかった。ひとつの求人に数十人が応募する状態だ。残された希望が磨り減っていく音を、震えながらきく十八カ月だった。退職金の残りもわずかである。自分のつま先を見ていた男の視界にベンチの端が映った。

5 (こんなところに本がある)

誰かの忘れものだろうか。生活を切り詰めてから、男は単行本など買ったことはなかった。いそがしげにとおりすぎる都会の人間たちは、ひとりとしておき去りになった本に注意を払わない。男はベンチに腰をおろすと、朝焼けの表紙の本を手にした。ぱらぱらとページをめくってみる。

6 最初の五、六十ページはなにも印刷されていない紙が続いていた。おかしな本だ。しかし、さらにページを繰っていくと、霧が晴れるように白い紙面に活字が浮かんできた。なにも刷られていないように見えたのは、目の錯覚だったのだろうか。不思議に思って最初のページにもどってみると、そこにはただしい姿で、最初の一行があった。

7 午後はなにも予定がない男は、本を読み始めた。物語はリストラで仕事を首になった会社員が主人公だった。自分も同じ境遇にある男は、細部のいちいちに共感をもって読みすすめることになった。三十分、一時間、一時間半。夢中になって読み続けた男は、自分の手にした本のページが倍近くにふくれあがっていることさえ気づかなかった。

8 このまま読んだら、夕方のラッシュアワーに引っかかってしまう。男はその本をつかい古した書類カバンのなかにいれると、続きを家でゆっくりと読むために下り電車にのった。

9 それからの数日間、男は仕事を失った主人公が奮戦を重ね、ついには新しい職に就くまでを波乱万丈に描いた物語の世界に生きた。職探しをせずに家にこもっているのに、男の表情はこの一年半なかったくらい明るい。男の妻でさえ、落ちこんでいた夫の変化に驚くほどだった。

10 翌週の月曜日、男はクリーニングから返った白いシャツに新しいネクタイを締めて、早朝から家をでた。カバンのなかには、あの本がある。男は物語に救われた気もちだった。架空の世界に溺れて、すこしだけ豊かになり、こちらの世界に帰ってくる。それは本が読む者にかけてくれる魔法だ。これからも苦しいことはあるだろうが、その時間を耐える力を、男は本からもらったような気がしていた。

11 男はオフィス街のなかにある公園のブランコに、本をすこしななめにしておいた。なぜか、本が新しい人との出会いを求めているように感じたのである。それはだんだんと灰色に薄れていく活字がもたらした印象なのかもしれない。本は大切なものを男にくれた。今日からまた自分は職探しにもどり、この本はこの本で別な誰かに読まれることだろう。

12 男はブランコから立ちあがり、ペンキのはげたちいさな座面においた本を最後に一瞥すると、都会の公園をでていった。

13（だって、クッキーは死んじゃったんだ）

男の子はランドセルを背に、足をひきずりながら、公園を横切っていた。築山、ジャングルジム、シーソーにブランコ。いつもならたのしげな公園の遊具が、意味のないグロテスクなものに見えた。クッキーは男の子が生まれたときからいっしょに暮らしたミニチュアダックスフンドである。十七歳という年齢は大往生といってよかったけれど、男の子にはまだ死を理解することも、納得することもできなかった。

14 ブランコのうえにその本を見つけたのは、涙で曇った目にそこだけ穏やかな光りがさしているように見えたからかもしれない。男の子は柵をくぐって、ブランコの横に立った。本の表紙を確かめてみる。抽象的な線のなかを、灰色に白い斑（ぶち）のダックスフンドが澄まして散歩している絵柄だった。

15（クッキーと同じ模様だ）

男の子はその絵が死んだ犬に似ているだけで、歓声をあげそうになった。本を手にしてみる。それはB５ほどのおおきさの横長の絵本だった。五十ページほどだが、表紙が厚いので、子どもの手にはかなりのもちごたえがあった。

16 男の子はブランコに座り、誰かがおいていった絵本を開いた。それは一匹の犬の幸福な一生を描いた物語だった。子犬を買った若い夫婦は、臆病でお腹をこわしてばかりいるダックスフンドに優しかった。やがて生まれてくるひとりっ子の長男とその犬は、兄弟のように育てられ、ベッドをともにするようになるだろう。いくつかの四季を重ねて、ふたりは無二の親友に成長していく。

17 だが、犬の時間と人の時間は異なっていた。犬は何倍もの早さで年をとっていき、いつかは少年にお別れをすることになる。ベッドの隅のいつもの場所で、少年に抱かれたままこの世を去る朝、ダックスフンドの顔には満足そうな表情が浮かんでいた。

さよなら、ともだち。いっしょに遊べて、すごくうれしかった。

18 引きこまれて読み終えて、自分が涙を流していることさえ気づかないまま、男の子は思った。

19 (これはまるでタッキーとぼくのお話みたいだ。この本は誰かが、ぼくひとりのために書いてくれた本なのかなあ)

男の子は薄い絵本を両手で胸に抱き、晩ごはんまでにもう一度読み直すつもりで、家に帰った。その日、男の子は夕方に一度、さらに夜寝るまえにもう一度、その絵本を読むことになるだろう。

20 その日課がつぎの一週間も続くことになる。男の子のなかでタッキーを失った痛みが薄れ、かつて元気だった友達の姿がいきいきとよみがえるようになるまで、男の子はその本に熱中することだろう。

21 本と出会って二度目の日曜日、両親といっしょに男の子がはいったのは、大通りに面したオープンカフェだった。ダックスフンドの絵本はいつも持ち歩いていたせいで、カバーがやぶけ、ページの端は黒ずんで角を丸めている。あれほど夢中になった絵本だったが、新しい子犬がペットショップから届くと、男の子の気もちは醒めてしまっていた。だって、今度はすごくかわいいミニチュアシュナウザーなのだ。

22 遅めのブランチを終えた家族は席を離れた。レジで順番を待つ両親よりひと足早く、男の子は幅の広い遊歩道にでた。ゆるやかな坂沿いにケヤキ並木が続く、都心の参道である。

23 男の子は周囲を見まわした。誰も自分に注意を払っていないのを確認する。つま先立ちすればようやく手が届くケヤキの枝の分かれ目に、そっと絵本を挿した。深緑の本は若葉となじんで、とてもきれいだった。その本のために植えられたディスプレイ用の樹木にさえ見える。

24 「いくよ、トモくん」

母親の呼ぶ声で男の子は坂のしたにむかって駆けだした。数メートル離れたところで急停止し、うしろを振り返る。あれ、クッキーの絵本ってあんな色の表紙だったかな。風に揺れる木の葉のあいだに見えるのは、あたたかなピンク色で、それが木漏れ日のようにきらきらと穏やかな光りを投げている。

25 一瞬、男の子は迷ったけれど、走りだした勢いはとまらなかった。だってまだ日曜日はまるまる手つかずで残っているのだ。スニーカーの底が歩道を打つやわらかな音を響かせて、男の子は遥かに続く坂のしたに消えた。

26 こんな天気のいい日に、泣きながら歩いているなんて、いい見世物だった。たかが失恋したくらいで、人まえで泣くなんてバカげている。頭ではわかっていても、切り裂いたばかりの胸はあふれるように血を流していた。

27 相手は信じるに足りない不実な男だった。なぜ、不実な男に限って目を離すことができないほどの魅力をもっているのだろうか。恋の皮肉である。長い坂道をのぼってくる若い女は、これで何度同じ間違いを繰り返したか思い起こし、泣き笑いの表情になった。

28 そのときのことである。女は街路樹の枝にブティックのしゃれたフライヤーのように飾られたピンク色の本を見つけた。あたたかな色味に惹かれて手を伸ばす。若い女は涙に濡れたまつげで、日ざしのなかに開かれた本のページを見た。真っ白な紙のうえに活字が躍りだす。若い女は恋の謎を解き明かす、自分だけの物語に魅せられて、その本を読み始めた。

## 読んだ後で：内容理解

(場面 1：段落 3–12)

1. いま本は、どこにいますか。どんな姿をしていますか（大きさ、表紙の色など）。
2. 男の置かれている状況についてわかることを書きなさい。
3. 「重い足取りで歩いてきた」という表現から、男のどんな気持ちや様子が読み取れますか。
4. 5段落目から12段落目までで、男が思ったこととしたことを順番に書き出しなさい。（思ったこと、したことは、3つ以上あります。）

| 思ったこと | したこと |
|---|---|
| 1. 段落5. こんな所に本がある。 | |
| 2. 段落5. 誰かの忘れものだろうか。 | 段落5. ベンチに腰をおろして、本を手にとる。 |
| 3. | |

5. 本の内容は、どんなストーリーですか。
6. 男の妻は、夫のどんな変化にびっくりしたのですか。
7. 10段落目、「男はクリーニングから返った白いシャツに新しいネクタイを締めて、早朝から家を出た」という文には、男のどんな気持ちや様子が表れていますか。
8. 「本が読む人にかけてくれる魔法」とは、どんなことですか。
9. 本は、男に何を与えましたか。

(場面 2：段落 13–20)

10. いま本は、どこですか。どんな姿をしていますか（大きさ、表紙の色、絵柄など）。
11. 「男の子は ...、足をひきずりながら」という表現から、男の子のどんな気持ちが読み取れますか。何があったのですか。
12. 14段落から20段落目までで、男の子が思ったこととしたことを順番に書き出しなさい。（思ったこと、したことは、3つ以上あります。）

| 思ったこと | したこと |
|---|---|
| 1. | 段落14. 柵をくぐってブランコの横に立って、本の表紙を確かめる。 |
| 2. 段落15. クッキーと同じ模様だ。 | |
| 3. | |

13. 本の内容は、どんなストーリーですか。
14. 「さよなら、ともだち。いっしょに遊べて、すごくうれしかった」というのは、だれ（何）の思ったことですか。
15. 20段落目、「その日課」とは、どんな日課ですか。
16. 本は、男の子に何を与えましたか。

(場面 3：段落 21–25)

17. いま、男の子はどこに誰といますか。何をしていますか。
18. 本は、どんな状態（様子）ですか。
19. 21段落目、「男の子の気持ちは醒（さ）めてしまっていた」のは、なぜですか。

20. 男の子は、本をどうしましたか。
21. 24 段落目、「あれ、クッキーの絵本ってあんな色の表紙だったかな」という文から、どんなことがわかりますか。

(場面 4：段落 26–28)
22. この場面は、だれの視点から書かれていますか。
23. その人は、どんな人で、今、どんな様子ですか。
24. 本は、今どこにいますか。どんな姿をしていますか（大きさ、表紙の色など）。
25. 本は、どんなストーリーをその人に与えるのでしょうか。

## 読んだ後で：考えてみよう（ことば）

1. 登場人物が思ったこととしたことで、文の書き方にどんな違いがありますか。
2. 男の子の考えていることを表した表現のなかで、「男の子/子どもらしい」表現を探しなさい。そのような表現を使うとどんな効果がありますか。
3. 本に出会う前と出会った後の登場人物の気持ちに関係する表現を書き出し、作者がどのように登場人物の感情を読者に伝えたか考えてみましょう。

## 読んだ後で：考えてみよう（内容）

1. あなたは、何か本を読んで元気づけられたり、勇気(ゆうき)をもらったり、救(すく)われた気持ちになったりしたことがありますか。話し合ってください。

## 書いてみよう

(1) または (2) を書いてみましょう。

(1) この後、この「本」は、だれのためにどんな物語として姿を変えるのでしょう。このお話に続くストーリーを、筆者のスタイルをまねて書いてみましょう。次のことについて考えながら、ストーリーを考えて下さい。

   a. 本はどこで次の読み手を待っていますか。
   b. いつ、本とその読み手は出会いますか。その読み手は、いくつぐらいですか。今、どんな状況にいて、どんな問題を抱えていますか。本と出会う時の読み手の様子はどうですか。
   c. 本の表紙はどんな色で、デザインはどんな絵柄ですか。どんな形、種類の本ですか。
   d. 本はその読み手にどんな架空(かくう)の世界を与えますか。それはどんなストーリーですか。

(2) 「メロン」または「旅する本」をだれかに紹介して推薦(すいせん)してください。以下のことを考えながら、あらすじとあなたの評価を 600 字ぐらいで書いてみましょう。

   a. どんな人に紹介したいですか。（日本語のクラスメート，友人，一般の人）
   b. どんな方法で紹介したいですか。（ブログ，E メール，ニュースレターの記事）
   c. ジャンル 4 の (1) や (2) にある表現を使ってみましょう。

## 表現文型

1. **ひとりとして、〜ない**. "there is not even a single person V-ing." It is also expressed as だれひとりとして〜ない. It is more emphatic than だれも〜ない, and mainly used in written texts.

【本文】**ひとりとして**おき去りになった本に注意を払**わない**。(5段落 3–4 行目)

【例】泣きながら道を歩いている若い女に声をかける人は**ひとりとしていない**。

2. **V[stem] すすめる** "proceed in V-ing." This can be connected to 読む and 書く and cannot be productively used with any verbs. In contrast, V+ 続ける can be used for a variety of verbs. But while V+ 続ける only refers to the continuation of action, 読みすすめる and 書きすすめる implies smoothness and ease of continuing the action (and thus not entirely under the reader's or writer's control).

【本文】細部のいちいちに共感をもって**読みすすめる**ことになった。(7 段落 3 行目)

【例】筆者は、この本が出会う色々な読み手を想像してストーリーを**書きすすめた**のだろう。

3. **N は N で** Regardless (of what the other parties do, what they are like or what they think), N has its own merits or ways forward. This structure contrasts N with other things/people and N's own unique state or characteristics.

【本文】**この本はこの本で**別の誰かに読まれることだろう。(11 段落 4 行目)

【例】

a. 彼女と別れても、**彼は彼で**新しい人生を見つけ、幸せな生活を送るはずだ。
b. 電子ブックは便利だが、ページをめくって読む**紙の本は紙の本で**読みごたえがある。

4. **V[stem] ごたえがある**. "gives one the solid feel of V-ing; worth V-ing." The expression can be used in various genres.

【本文】子どもの手にはかなりの**もちごたえがあった**。(15 段落 4 行目)

【例】自分と同様の状況に置かれる主人公の物語は、男にとって**読みごたえがあった**に違いない。

5. **A/AN そうな N** "N that appears A/AN." This expression is very useful to describe a scene in which a third party's emotion or other psychological state such as pain is apparent: うれしそうな顔, ねむそうな声, 痛そうな足. Because a third party's emotion cannot be described directly in Japanese, such an expression as うれしい顔 is not possible. Verbs related to emotion or other psychological states can also be used, as in 泣きそうな顔 "an about-to-cry face."

【本文】**満足そうな表情**が浮かんでいた。(17 段落 3 行目)

【例】

a. 両親に新しいペットの犬を買ってもらって、男の子は**うれしそうな声**をあげた。
b. **眠**(ねむ)**そうな顔**で本を読んでいる。

6. **V[stem] だす** "(someone/something) starts V-ing." This is similar to ～始める, but the focus of ～だす may be on the (vigorous) starting of the activity rather than the fact that the activity started.

【本文】

a. 母親の呼ぶ声で男の子は坂のしたにむかって**駆けだした**。（24 段落 2 行目）

b. 真っ白な紙のうえに活字が**躍(おど)りだす**。（28 段落 4 行目）

【例】若い女はしゃれた本の物語に熱中して**読みだした**。

7. **N に限って S**. Literally, the fact/characteristic described as S is limited to N. This expression is often used to describe unfortunate events involving the fact that only N has the characteristic S. The expression is used to show strong frustration and disappointment. For example, the 本文 sentence below expresses the frustration that of all candidates in the same category (men), it is the undesirable N (the unfaithful men) who have the characteristics of S (possessing charm to the extent that you cannot draw your eyes away from them).

【本文】なぜ、不実な男**に限って**目を離すことができないほどの魅力を持っているのだろうか。（27 段落 1–2 行目）

【例】

a. なぜ、失恋した悲しい日**に限って**、青空がまぶしいほどのいい天気なのだろう。
b. 忙しくて時間のない時**に限って**、おもしろそうな本をみつけてしまう。

# Part IV
# SPOKEN LANGUAGE TEXTS (ENGAGING)

話されたことばを文章にすることも、話すために原稿を書くこともあります。文章の中に生かされている話しことばを味わいながら読んでみましょう。

## ジャンル7 インタビュー 対談（たいだん）を再現する

インタビュアーが何かの専門家や特別な経験のある人にインタビューし、読者にそのインタビューの様子、インタビューされた専門家の話の内容を書いて伝えることがよくあります。インタビュアーはどのような目的でインタビューをし、どのようにインタビューを再現しているでしょう。

**7.1** リンダ・ホーグランド（ドキュメンタリー映画『ANPO』監督）
**7.2** 味方 玄（みかたしずか）（能楽師（のうがくし））

## ジャンル8 スピーチ 聴衆に語りかけ、働きかける

スピーチにもいろいろな目的があります。スピーチをするだけで終らずに、ウェブ、雑誌、本に原稿が掲載されてそのスピーチがより多くの人に読まれることもあります。

それぞれの目的のために筆者はどのような内容をどのようなことばで表現し、聴衆に呼びかけるのでしょうか。ここでは3人のスピーチを選びました。

**8.1** ラジオ韓国の放送のためのスピーチ（村上春樹）
**8.2** 「さようなら原発　5万人集会」スピーチ(1)（大江健三郎）
**8.3** 「さようなら原発　5万人集会」スピーチ(2)（落合恵子）

# ジャンル7
# インタビュー　対談を再現する

## (1) リンダ・ホーグランドさん（映画『ANPO』監督）

**読み物について**

REALTOKYO(www.realtokyo.co.jp)（東京地域の映画、音楽、演劇、アート、デザインなどの文化情報を日英バイリンガルで発信するカルチャーウェブマガジン）のインタビュー記事。ウェブの記事にはたくさんの写真もある。

リンダ・ホーグランド(Linda Hoaglund)さんは、ドキュメンタリー映画『ANPO』(ANPO: ART X WAR The art of resistance www.anpomovie.com)を監督した。日本で生まれ、山口と愛媛で宣教師の娘として育ち、日本の公立の小・中学校に通い、エール大学を卒業。日本映画の字幕翻訳家としても活躍し、200本以上の映画の字幕を製作している。

インタビュアーは福島真砂代さん。

## 読む前に

1. あなたは戦後（1945年以降）の日米関係についてどんなことを知っていますか。「日米安全保障条約(略して「安保条約」Treaty of Mutual Cooperation and Security between the United States and Japan)や、それに反対した運動（安保闘争）について、知っていること（または、ウェブで調べてわかったこと）を次の言葉を使って説明してください。

   条約 (treaty), 保障 (security), 締結する (conclude, enter into a treaty with), アメリカ軍 / 米軍 (US military), 駐留する (be stationed), 基地 (military base), 闘争 (a fight [against]), 暴動 (uprising), 反米運動 (anti-U.S. movement), 市民 (citizen, people), 抑圧 (oppression), 抵抗 (resistance)

2. アートと政治・社会には、どんな関係があると思いますか。

〈参考語彙〉アーティスト，客観的（きゃっかんてき） (objective), 主観的（しゅかんてき） (subjective), 記録 (a record)

## 語彙

| | | | | |
|---|---|---|---|---|
| 1 | 宣教師（せんきょうし） | a missionary | （～に）愕然（がくぜん）とする | be shocked; astounded |
| | 記憶（きおく） | memory | 鮮烈（せんれつ）（な） | vivid |
| | 回顧（かいこ） | recollection | （～に）出逢（であ）う | encounter |
| | 滲（にじ）み出る | reveal itself; come through | | |
| 2 | 任（まか）せる | entrust | （～に）ついていく | follow; keep up [with] |
| 3 | 潰（つぶ）す | crush; bring down | （～に～を）つぎ込む | invest |
| | 左派（さは） | leftist, left-wing | 生き残る | survive |
| | （～に～を）注（そそ）ぐ | pour; concentrate | 切り替（か）える | switch |
| 4 | 政権（せいけん） | political power | ある種（の） | a certain type [of] |
| | 構造（こうぞう） | structure, makeup | 根本的（こんぽんてき）（な） | fundamental |
| 5 | 崩壊（ほうかい）する | collapse | | |
| 6 | もの凄（すご）い | tremendous, striking | アップ | close-up |
| | （～に）耐（た）える | stand up [to] | | |
| 9 | 中継（ちゅうけい） | a relay broadcast | （～を）仕切（しき）る | manage, be in charge [of] |
| 10 | 勝手（かって）（な） | being at one's own discretion | モノサシ | a ruler; a measure |
| 11 | 特攻（とっこう） | 特攻隊（とっこうたい） a special attack/suicide corps | （～を）身につける | master |
| 13 | 勘違（かんちが）いする | misunderstand | 心中（しんじゅう） | a double suicide |
| | 強烈（きょうれつ）（な） | intense; strong | | |
| 15 | 膨大（ぼうだい）（な） | enormous | 改（あらた）めて | again, once more |
| | 断片（だんぺん） | a fragment | 戦闘機（せんとうき） | a fighter; combat plane |
| 16 | 撮影（さつえい） | filming | （～を）信頼（しんらい）する | trust |
| | 娼婦（しょうふ） | a prostitute | ヒモ | a pimp |

| | | | | |
|---|---|---|---|---|
| 18 | （〜に）つまずく | stumble over, trip | 膝（ひざ） | knee(s), one's lap |
| | 居心地（いごこち）（が）いい | comfortable, cosy | ゲラゲラ | roaring laughter |
| | クスクス | giggle, chuckle | ギリギリ | at the very limit |
| 19 | ざっくり | roughly | 軸（じく） | an axis |
| | せっぱつまる | be in a desperate situation | 誠実（せいじつ）（な） | honest; true |
| | 解放（かいほう）する | liberate | 跡形（あとかた） | a trace |
| | 要所要所（ようしょようしょ） | important parts | | |
| 20 | （〜を）放（ほう）っておく | leave sth unattended | | |
| 21 | 地盤（じばん） | the foundation | 湧（わ）き出る | gush, well up |
| | 症状（しょうじょう） | a symptom | | |
| 22 | 迫力（はくりょく）のある | powerful | 展覧会（てんらんかい） | an exhibition |

## 表現

1. （段落 1）原爆（げんばく） This is a shortened form of 原子爆弾（げんしばくだん） (atomic bomb).
2. （段落 1）加害者（かがいしゃ） "ones who cause(d) harm." cf. 被害者（ひがいしゃ） "ones who receive harm"
3. （段落 2）切（き）り口（くち） "the method of viewing or analyzing something"
4. （段落 3）つぎ込んでも "pour into", （18 段落）作りこむ (V[stem] こむ) "pouring energy into creating something" → 表現文型 1

## 人物・映画などの情報

＊左の数字は段落の番号です。

| | | |
|---|---|---|
| 1 | 濱谷（はまや）　浩（ひろし） | A Japanese photographer (1915–1999). |
| | 中村　宏（ひろし） | A Japanese artist/painter (1932–). |
| 3 | 自民党（じみんとう） | 自由民主党 The Liberal Democratic Party (LDP), formed in 1955, was the ruling party from 1955 to 2009, and since 2012. The ANPO treaty was signed in 1960 by US President Dwight D. Eisenhower and 岸信介（きしのぶすけ） (the head of the LDP and the prime minister at that time). |
| | 社会党 | 日本社会党 Japan Socialist Party, formed in 1945 and reformed as 社会民主党 Social Democratic Party in 1996. |
| | CIA | The Central Intelligence Agency. It funded the LDP from the 1950s to 1970s. |

| | | |
|---|---|---|
| 5 | 保坂（ほさか） 正康（まさやす） | A Japanese writer (non-fiction) and critic (1939–). |
| 6 | 日曜美術館 | An NHK TV program about art. |
| 11 | TOKKO- 特攻 - | A documentary film, released in 2007 and directed by Lisa Morimoto (a Japanese American), about the Japanese suicide corps. |
| 13 | 心中 天網島（てんのあみじま） | A 1969 film directed by Masahiro Shinoda, based on a 1721 play by Chikamatsu Monzaemon (1653–1725), “The Love Suicides at Amijima.” |
| | 篠田（しのだ） 正浩（まさひろ） | A Japanese film director (1931–). |
| 15 | 川島（かわしま） 雄三（ゆうぞう） | A Japanese film director (1981–1963). The film referred to here is a 1962 film, *Elegant Beast* 『しとやかな獣（けもの）』. |
| 16 | ティム・ワイナー | Tim Weiner (1956–). New York Times reporter and non-fiction writer. He wrote *Legacy of Ashes: the History of the CIA* (2007) (『CIA 秘録（ひろく）』). |
| 17 | 横尾（よこお） 忠則（ただのり） | A Japanese artist, graphic designer (1936–). |

この記事は以下のような構成になっています。

段落 1： リンダ・ホーグランドさんについて
段落 2–6： 映画『ANPO』制作の背景
段落 7–10： リンダさんの経歴
段落 11–14： 映画関係の仕事
段落 15–20：『ANPO』の制作
段落 21： いまの日本、リンダさんの次なる計画

➤まず、前半（段落 1–10）を読んでみましょう。

## 読みながら（前半）

1. 段落 2 からインタビューです。段落 1 の文体と段落 2 以降（いこう）の文体はどう違いますか。
2. インタビュアーの質問の最後が 省略（しょうりゃく）されている（= 略（りゃく）されている）ことが多いですが、2, 7, 8, 9 の質問でどんなことばが略されていますか。
3. インタビューの中で次の文末が使われているところに下線を引きなさい。

   a. 「ね」や「よね」などの終助詞
   b. 「～んです」
   c. 文の終わりが省略されている

4. リンダさんの話はほとんど「です・ます」体になっていますが、普通体の文もあります。普通体の文に下線を引き、どんな時に普通体を使っているのか考えなさい。
5. あなたにとって一番 興味（きょうみ）深（ぶか）い段落を選びなさい。どうして興味深いのですか。

# Interview

013：リンダ・ホーグランドさん（『ANPO』監督）
聞き手：福嶋真砂代
Date: September 30, 2010

1 宣教師の娘として日本に生まれ育ち、17歳からはアメリカに在住。日本の公立小学校4年生のとき、原爆のことを学ぶクラスで自分が加害者側であることに愕然とした記憶は鮮烈だという。「ガイジン」としての自分の存在に悩みながらも日本文化を愛し、日本映画の字幕翻訳家でもある。濱谷浩の写真集『怒りと悲しみの記憶』、中村宏の回顧展と出逢ったことから、それらの作品を生み出した時代の熱いエネルギーに興味を抱き、ユニークな視点で映画『ANPO』を制作した。リンダさんの交友関係の広さ、深さが、よい意味で映画に滲み出ている。トロント国際映画祭2010ドキュメンタリー部門でプレミア上映された。

## アートがなかったら安保の映画は作らなかったかも

2 **アートを切り口に60年安保闘争を表現したユニークな作品ですね。なぜ安保をアートを使って描こうと？**

むしろアートが先なんです。アートがなかったら60年安保の映画を作ろうとは、たぶん思わなかったですね。アートというのは“主観的な記録”なんですよね。客観的な記録に関しては、学者たちがいろいろ書いているから、彼らに任せます。細かい客観的な記録には私はついていけない。

3 **CIA と自民党の関係にも切り込んでいますね。**

CIA が自民党にいっぱいお金をかけて支援したことで、社会党を潰してしまった。そのことはいま完全にタブー化されてしまっています。たとえば南米の国は、いくら CIA がお金をつぎ込んでも、左派がなんとか生き残って、いま南米の国の半分以上は反米なんですよね。だから日本との差は「お金」なのかなって。彼らは日本ほどお金持ちにならなかった。そこが大きいのかなと思います。日本はあのころ、一度政治に注いだ情熱をうまく経済発展のほうに切り替えられたから、そちらに目が行ったんですね。この映画のタイミングがいいところは、そういう日本の政治のやり方がいったん終わったということですね。

4 **まあ、政権は替わりましたね。**

最近では若い人も車やブランド品を買わなくなってきたり、そういうある種の空気と、個人のアイデンティティの構造が変わってきてる。そこにこの映画の入り口があるのかと。10 年前だったら「何言ってるの、この人？」って思われたかもしれません。どの国も同じですけど、ものごとの根本的なことを考えたい人、あるいは考えるきっかけが欲しい人は 10%はいると思うので、そういう人に見てほしいですね。

5 **なぜ国がいまの状態になったか、ということですね。**

それと未来ですね。どういう国にするのか。保阪正康氏（『ANPO』に出演）の雑誌記事で「そろそろ根本的なことを見直さないと、2030 年ごろにこの国はドカーンと崩壊するんじゃないか」（『AERA』No.37）というのがありましたけど、みんなやはり心配してるんですよね。

6 **安保のこともそうなんですが、知らないアーティストもいっぱい出ていて、日本人として恥ずかしい。**

私もゼロから入ったんです。たまたま『日曜美術館』で中村宏さんの絵を見てもの凄いショックと感銘を受けました。いくらでもアップに耐えますね、彼の絵は。本当に天才的アーティストです。3 年前に東京で彼の回顧展がありましたね。すばらしいことだと思います。

**アメリカ人でも日本人でもないという視点からものが見れるように...**

7 **リンダさんは NY に住んでいるとのことですが、日本にはいつまで？**

17 歳までです。

8 **それまでは日本の公立の小中学校に通っていて、なぜ大学からアメリカへ？**

嫌だったんです。地方だったというのもあって「ガイジン」が珍しくて、学校でのイジメみたいのは日常的で、セクハラも受けたり。もう二度と帰らないと（笑）。エール大学へ行く為にアメリカに行きました。高校は神戸のインターナショナルスクールです。

9　**そうだったんですか…。エール大学での専攻は何を？**

映画、文学、政治、歴史など、いろいろです。当時のエール大学は自由だったので、いろいろ学べたんです。卒業後はフジテレビのアメリカ支社に入り、ホイットニー・ヒューストンの中継などを仕切ったり。その後はウルトラクイズとかを制作するプロダクション。いまもクライアントの9割は日本です。

10　**17歳で日本が嫌になったリンダさんが、日本と仕事をしようと思われたのはなぜですか。**

自分が変わってきたんだと思います。アメリカ人でも日本人でもないという視点からものが見られるようになったからでしょうね。「お前は誰だ」と言われたとき、DNAとかパスポートとかは勝手なモノサシで、そんなものに頼らずにものを見られるようになってきたのかなと思います。

11　**これが初監督作品ですが、映画を作ろうと思われたのは？**

『TOKKO-特攻-』（リサ・モリモト監督）という映画をプロデュースしてますが、監督はこれが初めてです。大学時代から何か作りたいなと思ってましたが、きっかけも無くて、テレビ局に入って制作を身につけました。

12　**テレビ局の仕事はおもしろかったですか。**

ニュースの仕事もあって、キューバ、ニカラグアといった南米や、世界中いろんなところに行けたんです。ホイットニー・ヒューストンの中継のときは、なぜかメトロポリタン・オペラの中継をやってるカメラマンがいたりして、一流の人たちとの仕事はおもしろかったです。

13　**日本映画と出逢ったのはいつごろ？**

10代のころ、何を勘違いしたのか、父に『心中天網島』（篠田正浩監督）に連れていかれたんです。父はサムライ映画だと思ったのかわからないんですけど。それが入り口だったから強烈でした。これが映画なんだなと思った記憶があります。

14　**そして、字幕翻訳を。**

ずっとやりたかったんです。字幕を見ていて「違う」と思うことがあったので（笑）。字幕を書くと映画の根本的な構成がすごく見えてきます。初めて見る観客と同じ驚きがあったほうがいいので、1回見て字幕をつけて、チェックのためにもう1回見るだけです。でも好きな映画は何度も見ますね。

15　**では『ANPO』に引用されている名監督たちの映画からの引用シーンは、リンダさんの膨大なアーカイブの中からですね。川島雄三監督の映画で安保がこんな描き方をされてたのかと改めて驚きがあったりしました。**

断片なんですけど。たとえば川島監督の映画自体は、ほとんど安保とは関係ないんですけど、戦闘機があんな場面で飛ぶんですよね…。

16 **数々のアーティストやジャーナリストへのインタビューは事前に話をして、改めて撮影をする方法だったのですか。**

半分ぐらいはそうです。全員にそういうことをやる余裕もなかったのですが。ティム・ワイナー（『CIA 秘録』著者）の場合は、友達から紹介してもらって、自宅に奥さんと 2 人を招待してごちそうして、そこで根本的な話ができた上のインタビューだったから、彼もすごく信頼してあの話をしてくれました。「娼婦とヒモ」という言葉を聞いたときはショックでしたけどね。（※編集部注：日米の関係について語る部分があります）

17 **では、横尾忠則さんのときは？**

映画の企画を立ててしばらくして、たまたま横尾さんが NY に来て私が通訳をしたんです。そのときに出演依頼をして、それから半年後に撮影、という感じでした。横尾さんとはもう 10 年来の仲良しです。

18 **初めて横尾さんの通訳をした際に、横尾さんがつまずいてリンダさんの膝の上に座ってしまい「ここ居心地いいから、座っててもいいですか？」と言ったのが仲良くなったきっかけとプレス資料にありますね。横尾さんのユーモアがすばらしいし、そんなふうにこの映画も、ユーモアではないですけど、シリアス過ぎないところがいいなと思います。**

ゲラゲラ笑わないけれどクスクス笑うところもあるでしょう？ いろいろと相当計算して作ってます。どこまでがギリギリ触れてはいけないラインかを知ってますから。でも幸いにも、これまでのプレスの扱い方は“怖い”というよりは詩的な、ポエムに近いような映画だと紹介してくれてます。ただそこまで作りこむのは苦しかったです。

### 次の世代へ歴史を伝える

19 **どこがいちばん苦しいところでしたか。**

構成ですね。まずざっくりと 2 時間以上のものを作って、だいたい時間軸のまま追ってみたんですが、長過ぎるということがわかりました。せっぱつまって日本に持ってきて、いろんな映画監督にアドバイスをもらいました。「誠実すぎる」「もっと客をびっくりさせろ」とか言われて。つまり、他人様（ヒトサマ）の歴史だったんですね。もちろん CIA とかは私の国の歴史なんだけど、そうじゃないところはどうしても遠慮してた部分があったんです。でもアドバイスを聞いてるうちに解放されて「じゃ！」みたいな感じになり、最初のバージョンは跡形もなく....。要所要所は残ってますが、パズルみたいに全部組み立て直して、まったく違うものになりました。10 ヶ月かかりましたけど ....。

20 **映画全体がひとつのアート作品のような感じがしますね、音楽の効果もあって。**

音楽はぜんぶオリジナルです。NY在住の日本人音楽家（武石聡、永井晶子）が丁寧に作ってくれました。どちらかと言えばアバンギャルド音楽で、放っておくとどんどん複雑になっていくので「違う、違う」と止めないといけなくて（笑）。安保のテーマソングみたいなものを作ってもらったとき、「明るく希望を持つようなテーマソングを」とリクエストしてびっくりされましたが、明るい曲を作ってくれました。

21 **安保闘争をやっていた人々のエネルギーはものすごく熱かったですが、いまの日本をリンダさんはどう感じますか。**

どうでしょう？ひとつ言えるのは、抑圧に対する抵抗は人間の基本的な在り方のひとつなので、自分の両親、あるいはその前の世代にそういう歴史がちゃんとあった、ということをやっぱり次の世代へ伝えていかないといけない。自分がどういう地盤の上に立っているかわからないというのは、けっして健康な状態ではないと思います。アートも、実はその地盤から湧き出るひとつの症状なんです。

22 **リンダさんの次なる計画は？**

すごく迫力のあるアートなので、なんとかこの映画で使ったアートを展覧会で海外に持っていきたい。日本でもそういうチャンスがあるといいんですけど。でも、まずはこの映画を多くの人に見てもらいたいです。

**ぜひ展覧会も見たいです。ありがとうございました。**

## 読んだ後で：内容理解（前半）

**段落1: リンダ・ホーグランドさんについて**

1. リンダさんは小学生の時のどんなことを知りましたか。それについてどう感じましたか。
2. 映画『ANPO』を制作するきっかけは何でしたか。

**段落2–6: 映画『ANPO』制作の背景**

(段落2–3)

3. リンダさんはなぜ安保闘争（とうそう）をアートという切り口から描こうと思ったのでしょうか。
4. リンダさんによると、社会党などの左派の状況は日本と南米ではどう違いますか。
5. リンダさんは、南米と日本の違いは「お金」だと言っていますが、この発言と左派の状況はどのように関係すると思いますか。リンダさんの発言の根拠（こんきょ）と考えられる以下の前提（ぜんてい）を考慮（こうりょ）して説明しなさい。

   a. CIAは右派（うは）にお金をつぎ込んで支援（しえん）する
   b. 経済的に貧しく貧富の差が激しい国では人々の政治に対する関心が高い

6. 「そちらに目がいった」の「そちら」とは、どちら（何）ですか。
7. どうしてこの映画（『ANPO』）のタイミングがいいのでしょうか。
8. 「そういう日本の政治のやり方」とは、どういうやり方を指していますか。

(段落 4–5)
9. 最近、日本（日本人）にどんな変化が見られますか。
10. 「何いってるの、この人？」は、だれがそう思うのですか。「この人」はだれですか。
11. リンダさんはどんな人に『ANPO』を見てもらいたいと思っていますか。
12. どんな「根本的なこと」を考えなくてはいけないのでしょうか。

(段落 6)
13. インタビュアーの福島さんはどんなことを「恥（は）ずかしい」と思っていますか。
14. リンダさんがアートに興味を持つようになったきっかけはどんなことでしたか。
15. 中村宏さんはどんなアーティストですか。

### 段落 7–10: リンダさんの経歴（けいれき）

16. インタビュアーの「そうだったんですか ....。」という発言で、どうして「...」が使われていますか。どういう意味があるのでしょうか。
17. リンダさんはどうしてアメリカの大学に行くことにしたのですか。
18. 大学では何を勉強しましたか。卒業後はどんな仕事をしましたか。
19. リンダさんはどうして日本と仕事をしようと思ったのですか。
20. 「DNA とかパスポートは勝手なモノサシで」とありますが、「DNA」、「パスポート」は、それぞれ何を指しますか。「勝手なモノサシ」とはどういう意味だと思いますか。

## 読んだ後で：考えてみよう（ことば）（前半）

1. 「ね」と比べて「よね」はどんな時に使われていると思いますか。自分のこと、自分の意見、社会的なこと、一般的なことのうち、どんなことについて話している時に「ね」が使われることが多いですか。次の「よね」はどうですか。

   a. **アートというのは“主観的な記録”なんですよね。**（段落 2）
   b. **いま南米の国の半分以上は反米なんですよね。**（段落 3）
   c. **みんなやはり心配しているんですよね。**（段落 5）

2. 「です・ます」体で話している時に普通体も使うことがあります。リンダさんの話の中で、次の普通体にはどんな効果があると思いますか。(→ Essential Notes 3, Table 1).

   a. **細かい客観的な記録にはついていけない。**（段落 2）
   b. **～社会党を潰してしまった。**（段落 3）
   c. **彼らは日本ほどお金持ちにならなかった。**（段落 3）
   d. **個人のアイデンティティの構造が変わってきている。**（段落 4）

3. 次の表現 (a–e; f–h) はどのようにニュアンスや印象が違うと思いますか。親しみやすさ、話しことばらしさ、話し手の確信（かくしん）の度合（どあ）いなど考えてみましょう。

a. **だから日本との差は「お金」なのかなって。**（段落 3）
b. **かなって思います。**
c. **かなと思います。**
d. **だと思います。**
e. **です。**

f. **そこに映画の入り口があるの　かと。**（段落 4）
g. **かと思います。**
h. **だと思います。**

4. 段落 10 の「お前はだれだ」はどうしてこのような言い方になっていると思いますか。bやcとはどのように意味合いが違いますか。

   a. **お前はだれだ**（段落 10）
   b. **あなたはだれ**
   c. **あなたはだれですか**

5. 次の言葉はどうしてカタカナで書かれていると思いますか。(→ Essential Notes 5).

   **ガイジン**（段落 1, 8）〈「外人」とも書く〉
   **モノサシ**（段落 10）〈「物差し」とも「ものさし」とも書く〉

## 読んだ後で：考えてみよう（内容）（前半）

1. リンダさんが『ANPO』を制作する目的は何だったと思いますか。
2. 「主観(しゅかん)的な記録」と「客観(きゃっかん)的な記録」は、どんな点が根本的(こんぽんてき)に違うと思いますか。
3. 「客観的な記録に関しては、学者らに任せます」というリンダさんの発言、つまり、「学者は客観的な事実を記録する」という考え方や「客観的事実」という概念(がいねん)についてどう思いますか。
4. リンダさんは『ANPO』は「主観的な記録」だと説明していますが、この「主観」は誰の主観なのでしょうか（リンダさん、芸術家、インタビューされた人、その他？）。
5. 「アメリカ人でも日本人でもない視点」とは、どんな視点なのだと思いますか。

---

➤後半（段落 11–22）を読んでみましょう。

## 読みながら（後半）

1. インタビュアーの 14, 17, 22 の質問でどんなことばが略されていますか。
2. インタビューの中で次の文末が使われているところに下線を引きなさい。

   a. 「ね」や「よね」などの終助詞
   b. 「〜んです」（どんなことばが後に続くことが多いですか）

3. あなたにとって一番興味深(きょうみぶか)い段落を選びなさい。どうして興味深いですか。

## 読んだ後で：内容理解（後半）

### 段落 11–14: 映画関係の仕事

(段落 11–12)

1. 『ANPO』を制作する前に映画やテレビに関連（かんれん）するどんな仕事をしましたか。
2. テレビの仕事を通（とお）してどんな経験をしましたか。

(段落 13–14)

3. リンダさんによると、お父さんは『心中天網島（しんじゅうてんのあみじま）』をサムライ映画だと勘違（かんちが）いしてリンダさんを連れていったかもしれないということですが、「サムライ映画」というのはどんなジャンルの映画のことだと思いますか。日本の古典芸能では心中が扱われることが多いです。心中をテーマにした映画は、どんな（ジャンル）の映画だと思いますか。
4. リンダさんは、『心中天網島』を見て「これが（日本の）映画なんだなと思った」そうですが、どうしてそう思ったのだと思いますか。
5. リンダさんはどうして字幕翻訳（じまくほんやく）をしたいと思っていたのですか。
6. リンダさんは字幕翻訳する時、何度も映画を見ますか。どうしてですか。

### 段落 15–20：『ANPO』の制作

(段落 15–16)

7. 川島雄三監督の映画はリンダさんの『ANPO』にどのように関わっていますか。
8. 川島雄三監督の映画は安保とどのように関係していますか。
9. ティム・ワイナーさんとのインタビューの準備は他のジャーナリストやアーティストへのインタビューとどう違いましたか。
10. 「娼婦（しょうふ）とヒモ」という表現は、日本（娼婦）とアメリカ（ヒモ）の政治的・外交的関係のことを指しています。どうしてだと思いますか。

(段落 17–18)

11. リンダさんが横尾忠則（よこおただのり）さんと仲良くなったきっかけはどんなことでしたか。
12. 『ANPO』はシリアスな映画ですか。どんな感じの映画か説明しなさい。
13. クスクス笑うのはどんなおかしさ、おもしろさがある時でしょうか。
14. 「ギリギリ触れてはいけないライン」というのはどんなラインのことだと思いますか。
15. 「扱（あつか）い方」とありますが、だれが何を扱うのですか。「扱う」というのは、この場合、どういう意味ですか。

(段落 19–20)

16. 『ANPO』制作でどんなことがむずかしかったのでしょうか。
17. いろいろな映画監督からどんなアドバイスをもらいましたか。アドバイスをもらって、どのように映画が変わりましたか。
18. 「他人様（ヒトサマ）の歴史」とは、どういう意味でしょうか。
19. 「最初のバージョンは跡形（あとかた）もなく ...。」の「...」の部分ではどんな文が略（りゃく）されているのでしょう。

20.『ANPO』の音楽はどんな音楽ですか。リンダさんが音楽家に「明るく希望を持つようなテーマソング」というリクエストをした時、どうしてびっくりされたのだと思いますか。

**段落 21–22: いまの日本、リンダさんの次なる計画**

21. リンダさんは「抑圧に対する抵抗」についてどう考えていますか。
22. ここでいう「そういう歴史」、つまり抑圧の歴史とは、だれによるだれに対する抑圧を指しているのですか。
23. 自分が立っている「地盤」とは、どんなことを指していますか。
24. リンダさんは次に何をしたいと思っていますか。

## 読んだ後で：考えてみよう（ことば）

1. 「〜んです」はどんな時に使われていますか。
2. どうしてインタビュアーの質問には省略がたくさん使われていると思いますか。

## 読んだ後で：調べてみよう、考えてみよう（内容）

1. 安保闘争について、リンダさんのような「アメリカ人でも日本人でもない」人が映画を制作することにどんな意義があると思いますか。
2. この映画をアメリカ人が見たらどう感じると思いますか。時間があったらインターネットでこの映画についての英語の記事を調べてみましょう。
3. アートと政治はどのように関係していると思いますか。『ANPO』の公式サイトのアートの写真を見てアートと安保の関係も考えてみてください。
4. インタビューを書きおこして記事にすることにどんな意義があると思いますか。インタビューの内容をまとめて書くのと比べ、インタビューの形式のまま書くことにどんな意義があるでしょうか。

## 書いてみよう

1 または 2 を書きなさい。

1. リンダ・ホーグランドさんのことばを引用しながら、この記事の要約（サマリー）とあなたの感想を書きなさい。
2. クラスメートや家族に今の専攻や仕事についてインタビューして記事を書きなさい。例えば、以下のような点について質問をしてみましょう。
   a. どのようにして今の大学（専攻）や仕事を選んだのか。
   b. どんなことが一番楽しい（楽しかった）か。
   c. どんなことが一番難しい（難しかった）か。
   d. 今後の計画や希望は何か。

## 表現文型

1. **V[stem] こむ（込む）** This verb こむ is combined with another verb and expresses the transfer of object ( 入れこむ, 埋め込む, 植え込む, 詰め込む ). こむ focuses on the inward direction, towards a small area. The verb つぐ "pour" alone cannot be used to refer to the transfer of funds, but the verb suggests the transfer of a good quantity of the substance. つぎこむ is often used to refer to investing of funds or resources. Likewise, in the expression 作りこむ implies the investment of resources (for example, effort, time and energy). See also Genre 4.3 表現文型 1 ( 詰めかける )

【本文】

a. いくら CIA がお金を**つぎ込んでも**、左派がなんとか生き残って、....（3 段落 4 行目）
b. ただそこまで**作りこむ**のは苦しかったです。（18 段落 9 行目）

【例】

a. 『ANPO』のアートの中には長い間倉庫に**しまい込まれていた**ものもあったようだ。
b. リンダさんとティム・ワイナーさんはリンダさん宅で**話し込んだ**にちがいない。

## (2)『あたらしい教科書　古典芸能』 能 X 味方玄

**読み物について**

この読み物は日本の若者のために歌舞伎，狂言，能，文楽、落語などの古典芸能を分かりやすく紹介した本の一部。この本では，それぞれの芸能で活躍する人をインタビューしている。監修 (editorial supervision) は金原瑞人さん (1954–)。金原さんは翻訳家で，初心者 (a novice) も楽しめる古典芸能の会の開催などもしている。

インタビューされている味方 玄さん (1966–) は，京都生まれの能楽・観世流 (a school of Noh) のシテ方 (those who primarily play the supernatural roles such as ghosts and demons)。

## 読む前に

1. 能について聞いたことがありますか。どんな芸能（げいのう）だと思いますか。日本の若者はよく見に行くと思いますか。どうしてそう思いますか。
2. 次の文は、インタビューを紹介するための金原（かねはら）さんの文です。インフォーマルなくだけた表現に線を引き、下の質問に答えなさい。

> **じつは、この本のなかで一番困ったのが、このジャンル。ここは弱い。「能らしい能」といわれる『隅田川（すみだがわ）』も『井筒（いづつ）』も数回は観ている。が、両方とも睡魔（すいま）との戦いだった。やっぱり、素人（しろうと）にはつらいぜ、というのが正直なところ。そこで謡（うたい）を習っているという森絵都（もりえと）さんにうかがってみたら、早稲田大学の竹本幹夫（たけもとみきお）先生にきいてくださった。そして竹本先生にお薦（すす）めいただいた方、数名について、ネットで調べたり、身近な人にたずねまくったりして、行き着（つ）いたのが味方玄（みかたしずか）さん。おっかなびっくりのインタビューだったけれど、大正解（だいせいかい）だった。ほれぼれする声で、あなた詐欺師（さぎし）でしょうといいたくなるくらい、巧（たく）みに能の魅力を語（かた）ってくださった。**

| | | | |
|---|---|---|---|
| 隅田川 | a famous *Noh* play “The Sumida River” | 井筒 | a famous *Noh* play “The Well Cradle” |
| 睡魔（すいま） | sleepiness | 戦い | battle |
| 素人（しろうと） | a layman | 謡（うたい） | *Noh* chanting |
| 薦（すす）める | recommend | 行き着く | reach |
| おっかなびっくり | be really scared | ほれぼれする | charming; fascinating |
| 詐欺師（さぎし） | a con man | 巧（たく）み | skilful; adroit |

a. 金原（かねはら）さんはなぜインフォーマルなくだけた表現をたくさん使ったのだと思いますか。
b. 金原さんにとって、伝統芸能の中で能は得意なほうですか。
c. どのようにして味方玄さんを探しましたか。
d. 味方さんとのインタビューについてどんな感想を持っていますか。

3. 『チケットぴあ』というイベントを紹介するウェブサイト (www.pia.co.jp) があります。ウェブページをみて、能のチケットを探してみてください。

a. どんな演目（えんもく） (play) がありますか。
b. この対談でインタビューされている味方玄（みかたしずか）さんの公演（こうえん）を見つけられますか。

## 語彙

| | | | | |
|---|---|---|---|---|
| T | 芸能（げいのう） | performing art | | |
| 1 | (〜に) ハマる (1) | get addicted to | 上手（うま）く | nicely; neatly |
| | (〜を) たどる | trace; follow | 歌舞伎（かぶき） | *Kabuki* |
| | 文楽（ぶんらく） | *Bunraku* puppet plays | 落語（らくご） | *Rakugo*, comic story-telling |
| | 能楽堂（のうがくどう） | *Noh* theater | 腰（こし）が抜（ぬ）ける | be utterly surprised |
| | めちゃくちゃ | extremely | 派手（はで）(な) | flashy |
| | 衝撃（しょうげき） | shock, impact | いまひとつ (の) | unsatisfactory |
| | (〜に) 至（いた）る | reach | | |
| 2 | 眠（ねむ）たい | sleepy | 退屈（たいくつ）(な) | boring |
| | 辛気（しんき）くさい | irritating | 衣装（いしょう） | costumes |
| | 能面（のうめん） | *Noh* masks | 不思議（ふしぎ）(な) | mysterious |
| | 発声（はっせい） | vocalization | 素直（すなお）(な) | frank; honest; upfront |
| | 感受性（かんじゅせい） | sensitivity | | |
| 3 | 予備（よび） | preparatory | | |
| 4 | 活字（かつじ） | print | | |
| 6 | 関心（かんしん）する | interest *This may be a typo of 感心（かんしん）する (admire; be impressed by) | | |
| 7 | 文庫（ぶんこ） | pocket-size paperback | | |
| 8 | (〜に〜を) 詰（つ）め込む | pack | | |
| 10 | 一定（いってい）(の) | a certain (level) | | |
| 12 | 嗜好品（しこうひん） | items desired for reasons of taste and liking | ハマる (2) | fit; suit |
| | 一概（いちがい）に | sweepingly; wholesale | 歯車（はぐるま） | a cogwheel |
| | かみ合う | mesh [with] | 役者 | an actor |
| 13 | 相性（あいしょう） | compatibility | | |

| | | | | |
|---|---|---|---|---|
| 14 | 味わい | taste; profoundness | | |
| | 内向的《ないこうてき》 | (in this case) directed to the inside | 思想《しそう》 | an idea; an ideology |
| | 祈《いの》り | prayer | 作用《さよう》する | operate (on sth) |
| | ご本尊《ほんぞん》 | the principal image (of Buddha) | 観衆《かんしゅう》 | spectators |
| | 脇《わき》 | the side | 背後《はいご》 | behind |
| | 神事《しんじ》 | the Shinto ritual | 魂《たましい》 | a soul; a spirit |
| | 交信《こうしん》する | to be in communication | 実感《じっかん》する | fully realize |
| | なんぼ | how much; Kansai dialect for いくら | ソフト | software |
| 15 | 体感《たいかん》 | bodily sensation | 鈍《にぶ》る | become dull |
| 16 | （〜を）嗅《か》ぐ | smell; sniff | 琴線《きんせん》 | the strings of a harp |
| | 響《ひび》く | resound | | |
| 18 | 斬《き》り合い | sword fighting | 典型的《てんけい》（な） | typical |
| | 仮《かり》の姿《すがた》 | temporary appearance | 成仏《じょうぶつ》（する） | die with one's mind at peace |
| | （〜が）募《つの》る | increase; grow | かなう | be fulfilled |
| | 無念《むねん》 | regret | 嫉妬《しっと》 | jealousy; envy |
| | 究極《きゅうきょく》（の） | ultimate | 永遠《えいえん》 | eternity |
| 20 | ゆえん | a reason | | |
| 21 | 足かせ | hindrance | 公演《こうえん》 | a public performance |
| 24 | 屋外《おくがい》 | open-air; outside | | |
| 26 | 境内《けいだい》 | shrine precincts | 空間 | space |
| | 仮設《かせつ》 | temporary construction | 設《もう》ける | set up |
| | 集中力 | concentration | 散漫《さんまん》（な） | loose; distracted |
| | 肉声《にくせい》 | one's natural voice | 肉眼《にくがん》 | the naked eye |
| | キャパ | capacity | 形式 | style |
| 27 | 相当《そうとう》 | considerably | じっと | still; quiet |
| | （〜を）鍛《きた》える | train | 肉体 | the body |
| | 強靭《きょうじん》（な） | strong; tough | | |
| 28 | アスリート | athlete | 腕立《うでた》て | push-up |
| | 脳《のう》 | brain | 指令《しれい》 | an order |
| 30 | がんじがらめ | being immobile | ピターッ | very tightly |
| | （〜に）あてる | put/place sth [on] | | |

| | | | | |
|---|---|---|---|---|
| 32 | 距離(きょり)感 | a sense of distance | 方向(ほうこう) | a direction |
| 34 | むやみに | indiscriminately | | |
| 35 | あえて | daring | 挙(あ)げる | mention |
| 36 | 客層(きゃくそう) | type of audience | | |
| 38 | 理屈(りくつ) | logic; argument | （〜に）富(と)む | be rich [in] |
| | 綺麗(きれい)（な） | beautiful | | |
| 40 | 絞(しぼ)り込む | narrow down | | |

## 表現

1. （発話 1）ハマりきらずに **(V[stem] きる)** “completely/thoroughly does V” → 表現文型 1
2. （発話 1）いまひとつのまま現在に至っている “has remained unsatisfactory up to now”（(X まま）現在に至っている）→ 表現文型 2
3. （発話 2）なにがしか印象が残ります “(it) leaves you some kind of impression.”
4. （発話 4）前もって “in advance”
5. （発話 8）よくできたもんや．Kyoto dialect equivalent of よくできたものだ “I am impressed by how well it is done.”（よく〜ものだ）→ 表現文型 3
6. （発話 10）演目というよりも；（発話 12）わからないというより (X というより Y) “It is not quite X, but it is rather Y.” → 表現文型 4
7. （発話 12）一概(いちがい)には言えない．“(lit) cannot say (make a statement about it) in a wholesale manner”; “It depends”.
8. （発話 14）雨が降ろうが、風が強かろうが V1/A1(tentative) が、V2/A2(tentative) が〜．“Regardless of whether V1/A1 or V2/A2.” → 表現文型 5
9. （発話 14）ような気がする “I have a feeling that 〜 ” → 表現文型 6
10. （発話 14）ハウスもの “Vegetables grown in the greenhouse.” It is used to refer to people here.
11. （発話 16）要(よう)するに “in a word; in short”
12. （発話 17）かえって “on the contrary; all the more”
13. （発話 18）とりあえず “for the time being”
14. （発話 19）これはまた This phrase is used to express amazement to what has just been stated.
15. （発話 21）一回きり “only once”
16. （発話 30）動きづらい “hard to move”
17. （発話 34）残るだけの何かがある “There is something (that makes Noh) worth remaining”

## 京都弁の表現 (→ Essential Notes 9.2)

| P | L | 京都弁 | 東京 / 標準語 |
|---|---|---|---|
| 6 | 2 | ようこれだけの短い文章でこれだけのことが書けるなあ | よくこれだけの… |
| 8 | 1–2 | よくできたもんやと思います | よくできたもんだと思います |
| 14 | 9–10 | 月がなんぼきれい言（ゆ）うても、それは想像できないんですよ | 月がいくらきれいと言っても |

➤まず、発話 1 から 16 まで読んでみましょう。本文は 137 ページから始まります。

## 読みながら

1. 話しことばらしい言葉や表現に線を引きなさい。
2. 外来語などカタカナの言葉に線をひきなさい。どんな効果があると思いますか。
3. 写真の使い方にはどんな効果があると思いますか。
4. この対談でも主に「です・ます」体を使っていますが、そうではない文末もあります。普通体や体言止めを使っているところに線を引いて、どんな時に使っているか考えなさい。

## 読んだ後で：内容理解（前半）

Part 1: 発話 1–8

1. 金原さんはどうして古典芸能に興味を持つようになりましたか。
2. 金原さんは『土蜘蛛（つちぐも）』を観てどうして腰が抜けるほどびっくりしたのでしょう。『土蜘蛛』は「能らしい能」とはどのように違うのでしょうか。
3. 味方さんによると、はじめはどんなアプローチで能をみればいいのですか。
4. 「観（み）る」は「見る」とどう違うと思いますか。
5. 味方さんは能を観る前にどんな準備をすることをすすめていますか。
6. 味方さんは謡本（うたいぼん）のどんなことに感心していますか。

Part 2: 発話 9–16

7. 味方さんによるとどんな演目（えんもく）を観るといいのですか。
8. 味方さんはどれが「いい」能かの見分け方ついてどんな考えを持っていますか。
9. 「歯車の数が多い役者」というのはどんな役者のことだと思いますか。
10. どのような役者が「歯車の多い役者」になれるのでしょうか。
11. 能が神事として始まったために、能役者にはどんな能力が必要とされますか。
12. 味方さんによると、観る人が能を楽しむためにはどんな経験が必要なのですか。
13. 14 段落 10 行目の「その人の中にソフトが入っていないから」というのはどういう意味だと思いますか。
14. 能の中のことばや音楽はどんな効果を持っているのですか。
15. 「心の中で琴線（きんせん）が響（ひび）く」というのはどういう意味ですか。例えば『井筒』を観ていて、どんな時に琴線が響くのでしょうか。

て、どうやら能というのは、いわゆる娯楽とはちょっと違うものらしい、ということが少しわかってきたような気がします。自分が試されるというか。

34 **味方**　試すというか、自分を発見する楽しみと思って（笑）、あんまり難しく考えずに、まずは観てください。６００年、能は残ってきているわけですから。それは、むやみに残っているわけではなく、やっぱり残るだけのなにかがあるんでしょう。

35 **金原**　初めて観る人に、味方さんがあえて一曲挙げるとしたら、何がおすすめですか？

36 **味方**　客層は？　年齢とか、男性なのか女性なのか。

37 **金原**　では、20代から30代の女性に向けて、ということで。

38 **味方**　それなら、『**葵上**（あおいのうえ）』ですね。観たままでもわかるし、理屈も付けられるし、変化にも富んでいる。ジェラシーもあるし、綺麗でもある。

39 **金原**　やはり客層と演目の関係って、あるものなんですか？

40 **味方**　これを言う人はほとんどいませんけど、すごく大事です。逆に言えば、ちゃんとした役者が、ターゲットを絞り込んで、そこに合った曲を演じれば、能はもっとわかりやすくて面白いと思ってもらえるもの。初心者が演目についてわからないのは当然なんですから、むしろ役者の側が、そういうこと考えて演目を選び、必要であれば解説もして、公演をする。これからの能には、そういう役者の側のアプローチが大切なんだと思います。

38　葵上（あおいのうえ）　A Heian period Japanese *Noh* play based on an episode in the *Tale of Genji* and named for Lady Aoi, one of the novel's characters. *Aoi no Ue* was the first of many *Noh* plays based on the *Tale of Genji*.

うか。

27 金原　基本的に能の動きって、相当ゆっくりですよね。時にはじっと座ったまま動かなかったりもする。だから、たいして鍛えなくてもできそう、と思いがちだけど、実は違いますね。能楽師の肉体というのは、非常に強靭なんだろうな、と想像します。特別な鍛え方とか、あるんですか？

28 味方　鍛えるというか、能をやりつづけることで、自然と必要な筋肉ができあがっていくという感じですね。アスリートの身体を作るのとはまったく違う。外的な鍛え方、単にダンベルを上げます、腕立てします、というんじゃなくて、脳からの指令で鍛えるというか。僕らはただじっと動かずに1時間座っていることができるけど、アスリートはたぶんそれは無理でしょう。だから、僕らは肉体を鍛えるというよりも、精神的なことを鍛えているんだと思います。

29 金原　何かをじっと持つというか耐えるというか、そういう肉体なんでしょうか。その中で、グーッと集中力を高めていくというか。

30 味方　能って、がんじがらめになるんですよ。装束（しょうぞく）は重たいですし、特に唐織（からおり）なんていうのはピターッと巻きつけて着せますから、すごく動きづらい。それに面をつける。能の面ってあててみたことあります？　つけてごらんになりますか？

31 金原　（面を顔にあてて）ほとんど見えないですね。こんなに見えないもんなんですか？　これでよく舞台の上で動けますね。

32 味方　距離感や方向感覚もなくなります。

33 金原　この状態で演じるには、ものすごい集中力が必要ですね。ここまでお話を聞いてき

30 装束（しょうぞく）　The costumes in *Noh* and *Kyōgen*.

30 唐織（からおり）　A gorgeous lined garment representative of *Noh* costumes, the *Karaori* is a short-sleeved kimono worn by female characters. The name of the fabric, *Karaori*, or "Chinese weave" refers to its roots in China and came to be used as the name of the costume.

んですよ。そこが非常に不便で、なんとかならないものかな、と。

22 **味方** うーん（笑）、そこがいいんですよ！ 歌舞伎みたいに、1週間やる、1カ月やる、というのは、どんなテンションでやったらいいのか、僕にはわからない。終わって、おつかれさまでした、じゃあまた明日、という感じですよね。そこが「交信してるかどうか」の違いなのかもしれませんね。

23 **金原** 演じる場というのも、やはり重要ですよね。

24 **味方** さっきも言ったように、能はもともとは神事から始まって、屋外で生まれたものですから、やっぱり僕は、屋外を感じる所でやりたいです。

25 **金原** 実は、僕が最初の頃に観たのが屋外のいわゆる**薪能**（たきぎのう）というやつで、正直ちょっとわからなかったな、という印象なのですが…。

26 **味方** 薪能というのは、多くの場合、公園とかお寺の境内といった空間に、仮設の舞台を作って、時には千を越える客席を設けて演じられますから。集中力が散漫になりがちなんです。能は、人間の肉声が届いて肉眼でみることができるところまでがキャパやと僕は思うんです。そういう意味で薪能は、能のキャパを超えているので、少し違うエンターテイメント――能形式の演劇になっている。能は一度に何千人が観るものではなくて、**キャパが600**でもまだ多いと思います。200とか300席までが本当に能を「観られる空間」ではないでしょ

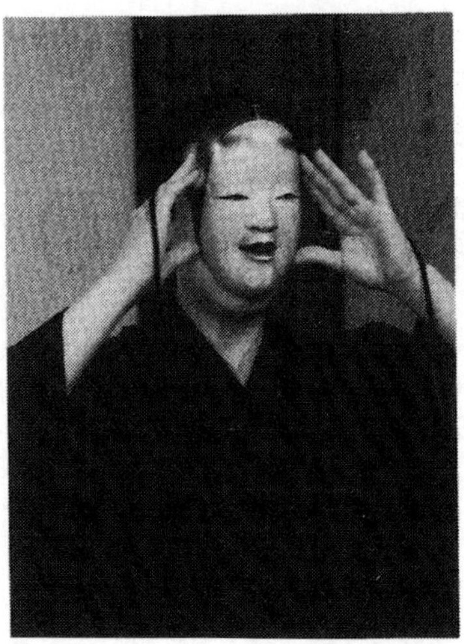

25 薪能（たきぎのう） *Takigi noh* (lit. bonfire *noh*) is an open-air torchlight *Noh* performance.

るのは、ああ、わたしも恋してたな、こんなことがあったなぁ、あんなことがあったなぁと、といった自分自身の想い出であったりする。要するに、どこをどう観て、どう感じてもいいよ、というのが能なんですね。

17 **金原**　どう観てもいいと言われてしまうと、現代の若者は、いや僕らなんかにしても、かえって迷ってしまうところがあります。

18 **味方**　なかには派手な斬り合いとかある能もありますけど、最初に金原さんが云われた「能らしい能」、つまり**夢幻能**といわれる能には、派手なことは何もないんですね。結果も出ない。１００年も２００年も過ぎた後で、この場所で昔こんなことがありましたよ、というところから始まるのが能の典型的なパターンです。そこに思いを残してさまよっている魂が仮の姿で現れて、とりあえず今日は成仏させてもらいますけど、また思いが募ったら現れるかもしれません、って言って消えていく。そこには、かなわなかった恋の痛みや、無念や、恨みや嫉妬——そういう残された思いが、ずーっと残って、続いていて、終わりがない。つまり究極の能のテーマは「永遠」なんです。

19 **金原**　これはまた、大きなテーマですね。

20 **味方**　永遠というのは、ずーっと思いをめぐらせることです。だから、物語でなしに、その人の感じたことこそが能、なんですよ。それがちょっとわかりにくいといわれるゆえんだとも思うんですけどね。

21 **金原**　うーん、確かに。そういう能の性格や魅力って、説明されないとわからないですよね。特に初心者は、まったくわからないと思う。もうひとつ足かせになってるのが、公演が少ないことです。能の公演は、ほとんどが、何月何日、１回きりで、なかなか行けない

18　夢幻能（むげんのう）　*Mugen noh* is a genre of *Noh*, which usually deals with spirits, ghosts, phantasms, and the supernatural world.

ら、雨が降ろうが、風が強かろうが、やる。そういうところから始まっている芸ですから、かっこよくいえば魂が交信するようなところがちょっとでもないと、能役者はできないような気がしますね。それと同時に、演じる側だけでなく、観る側も、いろんなことを実感してないとわからない、というのが能なんですね。月の美しさを知らない人に、月がなんぼきれいと言うても、それは想像できないんですよ。その人の中にソフトが入ってないから。今は季節感がどんどんなくなってきています。快適な環境で、ハウスものの人間ができすぎている現代は、能にはちょっとつらい時代かもしれません。

15 **金原**　確かに、僕たちのまわりから季節感はどんどんなくなっているけれど、それでも体感は必ずしているわけだから、きっかけが少しでもあれば鈍ってしまっていた感覚が引き出されて、何かが生まれてくる、と思うんですよね。

16 **味方**　そうですね。僕は京都の寺で育ったんですけど、草の匂いとか、雨の匂いとか、ここで嗅いだ匂いが、自然と僕の中に記憶されているわけです。だから、他のところで同じような匂いに出会うと、ふっと、子どもの時のことを思い出したりする。能の中の言葉や、音楽も、そうした匂いと同じような効果を持っているんです。ですから、例えば**『井筒』**という能を観ていて、その作品や演者が伝えてくるニュアンスと、観る人の気持ちが上手くリンクした時、その人の中で心の琴線が響くんですね。『井筒』という能を観ながら、その人が観てい

9 金原　演目はなんでもいいんですか？

10 味方　演目というよりも、「いいのを観てください」ということです。「いいの」というのは、一定のレベルに達している舞台、ということです。

11 金原　まったくの素人が**『ぴあ』**を観て、どれが「いい」か、見分けるポイントはあるんでしょうか？　国立でやっているものとか、**人間国宝**が出ているものがいいんだろう、と思いがちですが、そういうことでもないわけよね？

12 味方　それがねぇ、わからないんですよ（笑）。名前でも、チケットの値段でも、わからない。半分は嗜好品のようなものですから、観る人の好みにハマるかどうかが、他の芸能よりも能は強いと思うんです。だから、わからないというより、一概には言えない、というべきなんでしょうか。観る側と役者と、両方の歯車がかみ合うほど感動は強まるわけで、ですから表現方法である歯車の数が多い人がいい役者、ということになりますね。

13 金原　相性ということですね。どういう人が歯車の数が多いのでしょう？

14 味方　能の場合は、新鮮さだけで見せるわけではないので、いろんなことをわかってくる年代、40代、50代くらいになってきて「人間としての味わいが出てきている役者」だと思います。目に見えるだけのものではなくて、内向的なもの——思想とか、祈りとか、そういうニュアンスが大きく作用する芸能ですから。古い時代のお能は、神様とかご本尊とかに向けて演じられていて、観衆はそれを脇や背後から見るものだったんです。神事(しんじ)ですか

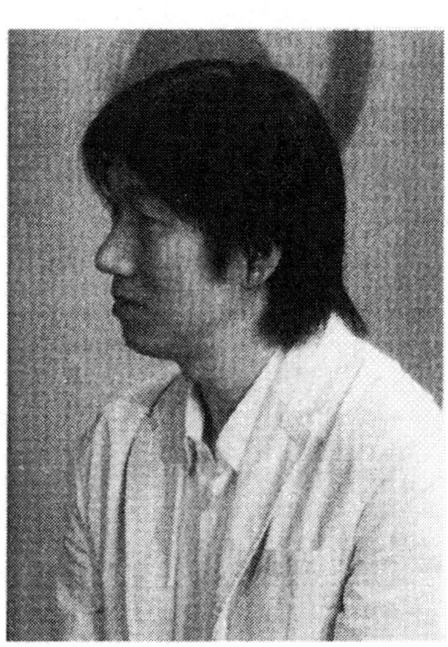

11　ぴあ　A magazine containing information about events such as concerts, films and performing arts. It was published from 1972 to 2011. Currently the website "チケットぴあ" continues to provide similar information.

12　人間国宝(こくほう)　Living National Treasure (*Ningen Kokuhō*) is a popular Japanese term for those individuals certified as Preservers of Important Intangible Cultural Properties (重要無形文化財保持者 *Jūyō Mukei Bunkazai Hojisha*) by the Minister of Education, Culture, Sports, Science and Technology.

みたいな人間や、これまでまったく観てなくて、これから観ようと思っている人に向けて、いろいろと教えていただきたいと思います。まず能へのアプローチとしては、どこから入っていけばいいんでしょうか？

2 味方　まずは、「観る」ということですね。観れば、なにがしか印象が残ります。「眠たい」でも「退屈」でも「辛気くさい」でも「死にそう」でも（笑）、いいんですよ。でもたぶん、衣装がきれい、**能面**が不思議、発声が不思議、といった印象も残るはずです。その素直な印象が、その人の感受性なんですね。

3 金原　予備知識とかは必要ないですか？　例えば能のベースになっている**『源氏物語』**や**『平家物語』**といった古典の知識とか。

4 味方　ないよりはあった方がもちろん楽しめますけど、最初はなくてもいいです。知識よりも自分の感覚と向き合うこと。そのほうが大切です。ただ、できれば、**謡本**(うたいぼん)を——活字になったものでもそのものでもいいですから、前もって一度、縦に読んでみる、というのはおすすめですね。

5 金原　縦書きで、ということですか。縦と横ではリズムが違う？

6 味方　そう。能の文章を読むには、やっぱり縦がいいと思います。僕は、謡本を読むたびに、いつも関心するんです。ようこれだけの短い文章でこれだけのことを書けるなあ、って。能の謡本は2000字ですよ、400字詰めの原稿用紙で5枚！

7 金原　文庫にしたら数ページですね。

8 味方　その中にいろんな情報が詰め込まれていて、季節感もあり、ニュアンスがあり。よくできたもんやと思います。

3　源氏物語（げんじものがたり）　*The Tale of Genji* is a classic work of Japanese literature written by the Japanese noblewoman, *Murasaki Shikibu*, in the early years of the eleventh century. It is sometimes considered the world's first novel.

3　平家物語（へいけ）　*The Tale of the Heike* is an epic account of the struggle between the *Taira* and *Minamoto* clans for control of Japan at the end of the twelfth century in the *Genpei* War (1180–1185).

4　謡本（うたいぼん）　The *Utaibon* is the book of words (lyrics) and musical notation for the syllables.

# 能×味方玄

1

金原　僕は18歳の頃に**アングラ劇**にハマって、**寺山修司**の最後の頃をぎりぎり観ているんです。アングラには古典芸能が上手く取り入れられていて、ルーツをたどるようにして歌舞伎に行き、文楽に行き、落語に行き。でもその中で、能にはハマりきらずにきてしまったんですが、ある時、能楽堂で腰が抜けるような出会いがあって、それが『**土蜘蛛**』だったんですね。めちゃくちゃ派手で、「こんな能があるんだ!」という衝撃を受けて。でも、いわゆる能らしい能はいまひとつのまま現在に至っているわけです。今日は、そういう僕

1　アングラ劇　The "underground plays", a collection of avant-garde unique plays which started in the 1960s. Well-known playwrights include *Shūji Terayama* (寺山修司) 1935–1983.

土蜘蛛(つちぐも)　A famous *Noh* play "Ground Spider". The protagonist slays a monstrous ground spider, with a lot of action.

## 読んだ後で：考えてみよう（ことば）（前半）

1. 次の味方さんのことばの一部が京都弁で書かれていることでどう印象が違うと思いますか。どんな時に京都弁が使われていますか。

   a. **よう〈よく〉これだけの短い文でこれだけのこと書けるなあ、って。**（発話 6）
   b. **よくできたもんや〈だ〉と思います**（発話 8）
   c. **月がなんぼきれいと言うても〈いくらきれいと言っても〉**（発話 14）

2. 一般にインタビュー記事の中で話し手の方言を使って書くことにはどんな効果があると思いますか。
3. 能役者が京都弁を話すことにはどんな意味合いがあると思いますか。
4. 味方さんが外来語を使うことで、味方さんという人物や能という話題（わだい）への印象がどう変わると思いますか。(→ Essential Notes 5)
5. 和語や漢語でも表現できる場合、外来語で表現するとどんな効果があると思いますか。(→ Essential Notes 2)

   （発話 16）観る人の気持ちが上手く a) **リンクした時、…**
   b) **つながった時**
   c) **連結した時**

6. 発話16では、次の発言が普通体になっています。どういう効果があると思いますか。

   a. **ふっと子どもの時のことを思い出したりする。**
   b. **〜といった自分自身の思い出であったりする。**

7. 「歯車がかみ合う」や「心の琴線（きんせん）が響（ひび）く」のような比喩（ひゆ）を使うとどんな効果があると思いますか。

## 読んだ後で：考えてみよう（内容）（前半）

1. どうして能は難しいと思われているのだと思いますか。
2. あなたの住む国・地域にも「わかりにくい」と思われている古典芸能がありますか。
3. 金原さんがこの本を監修（かんしゅう）した目的は何ですか。その目的と、テキストの言葉づかい、写真・太字の使い方はどう関係していると思いますか。

---

➤後半の発話 17 から 40 まで読んでみましょう。

## 読んだ後で：内容理解（後半）

Part 3: 発話 17–20

1. 味方さんによると、夢幻能（むげんのう）はどんな能ですか。

2. 発話 18 で次のようなことを言うのは誰ですか。

   **とりあえず今日は成仏させてもらいますけど、また思いが募ったら現れるかもしれません**

3. 能のテーマは何でしょうか。
4. 能がわかりにくいと言われるのはどうしてでしょうか。

Part 4: 発話 21–22

5. どんなことが能を観るための足かせになっていますか。
6. 味方さんはその「足かせ」についてどういう意見を持っていますか。

Part 5: 発話 23–26

7. 味方さんはどんな場所で能を演じたいと思っていますか。
8. 薪能(たきぎのう)は、普通の能とどう違いますか。どうして違うのですか。

Part 6: 発話 27–33

9. 能の役者は何を鍛(きた)えなければならないのですか。どうしてですか。
10. どうして集中力が必要なのでしょうか。

Part 7: 発話 33–40

11. 味方さんはどんな客層(きゃくそう)に『葵上(あおいのうえ)』をすすめていますか。どうしてですか。
12. これからはどんな役者のアプローチが必要だと思っていますか。

## 読んだ後で：考えてみよう（ことば）（後半）

1. 次の三つの表現はどのように意味合いや印象が違うと思いますか。

   a. **そういう残された思いが　ずーっと残って**（発話 18）
   b. **ずっと残って**
   c. **永遠に残って**

2. この読み物ではだれかが発言しているかのような言い方を使っているところがいくつかあります。例えば、a（発話 16）は、b と比べてどんな効果があると思いますか。

   a. **要するに、どこをどう観て、どう感じてもいいよ、というのが能なんですね。**
   b. **要するに、どこをどう観てどう感じてもいいのが能なんですね。**

3. 発話 38 の 2 行目に「ジェラシーもあるし、綺麗(きれい)でもある。」と書かれています。「ジェラシー」や「綺麗」を、a と b の別の単語や書き方にすると、どう印象が変わると思いますか。

   a. ジェラシー：嫉妬(しっと)，やきもち
   b. 綺麗：きれい，キレイ

## 読んだ後で：考えてみよう（内容）（後半）

1. 能を楽しむためにはどんな経験や態度が必要ですか。あなたは能が楽しめそうですか。
2. これまで読んだ味方さんのアドバイスは役に立ちそうですか。どうしてですか。

## 書いてみよう

身近に音楽やアートや映画を制作する人や、愛好家がいますか。何語でもいいのでインタビューして、以下のことを考えながら記事を書いてみましょう。

a. 内容

その人が音楽・アート・映画を好きになったり制作したりするようになったきっかけや経歴、そして、楽しみ方についてのアドバイス

b. どんな日本語の表現を使えばその人の職業にふさわしく、人柄が伝わるのか

## 表現文型

1. **V[stem]** きる "completely/thoroughly does V; finish V-ing."

【本文】能には**ハマりきらず**にきてしまったんですが、....。（発話 1: 3 行目）

【例】

a. 能を観る前に演目の謡本を読み始めたが、時間がなくて**読みきらず**に観た。

b. 能のシテ方を**演じきる**のはむずかしいにちがいない。

2. (**X まま**) **現在に至っている**. "Up to now (my knowledge/experience about Noh) has remained X (despite the fact that one would wish, or one would expect that it would have changed by now)." In this case, this expression suggests the speaker's dissatisfaction about the current state, but it can also be used to describe a situation in which a certain desirable state resists changes despite the passing of time as in b.

【本文】能は**いまひとつのまま現在に至っている**わけです。（発話 1: 6 行目）

【例】

a. せっかく日本に住んでいるのに**能を見ることのないまま現在に至っている**。
b. 能は昔ながらの衣装で演じられ、**現在に至っている**。

3. よく〜ものだ（と思う）. This expression is used to express surprise with regard to some unexpected tendency, state, behavior.

【本文】**よく**できた**もんや**と思います。（発話 8: 1–2 行目）

【例】能役者って、**よく**あんな長い時間じっと座っていられる**ものだね**。

4. **X というより（も）Y.** "It is not quite X, but it is rather Y." This phrase is used to provide the alternative (way of expressing the speaker's intended meaning) that is more suitable, without abandoning the former (previously mentioned) altogether.

【本文】

a. 演目**というよりも**、「いいのを観てください」ということです。（発話 10: 1 行目）
b. わからない**というより**一概(いちがい)には言えないというべきなんでしょうか。（発話 12: 3 行目）

【例】能は「見る」**というより**「感じる」もののようですね。

5. **V1/A1(tentative) が , V2/A2(tentative) が〜.** "Regardless of whether V1/A1 or V2/A2." (for example, 雨が降ろうが雪が降ろうが regardless of whether it rains or snows; 高かろうが高くなかろうが ). It can be any combination of an adjective phrase, verb phrase and noun phrase (N だろうが ). (See also Genre 4.3 表現文型 2 (A かろう) and Genre 5 表現文型 6 (V よう : A かろう).

【本文】神事(しんじ)ですから、**雨が降ろうが**、**風が強かろうが**、やる。（発話 14: 6 行目）

【例】日本に行ったらどんなに**忙しかろうが**、チケットが**高かろうが**、ぜひ能を見てみたい。

6. **S（ような）気がする.** "I have a feeling that 〜" This phrase is very commonly used in speaking to express one's uncertain judgment about the stated proposition. ような adds the feel of uncertainty in the judgment. Uncertainty may be expressed due to lack of confidence in the judgment or hesitation to make the statement (for example, being modest).

【本文】かっこよくいえば 魂(たましい) が交信(こうしん)するようなところがちょっとでもないと、能役者はできない**ような気がします**ね。（発話 14: 7–8 行目）

【例】私は感受(かんじゅ)性が高い方だから、能を好きになれる**ような気がする**。

# ジャンル 8
# スピーチ　聴衆（ちょうしゅう）に語りかけ、働きかける

## (1)「ドーナッツをかじりながら」 村上春樹

**読み物について**

村上春樹（むらかみはるき）が「ラジオ韓国」の依頼（いらい）に応（こた）えて書いたもの。

2011 年に出版された『雑文集（ざつぶんしゅう）』（新潮社）という本の中に収録（しゅうろく）されている。

**筆者**　村上春樹 (1949–) は、日本の小説家、アメリカ文学翻訳家。随筆（ずいひつ）・紀行（きこう）文、ノンフィクションの作品も多い。1979 年に作家としてデビュー。その後、数々の賞を受賞。代表作として『ノルウェイの森』『1Q84』など。

## 読む前に

1. あなたは、村上春樹という小説家を知っていますか。どんな作品を読んだことがありますか。知らない人は、インターネットで調べてみましょう。
2. 文章のタイトル、「ドーナッツをかじりながら」からどんな状況を思い浮かべますか。
3. スピーチの原稿は、読む人のために書くエッセイとどのように違うと思いますか。

## 語彙

| | | | | |
|---|---|---|---|---|
| 前文 | 依頼 | a request | （～を～に）晒す | expose (e.g., one's disgrace) in public |
| | 代読する | read (a message) for somebody | | |
| 1 | 世間話 | small talk | | |
| 3 | 熱心に | enthusiastically | | |
| 4 | 共有する | share | 梃子 | a lever |
| 5 | 初対面 | the first meeting | とりわけ | especially |
| | 励まし | encouragement | | |
| 6 | 内心 | at heart | ひととき | a short time |
| | 気楽（な） | comfortable | | |

## 表現

1. （段落1）N1（に）特有の N2 "N2 that is unique/peculiar to N1"
2. （段落1）N（という）枠を離れる "be away/free from the limits of N"
3. （段落2）いささか（驚く）"a bit; rather (surprised)" → 表現文型1
4. （段落3）ごく（自然に）"quite, most (naturally)" → 表現文型2
5. （段落5）N は皆無といってもいい "N is nearly non-existent" → 表現文型3

➤ 145ページから読みましょう。読みながらの質問は146ページにあります。

3 それも、話を聞いていると、彼らは僕の小説を「どこか遠くの外国の小説」としてではなく、自分たちの生活の中の一部として、ごく自然に読んで、楽しんでくれているのです。とくに韓国と台湾の若い人たちと小説について話しているあいだ、国や文化や言葉の違いを意識させられることはほとんどありませんでした。もちろん違いはあるはずなんですが、僕らは主に、違いよりは共通性について熱心に話をしました。

4 彼らがそういう風に親しい気持ちで僕の本を読んでくれていることを知って、とても嬉しく思いました。僕が小説を書くひとつの大きな目的は、物語というひとつの「生き物」を読者と共有し、その共有性を梃子にして、心と心のあいだにパーソナルなトンネルを掘り抜くことにあるからです。あなたが誰であっても、年齢がいくつでも、どこにいても（東京にいても、ソウルにいても）、そんなことはぜんぜん問題ではありません。大事なのは、その僕が書いた物語を、あなたが「自分の物語」としてしっかりと抱きしめてくれるかどうか、ただそれだけなのです。

5 もともとあまり積極的に外に出ていって話をするタイプではないので、ふだん小説を書いているときには、ほとんど人とは会いません。とくに初対面の若い人と会って、お話をするということは、皆無といってもいいくらいです。でもこのアメリカの大学のオフィス・アワーのおかげで、いろんな人に、とりわけ外国の若い世代の人々に会って、親しく話をする機会を持つことができました。そしてそれは僕にとってすごく大きな励ましとなりました。良い物語を書くことができれば、いろんなことが可能になるんだと、実感しました。

6 実際にみなさんが僕に会って話をしても、がっかりするだけじゃないかと内心思っています。本人はそんなに面白い人間でも、素敵な人間でもないからです。それでも、会いたいと思っていただけることはとても嬉しいし、感謝しています。オフィス・アワーみたいなのがずっとあって、一緒にドーナッツでも食べながら、午後のひとときを気楽に過ごせるといいんですけどね。

# ドーナッツをかじりながら

これは2000年3月に韓国の放送局「ラジオ韓国(現KBSラジオ国際放送)」の依頼にこたえて書いたメッセージです。放送局が韓国の大学生を対象に「あなたが会ってみたい日本人」というアンケートをとったところ、僕が第二位に選ばれ(一位は誰だったんだろう?)、それで何かコメントをもらいたいということでした。僕に読んでほしいということだったんだけど、顔や声を世間に晒すのはどうも苦手なので、誰かに代読していただきました。

**1**

一九九一年から九五年にかけて、アメリカに滞在していて、いくつかの大学で講義をもっていたのですが、そのとき週に一回一時間、「オフィス・アワー」というのがありました。「オフィス・アワー」というのはアメリカの大学特有の制度で、週のうちのある決められた時間には、誰でも先生の研究室のドアをノックして、生徒と先生という枠を離れて、なんでも自由に話をすることができます。質問したければ質問してもいいし、ただ世間話をしてもかまいません。とてもカジュアルな時間なのです。

**2**

その時間を利用して、いろんな学生が僕のオフィスを訪問してくれました。そしてコーヒーを飲み、ドーナッツをかじりながら、様々な話をしました。アメリカ人の学生も来たし、日本人の学生も来たし、中国人の学生も来ました。韓国人の学生もたくさん来ました。そしてそのときに、アメリカや、あるいは韓国や中国や香港や台湾で僕の小説がけっこう熱心に読まれていることを知って、いささか驚いてしまいました。もちろん僕の小説が翻訳されていることは、知識としては知っているわけですが、実際の読者がそんなにたくさんいるとは想像もしていませんでした。

## 読みながら

1. 前文の書き方はカジュアルですか、それともフォーマルですか。
2. この文章は、ラジオ放送用のメッセージの原稿です。どんな点が話しことばらしいと思いますか。話しことば的な部分に線を引きながら読んでください。(→ Essential Notes 1, 2)

## 読んだ後で：内容理解

1. アメリカの大学にある「オフィス・アワー」とは、どんな制度だと説明していますか。
2. 筆者は、オフィス・アワーを通してどんな驚きがありましたか。
3. 筆者の小説は、外国人の読者にどのように受け取られていますか。
4. 筆者が小説を書く大きな目的のひとつは何ですか。
5. (段落 4) 物語が「生き物」というのはどういう意味だと思いますか。
6. (段落 4)「心と心のあいだにパーソナルなトンネルを掘り抜く」とは、どういう意味だと思いますか。
7. (段落 4) 筆者は「ただそれだけなのです」と書いていますが、何が「それだけ」なのですか。
8. 筆者にとって、オフィス・アワーはどんな経験でしたか。その経験から、どんなことを感じましたか。
9. ( 段落 6) どうして、筆者は「みなさんが僕に会って話をしても、がっかりするだけじゃないか」と思っているのでしょう。

## 読んだ後で：考えてみよう（ことば）

〈 前文 〉

1. 前文で筆者は自分のことを「僕」という言葉で指しています。「私」と比べて、読者にどんな感じが伝わると思いますか。
2. （一位は誰だったんだろう？）はだれがだれに聞いている質問ですか。こんな質問から、筆者のどんな人柄（ひとがら）が感じられますか。
3. a と b の言い方から、どんな感じが伝わりますか。

   a. **私に読んでほしいということだったのですが、**
   b. **僕に読んでほしいということだったんだけど、**

〈 本文 〉

4. (段落 2) 「コーヒーを飲み、ドーナッツをかじりながら」という表現は、アメリカの大学のオフィス・アワーの様子を描写するのにどう役立っていると思いますか。
5. (段落 4) 「そういう風に」の「そういう」は、何を指していますか。

6. (段落5)「そしてそれは僕にとってすごく大きな励ましとなりました」の「それ」は何を指していますか。
7. 次の外来語の表現と右の表現を比べてどんな印象の違いがあると思いますか。

   a. **カジュアルで自由な時間**(段落1) → 気楽で自由な時間
   b. **パーソナルなトンネル**(段落4) → 個人的なトンネル
   c. **〜タイプではない**(段落5) → 〜性格ではない

## 読んだ後で:考えてみよう(内容とことば)

1. この作品を読んで、筆者についてどんな印象を持ちましたか。
2. どうしてそういう印象を持ちましたか。筆者の書いた内容や書き方とどう関係していますか。
3. 「どこか遠くの外国の小説」と「自分の物語」とは、どんな点が違うと思いますか。
4. あなたは、そんな小説や物語が好きですか。なぜですか。
5. この文章を通して、筆者が伝えたかったメッセージは何だと思いますか。

## 書いてみよう

あなたの経験から日本や日本人について感じたことを、ラジオ放送や大勢の前で話すつもりで、スピーチの原稿を書いてみましょう。

まず1~3について考えて話しあってみましょう。

1. a–dから場面と聴衆を選び、どんなメッセージを伝えたいか考えましょう。
2. あなたのメッセージの目的は何か考えましょう。例えば、聴衆がたぶん気づいていないことを伝える、おもしろい経験を話して楽しんでもらう、聴衆を説得する、など。
3. そのメッセージのためにどんなことば(文体など)や話し方が効果的か考えましょう。

   a. 日本での国際交流団体のイベント:聴衆は日本人が多い
   b. 日本での留学生のためのイベント:聴衆は日本人とほかの留学生
   c. あなたの住んでいる国での日本人と交流するためのイベント:日本人と日本語の学生
   d. ラジオ放送で読んでもらうためのスピーチ:聴衆は日本人が多い

## 表現文型

1. いささか〜 "a bit, rather" This expression is used more commonly in written texts than in spoken language, and it sounds rather formal. It is often used to describe the extent of a psychological or physical state such as surprise, puzzlement, confidence, and fatigue, which requires some judgement by the writer or speaker, rather than a factual statement. It often has the connotation that what is described is rather unexpected. It can also be used to tone down a statement, and is useful to display modesty

when talking about oneself. In the 本文 sentence below, the fact he was surprised may have been a bit unexpected.

【本文】アメリカや、あるいは韓国や中国や香港や台湾で僕の小説がけっこう読まれていることを知って、**いささか驚いてしまいました**。(2段落4行目)

【例】

a. あの先生とは**いささか意見が合わない**。
b. 文章を書くのには、**いささか自信がある**。
c. 大勢の人の前でスピーチをする時は、**いささか緊張する**。

2. ごく〜 "quite, very" This expression modifies descriptive words that often refer to unsurprising qualities (for example, very little, very normal/common/natural).

【本文】自分たちの生活の一部として、**ごく自然に**読んで、楽しんでいてくれるのです。(3段落2行目)

【例】

a. とても有名な作家だけど、話してみると、**ごく普通の人**のように感じた。
b. **ごく当たり前**の毎日の些細(ささい)な発見が、作家のエッセイの題材になっている。
c. 村上春樹さんに会いたくても実際に会えるのは**ごくわずかの人**だろう。

3. **Xは，皆無と言ってもいい**. "X is non-existent; it is even fair to say X never happens." The expression 皆無 may be used in formal (and also informal) contexts, and it emphasizes the non-existence or unlikelihood (for example, absolutely no 〜, not the slightest). But it is often used along with expressions meaning "nearly" such as ほぼ "almost" and 〜に等しい "is equal to."

【本文】とくに初対面の人と会って、お話をするというようなことは、**皆無といってもいい**くらいです。(5段落2行目)

【例】

a. ケータイ小説以外の日本語の小説では、横書きは**ほぼ皆無に等しい**。
b. 私は西洋文学についての知識にはいささか自信がありますが、日本文学についての知識は**皆無に等しい**ので、もっと勉強したいと思っています。

## (2)(3) 9・19「さようなら原発　五万人集会」

**読み物について**

2012年9月19日に東京明治公園で開催された「さよなら原発　五万人集会」でのスピーチの原稿。http://sayonara-nukes.org/2011/09/110919hatugen/ にも少し編集された原稿がある。

実際のスピーチの様子もyoutubeで見ることができる。(2014年9月現在)

**筆者**

大江健三郎(おおえけんざぶろう) (1935–)：日本の小説家。1994 年に日本文学史上 2 人目のノーベル文学賞を受賞。

落合恵子(おちあいけいこ) (1945–)：作家・元アナウンサー。1976 年から児童書籍専門店「クレヨンハウス」を経営。

## 読む前に

1. 「さようなら原発」は、どのような目的をもった活動だと思いますか。次のサイトを見て、何を目的にどんな活動をしているのか調べてみましょう。
   http://sayonara-nukes.org/sayonara-nukes_w

   〈重要語彙〉
   原発(げんぱつ) (原子力(げんしりょく)発電所, nuclear power plant); 集会(しゅうかい) (rally); デモ (demonstration)

2. ここで取り上げるのは、2011 年 9 月に原発反対のデモ行進の前に行われたスピーチの原稿です。このような場合、どんな言葉や話し方が効果的だと思いますか。
3. 大江健三郎、落合恵子は、小説家・作家活動の他にも色々な社会的な活動をしていることで有名です。どんな活動をしているかインターネットで調べてみましょう。

### (8. 2) 大江健三郎スピーチ

## 語彙

| | | | | |
|---|---|---|---|---|
| 1 | 文書 | a document | (～を) 引(ひ)く | cite; quote |
| | 狂気(きょうき) | insanity; madness | 偉大(いだい)(な) | great; grand |
| | 荒廃(こうはい) | moral decay | 犠牲(ぎせい) | a sacrifice |
| | (～を) 伴(ともな)う | involve | 捕(と)らえる | seize |
| | 自覚(じかく)する | be aware [of] (one's own faults) | 地道(じみち)に | in an honest way; step by step |
| 3 | 成(な)し遂(と)げる | accomplish | | |
| 4 | 再開する | reopen | 国民投票(とうひょう) | a national referendum |
| | 自民党 | the Liberal Democratic Party | 幹事長(かんじちょう) | a secretary-general |
| | 語る | talk; narrate | | |
| 5 | 集団 | a group | ヒステリー | hysteria |
| | 心情 | one's sentiment | | |
| 6 | 偉(えら)そう(な) | self-important | 一旦 | once |
| | 停止(ていし)する | stop; suspend | きっかけ | a chance; a start |

| | | | | |
|---|---|---|---|---|
| 7 | 締めくくり | conclusion | | |
| 8 | 反原発（はんげんぱつ） | anti-nuclear (power station) | （～に）立ち返る | come back [to] |
| 9 | 放射性物質（ほうしゃせいぶっしつ） | a radioactive substance | 汚染（おせん） | contamination |
| | 広大（こうだい）（な） | vast; extensive | 面積 | area |
| | 剥（は）ぎとる | strip sth off | （～を）始末（しまつ）する | manage; dispose [of] |
| | 既（すで）に | already | | |
| 10 | 奪（うば）う | take sth (by force) | （～を）恐（おそ）れる | be fearful [of] |
| | 想像力 | imagination | 政党 | a political party |
| | （～を）思い知る | realize | | |
| 11 | 民主主義 | democracy | | |

## 用語

（段落 9）内部被曝（ひばく） internal exposure to radiation by breathing in radiated air, drinking radiated water or consuming radiated food. Note the homonym 被爆（ひばく）, whose second character's radical is 火, usually refers to irradiation by atomic bomb.

（段落 10）経団連（けいだんれん）（経済団体連合会の略）the Federation of Economic Organizations

## 表現

1. （段落 1）人一倍～ "much more so than the other people" → 表現文型 1
2. （段落 1）（地道になされる）ものです "it is common sense that . . ." → 表現文型 2
3. （段落 2）（読み直され）うる (V[stem] うる) "it can be (re-read)" → 表現文型 3
4. （段落 6）（偉そうなことを言う）ものだ "What an uppity/arrogant statement." ものだ in this sentence is used for exclamation; 偉そう literally means "to act big, behave as if s/he is a great individual" → 表現文型 4
5. （段落 10）もう決（けっ）して～ない "By all means never ～ again . . ." → 表現文型 5

## 読みながら

1. どんな文体が使われていますか。気付いたことをメモしながら読みなさい。
2. 大江健三郎の原発に対する意見が一番はっきりとわかる部分に下線を引きなさい。

3. このスピーチで一番重要だと思う段落を選びなさい。

1 二つの文章を引いてお話しします。まず、第一は私の先生の渡辺一夫さんの文章です。「『狂気』なしでは偉大な事業は成し遂げられないと申す人々もいられます。それは『うそ』であります。狂気によってなされた事業は必ず荒廃と犠牲を伴います。真に偉大な事業は『狂気』に捕らえられやすい人間であることを人一倍自覚した人間的な人間によって誠実に地道になされるものです。」

2 この文章は今つぎのように読みなおされうるでしょう。

3 「原発の電気エネルギーなしでは偉大な事業は成し遂げられないと申す人々もいられます。それは『うそ』であります。原子力によるエネルギーは、必ず荒廃と犠牲を伴います。」

4 私が引用します第二の文章は、新聞に載っていたものです。原子力計画をやめていたイタリアがそれを再開するかどうか、国民投票をした。そして反対が9割を占めました。それに対して日本の自民党の幹事長がこう語ったそうであります。

5 「あれだけ大きな事故があったので、集団ヒステリー状態になるのは心情としてわかる」

6 偉そうなことを言うものでありますが、もともとイタリアで原子力計画がいったん停止したのは、25年前のことです。チェルノブイリの事故がきっかけでした。それから長く考え続けられたうえで、再開するかどうかを国民投票で決める、そういうことになった、その段階で福島が起こったのであります。

7 今の自民党の幹事長の談話のしめくくりはこうです。

8 「反原発というのは簡単だが、生活をどうするのかということに立ち返ったとき、国民投票で9割が原発反対だから止めましょうという簡単な問題ではない」

9 そう幹事長は言いました。原発の事故が簡単な問題であるはずはありません。福島の放射性物質で汚染された広大な面積の土地をどのように剥ぎ取るか、どう始末するのか、すでに内部被曝している大きい数の子どもたちの健康をどう管理するか。

10 今まさにはっきりしていることは、こうです。イタリアではもう決して人間の命が原発によって脅かされることはない。しかし私ら日本人はこれからさらに原発の事故を恐れなければならないということです。私らはそれに抵抗するということを、その意志を持っているということを、先のように想像力を持たない政党の幹部とか、また経団連の実力者たちに思い知らせる必要があります。

11 そのために私らに何ができるか、私らにはこの民主主義の集会、市民のデモしかないのであります。しっかりやりましょう。

## 読んだ後で：内容理解

1. 次の引用は誰が言ったことばですか。

   a. （段落 1）「『狂気』なしでは偉大な事業はなしとげられないと申す人々もおられます。…」
   b. （段落 3）「原発の電気エネルギーなしでは偉大な事業は成し遂げられないと申す人々もおられます。…」
   c. （段落 5）「あれだけ大きな事故があったので、集団ヒステリー状態になるのは心情としてわかる」
   d. （段落 8）「反原発というのは簡単だが、生活をどうするのかということに立ち返ったとき、…」

2. 次の指示語は、どの部分を指していますか。

   a. （段落 1）それは『うそ』であります。
   b. （段落 2）この文章
   c. （段落 3）それは『うそ』であります。
   d. （段落 4）それに対して日本の自民党の幹事長がこう語ったそうであります。
   e. （段落 6）その段階で、…
   f. （段落 7）しめくくりはこうです。
   g. （段落 10）今まさにはっきりしていることは、こうです。
   h. （段落 10）それに抵抗する意志を持っているということを…
   i. （段落 10）その意志を…思い知らせる必要があります。
   j. （段落 11）そのために、…

3. 段落 1 の「人間的な人間」とは、どのような人間ですか。それを説明する部分を抜き出しなさい。
4. 原発に関して、イタリアと日本の状態はどのように違いますか。
5. このスピーチを通して、大江健三郎が集会に参加した人達に最も訴（うった）えたかったことは何ですか。

## 読んだ後で：考えてみよう（ことば）

1. これを読んで、どんなことばの使い方がスピーチらしいと思いましたか。
2. a–d を比べてみましょう。どんな時に使うと思いますか。このスピーチの段落 1 では、d が使われていますが、どうしてだと思いますか。(→ Essential Notes 1, 2)

   a. それは『うそ』です。
   b. それは『うそ』だ。
   c. それは『うそ』である。
   d. それは『うそ』であります。

3. このスピーチでは、二つの文章が引用されています。その使い方は効果的だと思いますか。どうしてそう思いますか。

4. 段落9には、次のように3つの修辞(しゅうじ)的疑問文 (rhetorical questions) が書かれていますが、どんな効果があると思いますか。

**福島の放射性物質で汚染された広大な面積の土地を、どのように剥ぎ取るか、どう始末するのか、既に内部被ばくしている大きい数の子どもたちの健康をどう管理するのか。**

5. （段落10）「想像力を持たない政党の幹部とか、経団連の実力者」と書かれていますが、筆者は政党の幹部や経団連の実力者がどんな想像力を持たないと言っているのですか。そのことばの使い方から、筆者のどんな気持ちが感じ取れますか。

### (8.3) 落合恵子スピーチ

## 語彙

| | | | | |
|---|---|---|---|---|
| 1 | 腹立(はらだ)たしい | maddening; aggravating | | |
| 3 | 暴走(ぼうそう) | reckless action | | |
| 5 | 核施設(かくしせつ) | nuclear facilities | | |
| 6 | 絶(た)え間(ま)なく | without a pause; incessantly | 叫ぶ | shout; give a cry |
| 7 | 廃棄物(はいきぶつ) | waste | 処理 | management; disposition |
| | 罪深(つみぶか)さ | sinfulness | 国家 | a state; a nation |
| | 犯罪 | an offense; a crime | 容易(ようい)に | easily; with ease |
| | 核兵器(かくへいき) | a nuclear weapon | 恒久(こうきゅう)（の） | everlasting; permanent |
| | 憲法 | the constitution | 許容する | allow; permit |
| 8 | 泣き叫ぶ | cry; scream | | |
| 9 | （～に）加担(かたん)する | take part [in] | | |
| 10 | 呪詛(じゅそ) | a curse | 根（っこ） | the root; the origin |
| | 非暴力 | nonviolence | （～を）貫(つらぬ)く | carry out (e.g., intention) |
| | 熱中症 | heatstroke | 逮捕者 | arrestee |

## 表現

1. （段落1）～て仕方がない "I cannot help but (feel ～)." → 表現文型6
2. （段落5）～大国 "major country as far as ～ is concerned" It is commonly used for 経済大国 "economic power" and 軍事大国 "military power", but it is sometimes used to refer to a country which is known to have a certain prominent characteristic.

3. ( 段落 5) つい ( この間(あいだ) ) “just (a few days ago)” It is used to emphasize that the event was recent by attaching to such time expressions as さっき, 昨日, 先日, 先週, and 先月.
4. ( 段落 7) 変わり得る “can change to” → 表現文型 3
5. ( 段落 10) ( 歩き ) ぬく Verb stem+ ぬく (V[stem] ぬく ) “carry out an act described by the verb until the end (to accomplish the goal)” → 表現文型 7

## 読みながら

1. どんな文体が使われていますか。気付いたことをメモしながら読みなさい。
2. 落合恵子の原発（原子力発電）に対する意見が一番はっきりとわかる部分はどこですか。下線を引きなさい。
3. キーワードだと思う言葉に下線を引きながら読みなさい。
4. このスピーチで一番重要な段落を選びなさい。

1 こんにちは。いっぱい声出してくださいね。あなたに会えて本当によかったです。でもこの会えたきっかけを考えると、腹立たしくて、腹立たしくて、仕方がありません。この腹立たしさを新しい力に変えて、明日を変えていきたいと思います。

2 私たちの、これは私の世代ですが、ビートルズの歌を歌って育ちました。そのビートルズの歌に、「イマジン」という歌がありました。「想像してごらん」から始まる歌です。

3 想像してください。子どもはどの国の、どの社会に生まれるか、選ぶことはできないのです。そして、生まれてきた国に原発があって、この暴走があったことが今の私たちの社会です。

4 想像してください。福島のそれぞれの子ども達の今を。そしてこの国のそれぞれの子ども達の今を。

5 想像してください。スリーマイル島、チェルノブイリ、そして福島。あの原発大国のフランスでも、ついこの間核施設の事故があり、ほとんどの情報が私たちは手に入れられない現実を生きています。

6 『今度はどこで、次は誰が犠牲になるのかと、そのストレスを絶え間なく抱いて生きていくのはもう嫌だ』私たちはそれぞれ叫んでいきたいと思います。

7 放射性廃棄物の処理能力も持たない人間が、原発を持つことの罪深さを私たちは叫んでいきましょう。それは、命への、それぞれの自分自身を生きていこうという人への、国家の犯罪なのです。容易に核兵器に変わり得るものを持つことは、恒久の平和を約束した憲法を持つ国に生きる私たちは、決して許容してはならないはずです。

8 想像してください。まだ、ひらがなしか知らない小さな子どもが、夜中に突然起きて「放射能来ないで！」って泣き叫ぶような社会をこれ以上続けさせてはいけないはずです。

9 私は、私たちは、皆さんも「この犯罪に加担しない」とここでもう一度自分と約束しましょう。原発という呪詛から自由になること。もちろん反戦、反核、反差別は全部一つの根っこです。『命』ここから始まります。

10 世界から原発と核が消える私たちのゴールに向かって、歩みましょう。暴力に対して私たちは、非暴力を貫きます。けれども諦めません。慣れません。忘れません。歩き続けます。この一つのウォークをけが人ゼロ、熱中症ゼロ、もちろん逮捕者ゼロで、歩きぬきましょう。お願いします。

## 読んだ後で：内容理解

1. （段落1）「あなた」とは、誰ですか。
2. （段落1）「会えたきっかけ」とは、何ですか。なぜそれを考えると筆者は「腹立たしく」感じるのでしょう。
3. （段落7）「国家の犯罪」、（段落9）「この犯罪」とは何ですか。
4. （段落7）「容易に核兵器に変わり得るもの」とは、何ですか。
5. （段落9）「反戦・反核・反差別は、全部一つの根っこです」とは、どういう意味だと思いますか。
6. このスピーチを通して、落合恵子が集会に参加した人達に最も訴えたかったことは何ですか。

## 読んだ後で：考えてみよう（ことば）

1. これを読んで、どんなことばの使い方がスピーチらしいと思いましたか。
2. ビートルズの歌「イマジン」について話すことで、どんなイメージを聴衆に与えると思いますか。（ビートルズの「イマジン」を知らない人は、どんな歌なのか、歌の背景などを調べなさい。）
3. 段落3, 4, 5, 8は、「想像してください」ということばで始まっています。このようなスタイルは効果的だと思いますか。
4. 段落10には、「けれども、諦（あきら）めません。慣れません。忘れません。歩き続けます。」と簡単な文が続けて使われています。どんな効果があると思いますか。

## 2つのスピーチを読んで考えてみよう

1. 大江健三のスピーチには、「原子力によるエネルギーは、必ず荒廃と犠牲を伴います」とあります。どんな荒廃や犠牲が考えられますか。あなたはこの意見についてどのように考えますか。
2. 落合恵子のスピーチには、「容易に核兵器に変わり得るものを持つことは、恒久の平和を約束した憲法を持つ国に生きる私たちは、決して許容してはならないはずです」と書かれています。あなたはこの意見についてどのように考えますか。
3. あなたは、大江健三郎、落合恵子のスピーチについてどんな感想をもちましたか。
4. あなたは、原発についてどのような考えを持っていますか。
5. このような集会・デモを行うことには、どんな意義があると思いますか。それは、社会を変えて行くために効果があると思いますか。

## さらに考えてみよう

1. 2つのスピーチのスタイルは、どんな点が違うと感じましたか。それぞれどんな点が効果的ですか。
2. 2つのスピーチの映像をインターネットで見ることができます（http://sayonara-nukes.org/2011/09/110919video/ 2014年現在）。二人が原稿に基づいてどのようにスピーチをしているか見てください。ことばの使い方と話し方についてどう感じましたか。
3. あなたが人々に訴（うった）えかけたい社会問題がありますか。どんな社会問題ですか。
4. その社会問題についてだれに何を訴えたいですか。どんなスタイルのスピーチをしたいですか。どうしてですか。

## 書いてみよう

次のどちらかを書いてみましょう。

(1) あなたも原発反対の集会に（外国からの参加者として）参加し、スピーチをするとしたら、どんなスピーチをしますか。原稿を書いてみましょう。
(2) あなたが人々に働きかけたい社会問題について、スピーチをするための原稿を書きましょう。

## 表現文型

### 8.2 大江健三郎スピーチより

1. 人一倍〜 "much more so than other people" This expression is used to modify an adjective or verb phrases to describe an individual's characteristics (of their behavior/thoughts, etc.), which exceeds other people's. It is often used to describe impressive, admirable characteristics or attitude.

   【本文】真に偉大な事業は狂気に捉えられやすい人間であることを**人一倍**自覚した人間的な人間によって誠実に地道になされるものです。（1段落5行目）

   【例】

   a. デモに参加する人々は、**人一倍**社会問題に関心が高い。
   b. その社会活動家は子ども達の将来のことを**人一倍**考え、社会を変えようと努力している。

2. （偉大な事業は ... 地道になされる）**ものです**. "It is common sense and/or reasonably assumed that (great deeds can be achieved with continuous honest work . . .)." ものだ has a number of functions. In this quote, it is used to make a statement that one can assume is common sense. It is often used to reason and persuade the addressee. It has a strong tone, which leaves no room for disagreement. In written texts or in speeches, it can be useful to persuade the audience. (But note that if it is used to address a specific individual, it can have a condescending tone.)

【本文】真に偉大な事業は狂気に捉えられやすい人間であることを人一倍自覚した人間的な人間によって誠実に地道になされる**ものです**。(1段落5行目)

【例】

a. 人の意見はよく聞く**ものだ**。
b. 人を説得したいなら、スピーチの原稿は自分でよく考えて書き、何度も練習する**ものだ**。

3. **Verb[stem] うる**. "be able to." This expression is used to indicate that what is described by the verb phrase can be considered possible. The less commonly used variant of うる is える, and both can be written as 得る. In the 本文 sentence, it is attached to the stem of the passive form of the compound verb 読みなおす "re-read" (in this case, meaning "re-interpret"). The activity/event described as being possible is not a specific individual's activity. Specific individual activities (under the control of the subject) are typically described with ～ことができる or the potential form such as 読みなおせる, and these potential forms cannot be used with the passive construction or intransitive verbs that are not under anyone's control (for example, 起こる). Sentences with うる make a more general statement, for example, "one can do X; an event X can happen." The latter is often used in written texts.

【本文】大江スピーチ
この文章は今つぎのように**読みなおされうる**でしょう。(2段落)

【本文】落合スピーチ
容易に核兵器に**変わり得る**ものを持つことは、恒久の平和を約束した憲法を持つ国に生きる私たちは、決して許容してはならないはずです。(7段落3行目)

【例】

a. 原子力発電所の事故は、世界中どこでも**起こりうる**。
b. 社会に働きかければ、社会を**変えうる**かもしれない。
c. ソーシャルメディアを使えば、個人の意見も世界に**発信されうる**。

4. ～言う**もの**です(が). "how dare he say (such an arrogant statement)." (ものだ has a number of functions, as also seen in 2 above. It is used here to make an exclamatory remark. It can have a blaming tone, especially if it is used with such negative phrases as 偉そうなこと in the 本文 sentence and でたらめ "nonsense" in the first example. It is used both in informal and formal texts and in spoken and written texts.

【本文】偉そうなことを言う**もの**でありますが、...(6段落1行目)

【例】

a. よくそんなでたらめが言えた**ものだ**。
b. よくこんなにたくさんの人がデモに集まった**ものだ**。
c. デモのために集まった学生が大ケガをした。恐ろしいことがある**ものだ**。

5. **もう決して X ない**. "By all means never X again . . ." It suggests the strong unlikelihood of the event to happen again, and if used in a sentence for a proposal, declaration, or promise, it conveys determination.

【本文】イタリアでは**もう決して**人間の命が原発によって脅かされることは**ない**。(10 段落 1 行目)

【例】

a. 原爆という恐ろしい兵器を使うような戦争を人類は**もう決して**してはならない。
b. 経済の発展を優先して人命を犠牲にするような過ちを**もう決して**犯してはいけない。
c. 人に迷惑をかけるような行動は**もう決して**しない**と心に決めた。

## 8.3 落合恵子スピーチより

6. A/AN/V てしかた（が）ない（～て仕方（が）ない）. "I cannot help but (feel . . .)." This expression is used to describe one's own strong emotions or uncontrollable, spontaneous physical states (for example, sleepiness, hunger). It is used both in spoken and written language. The informal, colloquial form is ～てしょうがない. The expression can only be used to refer to a third party's emotion or state by adding expressions such as ～ようだ, ～らしい, ～思う. See b below for example.

【本文】**腹立たしくて、腹立たしくて、仕方がありません**。(1 段落 2–3 行目)

【例】

a. 空気中に見えない放射性物質が存在していると思うと、**恐ろしくてしかたない**。
b. 原発の近くの住人は事故が起こりうるのではないかと**心配で仕方がない**だろう。
c. 多くの人は原発問題を自分には関係ない他人事だと考えていると**思えて仕方がない**。

7. **（歩き）ぬく** Verb[stem] ぬく (also written as 抜く) This construction is used to give an action in the following sense: "To carry out an act described by the verb thoroughly or until the end (to accomplish the goal)" typically by overcoming difficulty and hindrance encountered. A similar expression Verb[stem] きる（切る）as in 走りきる and 読みきる expresses completion but it does not necessarily implicate the challenge involved. If the activity does not have a clear ending such as 考える and 戦う in the examples below, such verbs cannot be used with きる.

【本文】この一つのウォークをけが人ゼロ、熱中症ゼロ、もちろん逮捕者ゼロで、**歩きぬきましょう**。(10 段落 4 行目)

【例】

a. 苦しくても最後まで**戦いぬく**つもりだ。
b. その問題について**考えぬいた**結果、解決策を探し出した。

# Part V
# ESSAYS
# (NARRATING; RESPONDING)

エッセイには筆者が読者に伝えたい経験談が語られたり、意見が述べられたりしています。

## ジャンル 9 経験を物語って自分の思いを伝える (Narrating)

筆者が自分の経験からあるトピックについて自分の思いを語っています。どんな経験をして、どんな思いを持ってるか読み取りましょう。

**9.1** 「方言のクッション」（俵 万智）
**9.2** 「アシリレラさんと私」（宇井眞紀子）

## ジャンル 10 自分の考えや意見を述べる (Responding)

筆者がいろいろな経験をもとに感じていることや考えていることを伝えるために書いたエッセイです。

どのような経験をして、どんな考えを持つようになったのでしょうか。筆者の考えに共感しますか。

**10.1** 「訳し難いもの」（ドナルド・キーン）
**10.2** 「日本語の所有権」（リービ英雄）

# ジャンル9

# エッセイ　経験を物語(ものがた)って自分の思いや考えを伝える

## (1)「方言のクッション」　俵万智(たわらまち)

**読み物について**

「群像」という文学雑誌の『日本語ノート』というエッセイシリーズに掲載された(1990年5月号　pp. 274–275)。

**筆者**　筆者の俵万智(たわらまち)(1962–)は、歌人、作家。代表作はベストセラーとなった歌集「サラダ記念日」(1987年)。

## 読む前に

1. 「方言」という言葉を聞いて、どんなことを考えますか。
2. 「方言」をつかうことについて、どんな長所と短所が考えられますか。

## 語彙

| | | | | |
|---|---|---|---|---|
| 1 | 親戚(しんせき) | relatives | 商い(あきない)（商売(しょうばい)） | trade; business |
| | 縁者(えんじゃ) | relatives | 又(また)いとこ | second cousin |
| | しつけ | discipline; training | そそうをする | make a mistake |
| 2 | 団欒(だんらん)する | sit in a happy circle | まる裸(はだか) | totally naked |
| | つまみ出す | drag out | とり箸(ばし) | chopsticks to take food from shared dishes |
| | (〜を)睨(にら)む | glare; stare at | | |
| 3 | 絶(た)えず | constantly | 言動(げんどう) | speech and behavior |
| | 集合(しゅうごう)する | gather together | すごろく遊び | a type of board game |
| | ふっと | abruptly; suddenly | もういっぺん | one more time |

| | | | | |
|---|---|---|---|---|
| 4 | しくじる | make a blunder | さっさと | quickly |
| 5 | 一瞬（いっしゅん） | for a moment | | |
| 7 | 移住（いじゅう）する | relocate | (～を)あてる | call [on] sb |
| | 一斉（いっせい）に | in unison | あからさまに | crudely |
| 8 | いじける | become perverse | 無口（むくち）(な) | taciturn; quiet |
| | (～を)免（まぬが）れる | avert | ひとえに | simply; solely |
| 9 | ちょっぴり | a tiny bit | | |
| 10 | (～を)いたわる | console | かけ声 | a shout; a call |
| 11 | 棒（ぼう） | a stick | | |
| 12 | なまる | speak with and accent | くっつける | attach |
| 13 | のんびりした | laid back | 愛嬌（あいきょう）がある | charming |
| | ついつい | wthout much thought | なごやか(な) | peaceful; amicable |
| 14 | まろやか(な) | mellow | | |
| 15 | 仰々（ぎょうぎょう）しい | bombastic; grandiose | 遭遇（そうぐう）する | encounter |
| 16 | 親疎（しんそ） | closeness and distance | 疎（そ） | distance |
| | ヨソヨソしい | standoffish; distant | 案配（あんばい） | balance |
| 17 | 度合（どあ）い | degree | 偉（えら）い | eminent; important |
| | 稀（まれ）(な) | rare | | |

## 表現

1. (段落 2)「これっ」"Hey! (used to scold someone, especially a child)."
2. (段落 3) N に目を光らせる "keep an eye on"
3. (段落 3)(すごろく遊び)か何かしていた "(playing *sugoroku*) or something" (N か WH-Q か) → 表現文型 1
4. (段落 4)(混ざり)気（け）がない "there is no sign of (mixture); pure"
5. (段落 5) ぽかんとする "look blank"
6. (段落 5) S ことすら "even the fact that ～"
7. (段落 5) ましてや "Let alone; Not to mention" → 表現文型 2
8. (段落 5) ピンとくる "understand; sense immediately/intuitively"
9. (段落 9)(身について)ゆく中で "While mastering (something) gradually" (V[te] ゆく) → 表現文型 3
10. (段落 9) 使いごこちがいい "(lit) the feeling in using it is good"
11. (段落 10) なるほど "Indeed; I get it!"
12. (段落 15)(「してはる」)としか言いようのない場面 "situation where there were no other ways of saying it but 'shiteharu'". → 表現文型 4

## 大阪弁の表現

| P | L | 大阪弁 | 東京 / 標準語 |
|---|---|---|---|
| 2 | 7–8 | 食べたらあかんのかなあ | 食べちゃいけないのかなあ。 |
| 8 | 3 | きれいな大阪弁なんやからね | きれいな大阪弁なんだからね |
| 8 | 4 | あんたら | あんたたち |
| 8 | 4 | よう聞き！ | よく聞きなさい |
| 9 | 2–3 | 混（ま）ざってしもうた | 混ざっちゃった |
| 10 | 2 | ええ感じ | いい感じ |

## 読みながら

1. この作品では、エッセイらしい文体が使われています。どんな文体ですか。
2. この作品は、方言を使って書かれています。方言の言葉に線を引いて、標準語（ひょうじゅんご）ではどういうのか考えながら読んでください。
3. この作品の中での引用の部分に線を引いて、だれが言ったのか考えてみましょう。

## 読んだあとで（内容理解）

1. この作品を読んで作者についてどんなことがわかりますか。
2. （段落1）「気の重いこと」というのはどんなことですか。
3. 「気の重いこと」の例が二つあげられています。どんなことがありましたか。
4. （段落3）「忘れられないできごと」は、どんなできごとですか。
5. （段落5）「一瞬ぽかんとした」というのは、作者のどんな気持ちを表していますか。
6. 筆者が自分の方言を意識したできごとをふたつあげなさい。
7. （段落7）作者が中学二年生の時、英語の授業中にどんなできごとがありましたか。そのできごとは、人々のどのような考えを表していますか。
8. 作者は自分の大阪弁についてどんな気持ちをもっていましたか。どうしてですか。
9. （段落9）福井弁が上手になってきた時の作者の気持ちはどうでしたか。
10. 久しぶりに大阪の友だちに会った時、どんな発見がありましたか。
11. 本文で説明されている方言のことばについて、意味や使い方などわかることを例のようにまとめなさい。

| | 方言 | 意味・ニュアンス | 使い方など |
|---|---|---|---|
| 福井弁 | ①なあも、なあも<br><br>②べにとばいちくさす | ①いえいえ、ちっともかまわないんですよ、何も何もお気になさらないで。<br>② | ①相手をいたわるかけ声。やさしい響きをもつ。<br>② |
| 大阪弁 | | | |

12. 上の方言の中で、作者が「クッション」だと考えているのは、どのことばですか。

都合で、生まれ育った大阪から、福井へ移住した。当然、クラスメートは、みな福井弁である。授業中、教科書を読まされたりすると、教室のあちこちからクスクス笑いが聞こえてくる。一番ショックだったのは、英語の時間。得意科目だったし、特に読むほうは自信があった。大阪の中学では、代表で英語のスピーチコンテストに出場しちゃったくらい、好きだった。それがあてられて、私がテキストを読みはじめると、一斉にクスクス。読み終えるころには、もっとあからさまにゲラゲラ。先生まで困った顔をして、「――なんか、大阪くさいな」と一言。

8 私が、いじけて無口な少女になってしまうのを免れたのは、ひとえにおばさんのおかげである。「私のは、きれいな大阪弁なんやからね。あんたら、よう聞き！」と心の中でつっぱることができた。

9 だんだん友達もでき、自然と福井弁が身についてゆく中でも「あーあ、これで混ざってしもうたわ。きれいな大阪弁には、戻れへんのやわ」と、ちょっぴり寂しかった。が、覚えてみると福井弁も、なかなかあったか味があって、使いごこちがいい。高校生になって久しぶりに大阪の友達に会ってみると、みんながすごい大阪弁なので逆にびっくりした。私もこんなふうにしゃべっていたのかなあ、と懐しく思う。友人もこちらの変化に気がついて、珍しがる。

10 「まっちゃんの、その『なあも、なあも』っていうの、何かしらんけど、ええ感じやなあ。福井弁？」

「なあも、なあも」というのは「いえいえちっとも構わないんですよ。何も何もお気になさらないで」といったニュアンスの、相手をいたわるかけ声のようなものである。言われてみるとなるほど、やさしい響きを持つ言葉だ。

11 福井弁の典型的な例として「べとにばいちくさす」というのがよくあげられる。(べとは泥、ばいは棒、ちくさすは突き刺す)そういう単語の違いもおもしろいが、「なあも、なあも」のような会話のクッションになるような言葉に、方言のよさは表れるような気がする。

12 「おっけ」というのも、私の好きな福井弁の一つだ。「おくれ」がなまったものだと思うが、何かを頼むときに下にくっつける。

「この本貸しておっけ」(貸してちょうだい)

「代わりに行っとっけるか？」(代わりに行ってくれますか)

13 のんびりした、愛嬌のある言葉で、実にものを頼みやすい。言われたほうも、ついついひきうけてしまうような、なごやかな感じを会話に与えてくれる。

14 逆に福井で困ったのは、大阪弁の「はる」が使えないことである。何にでもくっついて、実にまろやかな、幅と深みのある敬語を作ってくれるのが「はる」だ。

15 「している」では失礼だが「していらっしゃる」では仰々しい――「してはる」としか言いようのない場面に、何度も遭遇した。「来た」ではなく「いらっしゃった」でもなく「来はった」、なのだ。

16 敬語というのは、上下だけでなく親疎をも表す。使いすぎると「上」だけでなく「疎」の方も強調されてしまって、かえってヨソヨソしい感じがしてしまうものだ。按配がなかなかむずかしい。

17 その点「はる」という語は、敬意の度合いに幅があるし、(すごく偉い人からわりと身近な人まで、応用できる)なんといっても「親」の要素を持っている稀な敬語のような気がする。親しみをこめつつ敬意を表現できるのだ。思えばこの「はる」も、会話の大切なクッションだった。

日本語ノート

# 方言のクッション

俵 万智

1大阪で生まれ、大阪で育った。父方の親戚は関西が多く、お正月になると、大阪で商いをしているおじさんのところに、縁者が集まる。同じ年頃のいとこや又いとこと遊べるので、幼い頃は楽しみだった。それはいいのだが、一つだけ気の重いことがある。その家は、子どもに対するしつけが大変にきびしいのだ。毎年のように、私はそそうをして、おばさんに叱られていた。

2お風呂場で脱ぐのが寒くて、大人たちの団欒している部屋に出かけていき、ストーブの前で、まる裸になった。しばらく暖まってからお風呂場へ走ろうと思っていたのだが、もちろんすぐにつまみ出された。おせち料理のとり箸に気づかず、自分のお箸を直接つけて「これっ」と睨まれる。子どもは食べたらあかんのかなあと思い、大好きなマヨネーズをごはんにかけて、それだけで二杯おかわりしたら、もっと睨まれた。

3靴の脱ぎ方からお年玉のもらい方まで、とにかく何にでも必ず「おばさんの一言」。本当に、絶えず子どもの言動に目を光らせている人だった。それだけに、忘れられないできごとがある。親戚の子どもが全員集合して、すごろく遊びか何かをしていた時だった。子どもたちの様子をしばらく見ていたおばさんが、ふっとこう言った。

「万智ちゃん、今言ったこと、もういっぺん言ってみて」

4私は、また何かしくじったかと思い「いえ、あの、その、ごめんなさい」と、さっさとあやまってしまった。

「え？　あら違いますよ、叱っているんじゃないの。この子は本当にきれいな大阪弁をしゃべるなあと思って。それが聞きたかったのよ。全然、混ざり気がないのね、あなたは」

5一瞬、ぽかんとした。自分のしゃべっているのが「大阪弁」であるということすら、意識の外である。ましてやそれが、混ざり気がなくてきれいというのは、どういうことなのか、まるでピンとこない。が、とりあえず、何だか嬉しい。ほめられているらしいということは、わかる。そう、ほめられたのだ、あのおばさんに！

6これが自分の大阪弁を意識した、最初のできごとだった。

7次は、中学二年生の時である。父の仕事の

## 読んだ後で：考えてみよう（ことば）

1. 次のオノマトペはどんな様子を表していますか。別の言い方を考えてみてください。(→ See Essential Notes 6)

   (段落3) **おばさんが、ふっとこう言った。**
   (段落4) **私は、また何かしくじったと思い、…さっさとあやまってしまった。**
   (段落5) **一瞬、ぽかんとした。**
   (段落5) **どういうことなのか、まるでピンとこない。**
   (段落16) **ヨソヨソしい感じがしてしまう。**

2. (段落3)「何にでも必ず「おばさんの一言」」は、おばさんのどんな様子を表していますか。
3. (段落5)「そう、ほめられたのだ、あのおばさんに！」には、筆者のどんな気持ちが感じられますか。
4. (段落7)「——なんか、大阪くさいな」というのは、だれがどういう意味で言いましたか。「——」の部分に、言った人のどんな気持ちが表されていますか。
5. 筆者によると、「している」「していらっしゃる」「してはる」はどう違うのですか。
6. なぜ、筆者は「はる」という語は、会話の大切なクッションだと考えているのでしょう。
7. エッセイに使われていた方言の魅力に関係する下の言葉を、魅力的なこと、魅力的ではないことに分けてみましょう。

| |
|---|
| **使いごこち、あたたか味、いたわる、愛嬌がある、のんびりした、親疎、なごやか（な）、まろやか（な）、仰々しい、ヨソヨソしい、身近** |

## 読んだ後で：考えてみよう（内容）

1. きびしいおばさんについての描写は、筆者の方言への思いを読者に伝えるためにどのように役に立っていますか。
2. 「会話のクッション」とは、どんな意味だと思いますか。あなたの話すことばには、どんな「会話のクッション」がありますか。
3. あなたは、自分の方言を意識することがありますか。その方言をどんな時に使いますか。
4. 日本のほかの方言を聞いたことがありますか。それは、どこのことばですか。

## 書いてみよう

次のどちらかを選んで、ことばに関係する経験についてのエッセイを書いてみましょう。

a. ことばに関係する思い出や忘れられない経験について
b. 方言やことばのバリエーションについて

## 表現文型

1. **N+ か WH-Q+ か** “N or something like that.” This expression is used to give a most likely possibility/alternative as an example among different options.

   【本文】すごろく遊び**か何か**していた時だった。(3 段落 6 行目)

   【例】

   a. 日本で親戚(しんせき)が全員集合するのはたいていお正月**か何か**の年中行事の時だ。
   b. 親戚**かだれか**が来るとごちそうが食べられる。

2. **ましてや〜** “Let alone; not to mention.” This expression is used to introduce a surprising element in one’s statement/story.

   【本文】自分のしゃべっているのが、「大阪弁」であるということすら意識の外である。**ましてや**それが、混ざり気がなくてきれいというのはどういうことなのか、まるでピンとこない。(5 段落 3 行目)

   【例】

   a. 自分の気持ちを上手(うま)くことばで表現するのは難しい。**ましてや**それを、外国語でできるようになるにはどうしたらいいのだろう。
   b. 日本国内で引っ越したこともなかった。**ましてや**、海外に移住するとは思わなかった。

3. **V[te] ゆく(いく)** “gradually come to V.” Indicates a continuous change over a certain period of time. It is a useful expression when narrating a (life) story.

   【本文】自然と福井弁が**身についてゆく**中でも「あーあ、これで混ざってしもうたわ。きれいな大阪弁には、もどれへんのやわ」と、ちょっぴり寂しかった。(9 段落 1–2 行目)

   【例】

   a. 日本の方言がどんどん**消えていっている**そうだ。
   b. 移住すれば、新しいところのことばや習慣に**慣(な)れてゆく**ものだ。
   c. 外国に住むようになって、その土地の慣れない食べ物もだんだん**好きになっていった**。

4. **X としか言いようがない**. “There is no other way but to say . . .” This may be used to highlight (the indispensability/unavoidability of) X. In this case, X refers to an expression (X is the only expression to describe certain situations). It is also often used to make an exclamatory remark when astonished as in b below. See also Genre 5 表現文型 3(〜というほかない)。

   【本文】「してはる」**としか言いようのない**場面に、何度も遭遇(そうぐう)した。(15 段落 2–3 行目)

   【例】

   a. あの笑い方は「ゲラゲラ」**としか言いようがない**。英語ではどう表現するのだろう。
   b. 「日本では一つの言語が話されていると考えるのは無知(むち)**としか言いようがない**」と、ある学者が言っていた。

## (2)「アシリレラさんと私」 宇井眞紀子

**読み物について**
この読み物は写真家宇井眞紀子（ういまきこ）さんの『アイヌ、風の肖像（しょうぞう）』という写真集（2011 年，新泉社出版）の最後に「あとがきにかえて」として書かれたもの。写真集の写真は二風谷（にぶたに、アイヌ語ではニプタニ）に住むアシリレラさんというアイヌの活動家の協力を得て撮影（さつえい）されたものが多く、アシリレラさん自身の写真やアシリレラさんの活動をめぐる写真も数多く掲載（けいさい）されている。「アシリレラ」はアイヌ語で「新しい風」。

**筆者**　筆者である写真家の宇井眞紀子さんは、フリーランスの写真家で、1992 年よりアイヌ民族の取材を続けている。

## 読む前に

1. インターネットを使って調べて報告してみましょう。（注：インターネットの資料は、どういうサイトかよく見て、信頼（しんらい）性を判断することを忘れないように。）

   a. アイヌがどんな民族なのか
   b. 日本社会でどのように否定されてきたか
   （例えば http://news.bbc.co.uk/1/hi/world/asia-pacific/7437244.stm）
   c. 二風谷（にぶたに、アイヌ語ではニプタニ）はどんなところか
   d. 二風谷ダムとアイヌ民族についてどんなことがあったか

   〈参考語彙〉民族，少数民族 / マイノリティ (minority), 差別（さべつ） (discrimination), 偏見（へんけん） (prejudice), 先住民族 (aboriginal or indigenous people), 聖地（せいち） (a sacred [holy] place), 抑圧 (oppression)

2. 次のページにある写真集からの写真を見ながら話しましょう。

   a. ここはどこだと思いますか。
   b. 何をしていると思いますか。
   c. アシリレラさんはどの人でしょうか。
   d. どんな雰囲気（ふんいき）が伝わってきますか。

3. 「アシリレラ」とタイプしてインターネットで画像検索してみましょう。アシリレラさんはどんな人だと思いますか。

4. アシリレラさんが主宰（しゅさい）するアイヌモシリ一万年祭（アイヌ語で「人間の静かなる大地」）という行事のビデオも探してみましょう。

## 語彙

| | | | | |
|---|---|---|---|---|
| 1 | リハビリ | rehabilitation | 覗く (のぞ) | look [in] |
| | 丸刈り (まるが) | close-cropped hair | 必死に (ひっし) | frantically |
| 2 | 山菜 (さんさい) | edible wild plants | 採り (と) | gathering |
| | 崖 (がけ) | a cliff | ヘリ | helicopter |
| 3 | 命 (いのち) | a life | | |
| 4 | 押さえる (お) | 抑える (おさ) suppress | | |
| 6 | 恐る恐る (おそおそ) | nervously | 格好よい (かっこう) | cool-looking |
| 8 | つぶれる | be crushed | 主宰者 (しゅさい) | chairperson, supervisor |
| | (〜に) 詰める (つ) | be on duty [at] | 頑固 (な) (がんこ) | stubborn |
| 9 | 節々 (ふしぶし) | joints | 死に損なう (そこ) | fail to die |
| 11 | 破壊する (はかい) | destroy | 血管 (けっかん) | blood vessel |
| | せき止める | dam up, interrupt | | |
| 13 | 暮らしぶり (く) | way of life | ちょんまげ | topknot hair style |
| 14 | 茅葺き (かやぶ) | thatched (roof) | | |
| 16 | 老若男女 (ろうにゃく) | men and women of all ages | 大勢 (おおぜい) | in a large number |
| 17 | かしこまる | be stiff | 身構える (みがま) | get ready; be on one's toes |
| 18 | 展開する (てんかい) | unfold | 光景 (こうけい) | scene |
| 19 | 確保する (かくほ) | secure | 母屋 (おもや) | the main house on the premises |
| | 横になる | lie down | 丸まる (まる) | (sth/sb) curl up |
| | 面喰らう (めんく) | be bewildered | | |
| 20 | 居場所 (いばしょ) | where one belongs | (〜を) 背負う (せお) (1) | carry sth on one's back |
| 21 | 実の子 (じつ) | biological child(ren) | 里子 (さとご) | foster chid(ren) |
| | 養子 (ようし) | adopted child(ren) | | |

| | | | | |
|---|---|---|---|---|
| 22 | 生息(せいそく)する | inhabit | 湧(わ)き水 | spring water, well water |
| | 墓標(ぼひょう) | grave post | 道すがら | on the way |
| | (〜を)背負(せお)う | bear (a burden)(2) | 侵略(しんりゃく)する | invade |
| | 和人(わじん) | the dominant native ethnic group of Japan | (〜を)聞き逃(のが)す | fail to hear |
| | 耳をそばだてる | prick up one's ears | | |
| 23 | (〜に)効(き)く | be effective [against] | 焼酎(しょうちゅう) | Japanese liquor |
| | (〜に)漬(つ)ける | soak/steep sth [in] | 道端(みちばた) | roadside |
| | 採集(さいしゅう)(する) | collect (plants) | 繰(く)り返す | repeat |
| | あふれ出る | overflow | 瞬(また)く間(ま)に | in an instant |
| | 飽和状態(ほうわじょうたい) | state of saturation | | |
| 24 | 往復(おうふく)する | go back and forth | 車座(くるまざ) | sitting in a circle |
| | 刺繍(ししゅう) | embroidery | 当番(とうばん)で | by taking turns |
| | 支度(したく) | preparation | (料理の)腕(うで) | skill |
| | ささっと | very quickly | | |
| 25 | 止血(しけつ)(する) | stopping bleeding | ヨモギ | mugwort |
| 27 | 儀式(ぎしき) | a ceremony; rite | 執(と)り行(おこな)う | perform (a rite) |
| | 薪(まき) | firewood | 力がおよぶ | be in one's power |
| 28 | 妨(さまた)げる | interfere | 唱(とな)える | recite; chant |
| 29 | ちょこちょこ | toddling | (〜に)ひっかける | catch sth [on] |
| 31 | やきもきする | be anxious | | |
| 32 | よけい(な) | needless | 謙虚(けんきょ)(な) | modest |
| 33 | 喧嘩(けんか)する | quarel; fight | 慰(なぐさ)める | comfort; console |
| | 独立(どくりつ)する | become independent | 掘(ほ)り起こす | dig out; discover |
| | 頼もしい | dependable; promising | | |

## 表現

1. (段落 3) 命に別状はない "(the condition) is not life-threatening."
2. (段落 7) 言葉にならずに "unable to utter any words"
3. (段落 7) ただただ抱(だ)き合った。"(We) just hugged each other"
4. (段落 11) X のみならず Y "not only X but also Y" → 表現文型 1
5. (段落 12) おいで "Come!"
6. (段落 13) 〜と同じぐらいどうしようもない N "(it is) just as ridiculous as 〜"
7. (段落 14) ひしめき合う "shove and jostle with each other; to be jammed"

8. （段落 17）食べな "Eat!"
9. （段落 18）幾度(いくど)となく "unspecified times; many times"
10. （段落 19）寝る段(だん) "time to sleep, when it comes to sleeping"
11. （段落 21）言葉に甘(あま)える "accept the kind offer"
12. （段落 22）意識せずにはいられなかった（V ずにはいられない）"I could not help V-ing." → 表現文型 2
13. （段落 22）聞き逃すまいとして（V まいとして）"In an attempt not to V" → 表現文型 3
14. （段落 23）と "then" A shortened form of するとと
15. （段落 24）身の置きどころ "where to place oneself, what to do with oneself"
16. （段落 24）たいしたもの "really something; impressive"
17. （段落 24）S のには驚かされた "S surprised me" → 表現文型 4
18. （段落 28）何らかのかたちで "whatever way, in some way" → 表現文型 5
19. （段落 30）びっくりしながらも（V[stem] ながらも）"while/despite V-ing . . ." → 表現文型 6

➤まず、1~21 段落を読んでみましょう。

## 読みながら（前半）

1. どんな文体が使われていますか。
2. 引用に線を引いて、だれが言った（または、思った）のか考えなさい。
3. アシリレラさんがどんな人かわかる描写(びょうしゃ)や表現に線を引きなさい。
4. 筆者の気持ちがよく伝わってくると思うところにも線を引きなさい。

---

### アシリレラさんと私—あとがきにかえて

1 リハビリ室を覗くと，丸刈りがシルバーに輝く女性が必死に腕を上げ下げして動かしていた.

「アシリレラさん …… ？」

2 真っ黒で肩まであった髪がまったく変わっていたので，一瞬わからなかった. その 3 ヶ月前，アシリレラさんは山菜採りの崖から 20 メートルも落ちて，ドクターヘリで運ばれたのだ.

3 「目玉が飛び出すくらい，顔にひどい傷を負っている. 今は会ってほしくない. 命に別状はないから」

4 そんな妹さんの言葉を受けて，すぐにでも飛んでいきたい気持ちを押さえていた. そしてその日，だいぶよくなったと聞いて，病院を訪ねたのだ.

5 「どんな姿になっているのか……. どんな顔で会えばいいのか……」

6 恐る恐る部屋の中を覗いたのだ. でも，アシリレラさんは綺麗だった.

短髪も格好よかった!

7　アシリレラさんが私に気づき，びっくりするぐらいしっかりした足取りで近づいてきた．後は2人とも言葉にならずに，泣きながらただただ抱き合った．2007年の夏，出会ってから15年の歳月が流れていた．

8　退院してすぐ，毎年開催している「アイヌモシリ一万年祭」の時期がやってきた．もちろん体調は戻ってないし，左目はつぶれたまま．でも，アシリレラさんは主宰者として，6日間の会期中，毎日会場に詰めた．家族やスタッフが心配して休ませようとしても，聞き入れない．そのへんは本当に頑固なんだよね〜．

9　後に左目の視力も戻り，節々の痛む身体をおして一緒にアメリカのアリゾナにも行った．若い頃，火事で大やけどを負ったというし，出会ってからも大病で大手術を受けている．「3度，死に損なった」と本人は笑っているが，びっくりする生命力だ．よかった，よかった．

＊

10　1992年8月，新千歳(ちとせ)空港からレンタカーを走らせた．出発から1時間半，地図を見ると，目的地の二風谷にだいぶ近づいたようだ．

11　その1か月ほど前，雑誌をパラパラとめくっていると，アシリレラさんの文章が目に飛び込んできた．アイヌ民族の聖地だということのみならず，そもそも豊かな自然を破壊してしまう二風谷ダムの建設に反対だと，アシリレラさんは訴えていた．

「川は人間で言えば血管．それをせき止めればどうなるのか――」

12　この人に会いたいと思った．「二風谷を訪ねたい」という手紙を送ると，「すぐにおいで．泊まるところも心配しなくていいよ」と書かれた，レポート用紙を破いたような小さい紙で返信が来た．取材するとも撮影するとも決めないまま，とにかく二風谷に向かうことにした．

13　その頃，アイヌ民族に関する本を読んだり，アイヌの人の講演を聞きに行ったりしていたが，現実のアイヌの人びとの暮らしぶりについてはまったく知らなかった．だから，レンタカーを運転しながら，「アイヌ民族らしい町並み」や「アイヌ民族らしい衣装姿」を期待していた．それは，「日本人は今でもちょんまげ姿で暮らしている」と考えるのと同じくらい，どうしようもない発想だということに気づかないままに……．

14　国道沿いの真っ赤な看板が，二風谷に着いたことを教えてくれた．そこには，ごく普通の家並みがあった．Uターンするような角度で国道から右に折れて，山に向かって行くと，突然茅葺(かやぶ)きの大きな家が現れた．そこだけ，タイムスリップしたような空間．たくさんの人びとがひしめき合っていた．

15　「山道康子(やまみちやすこ)さん（アシリレラさんの日本名）のお宅ですか？」と尋ねると，ドレッドヘアのミュージシャンぽい男性が，茅葺きの隣の建物を指して「奥にいるんじゃない？」．

16　老若男女，服装もさまざま．まったく知らない世界に飛び込んだ気がした．じつはこの日は，アシリレラさんが主宰する「一万年祭」が終ったばかりで，出演者やスタッフが大勢来ていたのだ．

17　かしこまって挨拶しようと身構える私に，アシリレラさんは大盛りご飯のお茶碗を手渡した．

「まず，おなかいっぱい食べな！」

18 そう言うやいなや，アシリレラさんはもう別の人と冗談を言って，ワッハッハッと大声で笑っている（これはその後，訪問者がやってきた時，幾度となく目の前で展開される光景となる）.

19 夜，寝る段になって，「寝る場所をちゃんと確保しなよ」というアシリレラさんの声に見送られて，母屋の隣の茅葺きの家に向かった．しかし，出遅れた私が横になれるスペースはなかった．丸まって，皆の頭や足に囲まれて，寝た！面喰らうことばかり.......

20 数日経つと，人数も減って落ち着いてきた．それでも，つねに 20~30 人が共同生活を送っているということがわかった．アイヌ文化に魅せられた人，アシリレラさんの人間性に惹かれた人，自分の居場所を求めてやってきた人 ...，集まったきっかけはさまざまだ．バックパッカーで大荷物を背負って歩いていたら，たまたま通りかかったアシリレラさんの車に拾われた人もいる.

21 アシリレラさんは，実子の他に，たくさんの子どもたちを里子や養子として育てていた．私の娘と同じ年頃の子どもたちが，ク リㇺセ（弓の舞）を踊って見せてくれた．私がシングルマザーであることを知ったアシリレラさんは，「次は絶対，子どもを連れておいで」と言ってくれた．その言葉に甘えて，2 回目以降は子連れで訪問となった.

*

22 みずからワンボックスカーを運転して，ダムの建設地，貴重な蝶の生息する山，カムイワッカ（神の水）と呼ばれる湧き水のある場所，伝統的なクワ（墓標）の残る墓地等，いろいろな場所へと案内してくれたアシリレラさん．その道すがら聞く，アイヌ民族がたどった（背負わされた）ひどい歴史，今も続く差別の話に，私は何も声を発することができなかった．けっして私を責めていたわけではないけれど，自分が侵略した側の“和人”であることを意識せずにはいられなかった．それでも，重要なことを話す時にトーンの低くなるアシリレラさんの声を聞き逃すまいとして，耳をそばだてた.

23 と，急に車が停まった．「あれは，○○に効く薬だよ」「あの実を焼酎に漬けておくと，○○に効く」なんて話しながら，アシリレラさんは道端のそれらを採集．そんなことが何度も繰り返された．あふれ出る薬草の知識にまったくついていくことができず，私の頭の中は瞬く間に飽和状態となった.

24 こうして，人として，写真家として身の置きどころを見つけられないまま，子連れの二風谷通いが始まった．多い時には，東京と二風谷を 1 年間に 10 往復もした．みんなでウポポ（歌）を歌ったり，伝統的な踊りを踊ったり，車座になって刺繍をしたり....... その輪の中に，娘も私も自然に迎え入れてもらった．共同生活をしている仲間が当番でやっている洗濯や食事の支度も一緒にやった．子どもたちの料理の腕はたいしたもので，11 歳の子が数十人分のおかずをささっと作ってしまうのには，驚かされた.

25 二風谷通いのおかげで，一人っ子の娘はとても鍛えられたと思う．私がけがをした時には，止血効果のあるヨモギを探してくるように育った．その娘も今年 26 歳になる．初めの頃の月 1 回ペースとまではいかないものの，私の二風谷通いは今でも続いている.

*

26 二風谷を訪ねる前，「アイヌの人たちは，カムイ（神）の存在を信じている」という文章を見て，実感が湧かなかった. 自分自身は，日常生活の中で神の存在を考えることはない.

27 アシリレラ・ファミリーの暮らしの中には，当たり前のように祈りがあった. 何かを始める時，何かが無事に終わった時，皆で集まってカムイノミ（神への祈り）の儀式を執り行うこともあれば，一人で薪ストーブの火に向かって祈ることもある.「カムイ」を日本語に訳すと「神」になってしまうが，宗教で思い描く「神」とは違う，「人間の力のおよばない何か」を指すのではないかと感じた. でも，アイヌにとっては，カムイは人間の上に立つ絶対的な存在ではないという.「カムイが間違った時は，チャランケ（とことん話し合う）するんだ.」

28 何回かカムイノミの儀式に参加させてもらううちに，撮影する前に「どうか儀式がうまく行きますように. 撮影することで妨げませんように. 何か駄目な時は，何らかのかたちで教えてください」と，自然に心の中で唱えるようになっていた.

29 ある日，こんなことがあった. 小さな子どもがおぼつかない足取りでちょこちょこと走っていて，床においてあるコップに足をひっかけて水をこぼしてしまった.

「あぁ，そこに水を飲みたいカムイがいたんだねぇ」

30 アシリレラさんはやさしく言った. 子育て中だった私は，そんな考えに初めて接してちょっとびっくりしながらも，この世界観にすっかり魅せられた.

31 物事が思うように進まず，やきもきしている私に，アシリレラさんはこう言ってくれた.

「大丈夫. 必要ならうまくいくし，うまくいかなかったら，必要がないということだよ」

32 頑張って頑張ってなんとかしようとしてきた，よけいな力がフッと抜けた.「人間の力のおよばない存在」を感じることで，人は謙虚に生きられるような気がする.

*

33 子どもたちのウポポ（歌）を歌う元気な声や，時にはアイドルグループの曲が流れ，喧嘩する者あり，慰める者ありで，じつに賑やかだった数年前までと違い，今のアシリレラ家はとても静かだ. 成長し，多くの子どもたちが独立した. 家庭を持ち，母になった娘たち，同世代の仲間たちとグループを作り，伝統的なアイヌの歌や踊りを掘り起こして演じる息子たち，刺繍作品を作り続ける娘たちなどなど，頼もしい！

34 その場に，娘とともに家族のようにいられたことに感謝します.

ソンノ　イヤイライケレ！（本当にありがとうございます！）
そして，これからもよろしく！

## 読んだ後で：内容理解（前半 1）

（段落 1–7）
1. アシリレラさんに何があったのですか。
2. 筆者はどうしてすぐに病院に会いに行かなかったのですか。

3. 会いに行ったときのアシリレラさんはどんな様子でしたか。
4 二人はどのような関係なのでしょうか。

(段落 8–9)
5. 退院してすぐアシリレラさんはどんな活動をしましたか。そのことから、アシリレラさんのどんな性格がわかりますか。
6. 「「3 度、死に損なった」と笑っている」という描写から、アシリレラさんのどんな性格がうかがえますか。

(段落 10–12)
7. 筆者がアシリレラさんに会いたいと思ったきっかけは何でしたか。
8. アシリレラさんはどんなことを訴えていましたか。なぜですか。

(段落 13–16)
9. 筆者はどんな期待をしながらアシリレラさんのところに向かいましたか。
10. 二風谷に着いたら、どんな様子でしたか。
11. アシリラレさんの家はどんな家でしたか。
12. アシリレラさんの家に着くと、どんな人たちがいましたか。どうしてその人たちがアシリレラさんの家に集まっていたのでしょうか。

(段落 17–19)
13. 筆者が初めてアシリレラさんに会ったとき、アシリレラさんは何と言って、どんな様子でしたか。
14. 筆者はどんなところで、どのように寝ましたか。

(段落 20–21)
15. アシリレラさんの家には普通どのような人が、何人ぐらい住んでいましたか。
16. 筆者は 2 回目からはだれと訪問することにしましたか。どうしてですか。

## 読んだ後で：考えてみよう（ことば）（前半）

1. どんなところで「......」が使われていますか。どんな効果があるでしょうか。
2. 8 段落 2 行目の表現 a（文末が省略されている）は、b（省略がない）とどのように印象や効果が違うと思いますか。

   a. **左目はつぶれたまま.**
   b. **左目はつぶれたままだった.**

3. 8 段落 4 行目の表現 a（口語的）は、b とどのように印象や効果が違うと思いますか。

   a. **そのへんは本当に頑固（がんこ）なんだよね〜.**
   b. **そのへんは本当に頑固なのだ.**

4. 9段落4行目の表現a（独(ひと)り言のような表現）は、bとどのように印象や効果が違うと思いますか。

   a. **よかった，よかった．**
   b. **本当によかった．**

5. 11段落5行目に引用されているアシリレラさんのことばに筆者が惹(ひ)かれたのはどうしてだと思いますか。川を血管にたとえて表現すると、どんな効果があるでしょうか。

   **「川は人間で言えば血管(けっかん)．それを引き止めればどうなるのか——」**

   ここで使われている表現a（体言止め）は、bとどのように印象や効果が違うでしょうか。(→ Essential Notes 3)

   a. **川は人間で言えば血管．**
   b. **川は人間で言えば血管だ．**

6. 13段落「どうしようもない発想」という表現には筆者のどんな気持ちがこめられているのでしょうか。
7. 14段落「タイムスリップしたような空間」という表現から筆者のどんな気持ちが読み取れますか。
8. アシリレラさんの話し方から、アシリレラさんのどのような性格がわかりますか。

## 読んだ後で：考えてみよう（内容）（前半）

1. あなたは自分とは違う民族の住む国や地域を訪ねた時、どんな期待をして訪ねましたか。どうしてそのような期待をしていたのだと思いますか。
2. あなたの国に住む様々な民族について、どんなことを知っていますか。

---

➤22段落から34段落までよみましょう。

## 読みながら（後半）

1. 文末表現に注意をして、現在形と過去形がどのように使われているか考えなさい。
2. 引用に線を引いて、だれが言った（または、思った）のか考えなさい。
3. 筆者の気持ちがよく伝わってくると思うところにも線を引きなさい。
4. どんなときにアイヌ語が使われていますか。
5. 筆者の世界観とアイヌの世界観の違いがわかる部分にも線を引きなさい。

## 読んだ後で：内容理解（後半）

（段落22-23）
1. アシリレラさんはどんな話をしましたか。筆者はどのように感じましたか。
2. アシリレラさんはどんなことについてよく知っていましたか。

（段落 24–25）
3. 筆者は二風谷で、どのような経験をしましたか。どんなことに驚かされましたか。
4. 二風谷での経験の結果、娘さんはどのように鍛えられましたか。

（段落 26–28）
5. アイヌにとっての「カムイ」とほかの宗教での「神」とはどのように違うのでしょうか。
6. 筆者は「カムイ」の存在についてどのように感じるようになりましたか。それは、筆者のどのような行動にも表れるようになりましたか。

（段落 29–32）
7. 筆者はどんな出来事を通して、アイヌの世界観に魅せられるようになりましたか。
8. アシリレラさんのどんなことばが宇井さんにとって助けになりましたか。どのように助けになったのでしょうか。

（段落 33）
9. 筆者が二風谷によく通っていた頃と比べてアシリレラ家はどのように変わりましたか。その頃の子どもたちはどうしているのでしょうか。

## 読んだ後で：考えてみよう（ことば）（後半）

1. 22段落5行目「何も声を発することができなかった」と8行目「耳をそばだてた」という表現には、それぞれどんな気持ちが表れていると思いますか。

   表現aとbでは、どのように印象や効果が違うでしょうか。

   a. **何も声を発することができなかった.**
   b. **何も言うことができなかった.**

   a. **耳をそばだてた.**
   b. **注意してよく聞いた.**

2. 23段落4行目「私の頭の中は瞬く間に飽和状態になった」という表現にはどんな気持ちが表れていると思いますか。
3. 24段落1行目「人として、写真家として身の置きどころをみつけられないまま ...」という表現にはどんな気持ちが読み取れますか。
4. 24段落4行目「その輪の中」という比喩が使われていますが、「輪」は何を意味していますか。
5. 28段落1~3行目の引用は、誰が誰に対して言った（思った）ことばですか。
6. どんな時に現在形が使われていますか。

## 読んだあとで：考えてみよう（内容）（後半）

1. アシリレラさんは宇井さんにとって、どんな人なのだと思いますか。
2. 写真集の最後にこのエッセイがあることで、このエッセイはどんな役割を果たすでしょうか。

3. あなたの今までの経験を振り返って、印象深い出会いや、特に影響を受けた人との出会いがありますか。それはどんな人との、どんな出会いですか。どんな影響を受けましたか。

## 書いてみよう

引用や文体を効果的に使って、次のどちらかについて、エッセイを書きなさい。

(1) 写真家宇井さんにとってアシリレラさんがどんな人なのか、あなたの感じたことをこの文章を読んでない人に伝えるエッセイ
(2) あなたにとって印象深い出会いや影響力のあった人について、その人を知らない人にその人の魅力を伝えるエッセイ

## 表現文型

1. **Xのみならず Y**. "Not only X but also Y." The part indicated by X can be a noun or nominalized phrase. In the 本文 sentence, it is a nominalized sentence ending with ということ "Not only (because of) the fact that (Nibutani) is the sacred land for the Ainu . . .". It is usually used in the formal language, both in writing and in speaking (for example, a formal speech or interview). The less formal equivalent is X だけではなく Y and its colloquial counterpart X だけじゃなく Y.

【本文】アイヌ民族の聖地だということ**のみならず**、そもそも豊かな自然を破壊してしまう二風谷ダムの建設に反対だと、アシリレラさんは訴えていた。(11 段落 2 行目)

【例】

a. アイヌ民族は、"和人"と風習や生活習慣**のみならず**、世界観も大きく違うようだ。
b. 日本にはアイヌ民族**のみならず**、多くの民族が住む。

2. **Vずにはいられなかった**. "I could not help V-ing." V ずにはいられない is used to express a feeling or urge to do something which cannot be suppressed. Except for the irregular verb する, for which the form せ(ず) is used, the form required for the negative ～ない is used. It is used both in written and spoken language, but probably more often in written texts. The action V in this case is the action of the subject (agent), in contrast to V ずにはおかない. See also Genre 4.2 表現文型 1.

【本文】自分が侵略した側の"和人"であることを**意識せずにはいられなかった**。(22 段落 6 行目)

【例】

a. 外国生活を経験すると，文化や言葉の違いを**痛感せずにはいられない**。
b. その友人は、困っている人を見ると**助けずにはいられないそうだ**。

3. **V まいとして** "In an attempt not to V . . ." Compared to V ないように, まい suggests stronger volition. It also sounds more formal. The form of the verb depends on the conjugation group of the verb. For the *u*-verbs such as 書く, 話す, 待つ, 飲む, the dictionary form is used. For the irregular verb 来る, either くる（まい）, or こ（まい）is possible, but the former is more often used. Likewise, for the irregular する, either する（まい）or し（まい）(and also す（まい）) is possible, but the former seems to be more common. For the ru-verbs, either the stem or the dictionary form can be used (for example, 食べるまいとして、食べまいとして). Passive forms of verbs can also be used, as seen in Example b, where the passive form 誤解する is used.

   【本文】アシリレラさんの声を聞き**逃すまいとして**，耳をそばだてた。(22 段落 7–8 行目)

   【例】

   a. せっかくのごちそうを**残すまいとして**、お腹いっぱいでも食べ続けた。
   b. **誤解されまいとして**、一生懸(けんめい)命に説明した。

4. **S のには驚かされた**. "S surprised me." Literally, "(I was) made to be surprised." 驚かせる is the causative form of the verb 驚く "get surprised," and 驚かされる is the passive form of this causative. In the sentence "S(ささっと作ってしまう）ので驚いた," the focus is on the writer being surprised. But the sentence "S のには驚かされた" highlights the event S that surprised the writer. The other causative passive forms of the verbs such as 笑う and 泣く can also be used in this structure: S のには笑わされた, S のには泣かされた。

   【本文】11 歳の子が数十人分のおかずをささっと作ってしまう**のには，驚かされた**。(24 段落 6–7 行目)

   【例】日本中を旅行して，地方によっていろいろな方言がある**のには驚かされた**。

5. **何(なん)らかのかたちで** "whatever way, in some way" It sounds rather formal and more typical of written language, or formal spoken language. The more colloquial equivalent is なんかのかたちで, or なにかのかたちで. The former is more colloquial than the latter. Note, however, there is a slight difference in meaning between 何らか and 何か / なんか. The writer uses 何らか, rather than 何か when they have a strong conviction that there indeed should be some (measures, in this case). They are likely to use 何か if they are not sure whether there can be any measures (by which the god can convey the message in this case). In the text, the writer was describing herself praying to the Kamui and was using more formal language.

   【本文】**何らかのかたちで**教えてください ... (28 段落 3 行目)

   【例】

   a. 友人関係で問題がおきた時は，**何らかのかたちで**解決するように努力した方がいい。
   b. その友人とは、**何らかのかたちで**今後もずっと連絡をとり続けたい。

6. **V[stem]** ながらも "despite V-ing . . ." This expression is used to describe the simultaneous occurrence of two (seemingly) opposing emotions in this text. What follows is the main idea, thus in the 本文 sentence, the main focus is the fact that the writer was enchanted by the Ainu's world view. This function of ～ながらも is similar to that of ～つつも. Note that ～ながら can be more readily used to describe co-occurring volitional action than ～つつ. ～つつ also sounds more formal and is typically used in written texts. See also Genre 4.2 表現文型 2.

【本文】そんな考えに初めて接してちょっと**びっくりしながらも**，この世界観にすっかり魅せられた。(30 段落 2 行目)

【例】

a. 新しい環境での生活では，**不便な思いをしながらも**，新鮮な発見や驚きがあって楽しいことも多い。
b. 国によって教育観も随分違う。韓国出身の友人は、母親の教育への熱心さに**感謝しながらも**、母親の期待に答えるために大変なプレッシャーがあったそうだ。

# ジャンル 10

# エッセイ　経験から自分の意見・考えを述べる

## (1)「訳し難いもの」ドナルド・キーン

**読み物について**

キーンのエッセイ集『二つの母国に生きて』(朝日選書 1987 年出版）の中のエッセイ。

**筆者** ドナルド・キーン (Donald Keene) は、アメリカ出身の日本文学の専門家。多くの著書があり、翻訳・評論・随筆を通して日本文化を欧米へ紹介している。1922 年生まれ、コロンビア大学の名誉教授。2012 年日本国籍を取得し、日本に永住の予定。

## 読む前に

1. 日本語のどんな言葉が英語やあなたの知っている他の言語に訳しにくいと思いますか。どうしてですか。
2. 次の段落は三島由紀夫の作品『宴のあと』("After the banquet") からの抜粋 (excerpt) と、ドナルド・キーンの訳です。主人公の「かづ」が、庭師が仕事をしている庭を眺めています。どんな言葉の訳がキーンにとって難しかったと思いますか。

   （注：古いひらがなが使われています。ゐ → い、へ → え、ふ → う、や → よ）

   〈参考語彙〉描写 (depict), 連想する (be reminded of), 植物 (plant)

芝(しば)を刈(か)り、植木を刈り込む庭師(にわし)の終日(しゅうじつ)の働きを、暇(ひま)さへあれば、かづは庭に下りて眺(なが)めるのを喜びとした。夜は梟(ふくろう)が啼(な)き、昼は松(まつ)の梢(こずえ)に住みならへてゐる鳶(とび)のすこやかな姿を見た。雑草(ざっそう)が刈り倒(たお)されてゆくと、庭の奥をめがけて小綬雞(こじゅけい)が逃(に)げ去(さ)ったりした。枝を思ふさま伸(の)ばした車輪梅(しゃりんばい)は、紫(むらさき)の実(み)をつけてゐたが、まだ夏の白い凋(しぼ)んだ花をいくつか残し、その香気(こうき)は幻(まぼろし)のやうにかすかに残ってゐた。生垣(いけがき)の満天星(どうだん)の紅葉(こうよう)はさかりであった。これが入り口の古い中雀門(ちゅうじょうもん)に、あでやかな影を与(あた)へた。

(三島由紀夫全集 8 巻、『宴のあと』p. 217)。

Whenever she had a moment's leisure, Kazu delighted in going down into the garden to watch the gardeners at their daylong labors of mowing the lawn and pruning the shrubbery. At night owls hooted, and by day she saw the trim silhouettes of the kites which built their nest at the top of the tallest pine. Sometimes, as the weeds were being cut down, a small pheasant would scurry off toward the far end of the garden. The elder tree, which had been allowed to spread unhindered, was dotted with purple fruits, but still kept a few faded summer blossoms whose fragrance hovered faintly like some ghostly presence. The hedge of *dodan* bushes, the leaves now most brilliantly tinted, cast lovely shadows by the old gate at the entrance. (After the banquet, translated by Donald Keene, published in 1963 by Secker & Warburg, London, p. 267.)

## 語彙

注 1）キーンが訳しにくいと思った言葉がたくさん出ています。
注 2）現在はひらがなで書くことの多い言葉が漢字で書かれていたり、古い漢字が使われているところがあります。

（段落 1）貰う = もらう;（段落 3）筈だ = はずだ

（段落 7）實(み) = 実(み) (seed, berry; fruit);（段落 8）馬鹿 = ばか

| | | | | |
|---|---|---|---|---|
| 1 | 天文学 | astronomy | とうの昔 | a long time ago |
| | 自然科学 | natural science | 門外漢(もんがいかん) | an outsider; a layman |
| | またたく | twinkle; flicker | 眺(なが)める | gaze at; watch |
| | 傍(かたわら) | the side | 星座(せいざ) | a constellation |
| 2 | 度々(たびたび) | very often | | |
| 3 | 和歌(わか) | Japanese poem | 実(じつ)に | truly; really; indeed |
| | 鳥学(ちょうがく) | ornithology | 催促(さいそく) | a (repeated) demand |
| 4 | 名案(めいあん) | good idea | 助け舟(ぶね)を出す | help; rescue |

| | | | | |
|---|---|---|---|---|
| 5 | 無数（の） | limitless number | 変貌[へんぼう] | transfiguration |
| | 非人情[ひにんじょう]（な） | heartless | 過程 | process |
| 6 | 頭を痛める | troubled; unable to solve problems | 料亭[りょうてい] | a (Japanese style) restaurant |
| | 献立[こんだて] | a menu | 前菜[ぜんさい] | an hors d'oeuvre |
| | 土筆[つくし] | horsetail | 胡麻あへ[ごまあえ] | dressed with sesame seeds |
| | 薫製[くんせい] | smoked | 穴子[あなご] | a conger, sea eel |
| | 小鯛[こだい] | a small sea bream | 笹巻壽し[ささまきずし] | sushi rolled with a bamboo leaf |
| | 不明[ふめい] | unknown | 吸[す]（い）物 | Japanese clear soup |
| | 梅[うめ]仕立（て） | flavored with plum | 閉口[へいこう]する | be nonplussed |
| | 柄[がら] | a pattern | 白状[はくじょう]する | confess |
| 7 | ごまかす | cheat | 通暁[つうぎょう]する | know very well |
| | 至[いた]って | very; extremely | 宴[うたげ] | banquet |
| | 荒[あ]れ果[は]てる | run wild | 堅苦[かたくる]しい | formal; strained |
| | 専門[せんもん]語 | a technical term | ためになる | be useful |
| | 独断[どくだん]的（な） | dogmatic; arbitrary | 生垣[いけがき] | a hedge |
| | さかり | the height; the peak | 植物学 | botany |
| 8 | 厄介[やっかい]（な） | troublesome | 梟[ふくろう] | an owl |
| | 知恵[ちえ] | wisdom | 象徴[しょうちょう] | symbol |
| | 蛾[が] | moth | 大[だい]の男 | a mature man |
| | 蜻蛉[とんぼ] | a dragonfly | | |
| 9 | 茨[いばら] | a thorn | 棘[とげ] | a small thorn |
| | 蓬[よもぎ] | Japanese mugwort | 目ぼしい | chief; important |
| | （〜に）うとい | not well-informed [about] | | |

## 情報

| | | |
|---|---|---|
| 3 | 鶯（うぐいす） | A type of bird; bush warbler |
| 3 | 時鳥（ほととぎす） | A type of bird; a little cuckoo, it can also be written as ホトトギス , 杜鵑 , 子規 , 不如帰. |
| 3 | 郭公（かっこう） | A type of bird; Japanese cuckoo |
| 5 | 目白（めじろ） | A type of bird; a (Japanese) white-eye |
| 5 | 秋の七草（ななくさ） | Seven wild plants that bloom in autumn. The plants include 藤袴（ふじばかま） (thoroughwort), 女郎花（おみなえし） , and 萩（はぎ） (bushclover). |
| 6 | 吹木（ふき） | Possibly an innovative way of writing フキ a butterbur (innovative ways of naming dishes and writing may be used on menus) |

## 表現

1. （段落 1）（門外漢である）と言う他ない . “I cannot but say that I am a layman.” → (See Genre 5) 表現文型 1　〜というほかない .
2. （段落 2）これに反して “to the contrary”
3. （段落 7）あげくの果（は）て “In the end (after all work)” → 表現文型 1
4. （段落 9）まず（出てこない）“Rarely” → 表現文型 2
5. （段落 9）蓼食（たでく）う虫も好（す）き好（ず）き “There is no accounting for taste.” 蓼 (smartweed) tastes bitter, but some insects prefer to eat this plant; hence it means that tastes vary among individuals.

## 読みながら

1. キーンが訳しにくいと言う言葉に線を引きなさい。
2. 訳すのが大変で困っている様子を表現している言葉を書き出しなさい。
3. キーンによると、もとの日本語（例えば、女郎花（おみなえし））と比べ、英語やラテン語の訳 (Patrinia（パトリニア） scabiosaefolia（スカビオーセフォリア）) では花の印象がどのように変わってしまいますか。どのような言葉を使って表現していますか。

189 ページから読みなさい。

苦しい専門語はどうしても使えないと思い、いろいろ考えたあげくの果て、ニューヨーク植物園に電話をかけ、ラフィオレピス・ウンベラータの他に名前がないかと聞いてみた。二十分ほど待たされてから電話の人が「ためになるかどうかわかりませんが、エドラフィオレピス・ウンベラータとも言います」と教えてくれた。そこで柴の実をつけるさまざまの木を調べて独断的に英訳の名前をつけた。が、次の行に「生垣の満天星の紅葉はさかりであった」となっている。もう植物名と戦うような勇気がなくなってしまったので、満天星の正確な英訳を考えもしなかった。誰か親切な植物学者が指導してくれたらどんなに助かっただろう（車輪梅については、のちにYeddo-hawthorn＝江戸山査子か＝という名前があることがわかった）。

8 翻訳にもう一つ、もっと厄介な面がある。鳥、植物にさまざまの連想があるが、国によって違っている。たとえば、梟は古代ギリシャでは知恵の象徴であったが、インドでは「梟のように馬鹿だ」という表現がある。西洋では蛾はいつも光にひかれるので詩人の象徴のように思われ喜ばれているが、日本では大の男でも蛾を見ると怖くなって逃げる。逆に、日本の子供は蜻蛉と遊ぶことを楽しむが、西洋の子供は蜻蛉を見ると怖がって逃げてしまう。

9 植物の場合でも、日本には昔から茨があったが、棘が多いから嫌われ、文学にまず出てこない。しかし、蓬のような目ぼしくない植物が度々出てくる。西洋ではまさに逆である。「蓼食う虫も好き好き」ということになるが、一体、蓼をどう訳したらいいか植物学にうとい私にはわからない。

悪女のような存在に変貌する。日本文学の英訳は何という非人情な過程であろう。

6　私は日本の植物の英訳で頭を痛めたことは何回もあるが、中でも三島由紀夫の小説『宴のあと』の体験が一番忘れがたい。この小説は古典文学と違い、外国とあまり変わらない現代の日本の生活を描いているので、訳しにくくないと思ったが、案外むずかしかった。一流の料亭の献立が三回も出てくるが、三回とも苦労した。たとえば、前菜として「土筆胡麻あへ、小川燻製、吹木東寺巻、穴子白煮、小鯛笹巻壽し」となっているが、内容が不明である。続く吸物は「梅仕立、大星、浅月、木ノ目」となっているが、星や月を食べたことのない私は味を知らないので、閉口した。あの頃、三島さんは生きていたので直接本人に説明して頂いたが、三島さんは笑って、「自分にもわからない。料亭に最高級の献立を教えてくれるように頼み、その通りに書いただけです」と教えてくれた。着物の柄の描写にも私にはわからないところがあったが、三島さんに聞いたら、また大笑いをして「全部母から教えて貰った」と白状した。

7　しかし、食べ物や着物の柄の翻訳の場合ごまかすことができる。外国人の読者で日本料理に詳しくて着物の柄に通暁する人は至って少ない。が、植物となると、かなりの知識を持っている読者がいるに違いない。『宴のあと』の最後に、荒れ果てた庭のすばらしい描写がある。その中に「枝を思ふさま伸ばした車輪梅は、紫の實をつけてゐた」と書いてある。車輪梅を辞典で引いたら Rhaphiolepis umbellata としか出ていなかった。三島さんの美しい文章の英訳にこのような堅

3 和歌文学を読むと、鶯と時鳥（杜鵑、子規、不如帰）が実によく歌われている。昔の日本にも他の鳥がいた筈だが、歌人に無視されがちであった。鶯の場合 bush warbler とか song thrush のような英訳にすることが多いが、鳥学的に正しいかどうかよくわからない。時鳥となると、もっと複雑である。和英辞書を引くと cuckoo となっているが、これは明らかに誤りであろう。cuckoo は郭公のことで、鳴き声は時鳥と全然違う。三十年ほど前に私は京都に住んでいたが、近くに時鳥が多かったので、鳴き声をよく覚えた。「ゲンコウデキタカ」というような催促を思わせるような声であり、郭公のように聞こえなかった。時鳥を nightingale と訳すこともあるが、nightingale は夜しか鳴かないと聞いているのに、時鳥は結構昼間でも鳴く。

4 そうすると、日本で最も愛されている鳥の名称をどう訳したらいいか、ということになるが、残念ながら私には名案がない。鳥学者に助け船を出して下さる方がいないだろうか。

5 しかし、鳥の名称の翻訳はまだ簡単である。鶯と時鳥の他に歌われた鳥はまずないから目白などの翻訳語を心配しなくてもいい。が、植物となると種類が無数にあるし、よく文学にも登場する。秋の七草の名を訳そうとすると、汚らしいラテン語かそれとも誰も聞いたことのない英語になる。藤袴という美しい日本語は、Eupatorium という学名になるか、それとも agueweed（瘧雑草）になるが、どちらでも困る。女郎花はもっと運が悪く、Patrinia scabiosaefolia という親しみにくいラテン語の学名しかない。萩――雨にぬれてやさしくうなずく萩――は、Lespedeza bicolor という

# 訳し難いもの

1　私は中学校で生物学、高校で物理学、大学で天文学を勉強したことがあるが、とうの昔に忘れてしまったので、自然科学となると門外漢であると言う他ない。しかし、正直に言って、生物学、物理学、天文学を完全に忘れ、それによって不便を感じたことは一度もない。確かに、星がまたたいている夜、大空を眺めて、傍に立っている人たちに数々の星座を指差して一つ一つ名称を言うことができたら楽しいだろうと思うが、もともと私が天文学を勉強していた頃、星座の名称を一つも教えて貰わず、数学と化学を合わせたような、少しも楽しくない授業であった。

2　私の職業からいえば、現在の私に一番欠けている自然科学の知識は鳥学と植物学であろう。つまり、日本文学には鳥や植物が度々登場するが、動物や星等はそれほど出ていないし、出たとしても外国のものと変わらないので、翻訳するのに別に困難な問題はない。これに反して鳥や植物の場合、日本と外国との間に共通したものはほとんどない。

## 読んだ後で：内容理解

（段落 1–2）

1. キーンにとって、中学校で学んだ自然科学の知識は役に立っていますか。
2. キーンは、自分の職業にとってはどんな自然科学についての知識がもっとあればよかったと思っていますか。

（段落 3–5）

3. キーンによると、日本の歌人はどんな鳥についてよく歌いますか。
4. 英和辞書の訳で大丈夫ですか。どうしてですか。
5. どうして鳥の名称よりも植物の名称を訳す方が難しいのでしょうか。

（段落 6）

6. キーンはどうして『宴（うたげ）のあと』を訳すのは難しくないだろうと思ったのですか。
7. 一流の料亭（りょうてい）の献立（こんだて）を訳すのはどうして難しかったのでしょうか。

（段落 7–8）

8. キーンはなぜ食べ物や着物の柄より植物の名称を訳す方が難しいと思っていますか。
9. 「車輪梅（しゃりんばい）」の翻訳にはどんな苦労がありましたか。どのように解決したのですか。
10. 梟（ふくろう）や蛾（が）は文化によってどのように連想（れんそう）が違いますか。

## 読んだ後で：考えてみよう（ことば）

1. キーンの言葉づかい（漢字の使い方、語彙の選択）でどんなことに気づきましたか。どうしてキーンはそのような言葉を使っているのだと思いますか。
2. a と b では、言葉を使う場面や言葉の与える印象がどう違うと思いますか。

| | |
|---|---|
| a. **訳しにくい** | b. **訳し難（がた）い** |
| a. **楽しくない授業だった** | b. **楽しくない授業であった** |
| a. **植物学だろう** | b. **植物学であろう** |

3. この随筆（ずいひつ）で漢字で書かれている植物、鳥、虫の名称は、例のように、カタカナやひらがなで書かれることも多いです。書き方が違うとどのように印象が変わると思いますか。

   例）a. **時鳥・ホトトギス・ほととぎす** (little cuckoo)
   　　b. **蜻蛉・トンボ・とんぼ** (dragonfly)

4. 「蓼（たで）食（く）う虫も好（す）き好（ず）き」のようなことわざ (proverb) を使うと、「人によって好（この）みが様々だ」のように説明するのと比べ、どんな効果がありますか。

## 読んだ後で：考えてみよう（内容）

1. 翻訳者が7–8段落にあるような問題に遭遇（そうぐう）したら、どうしたらいいと思いますか。あなたならどうしますか。
2. 文学を翻訳するにあたって、どんなことが正確さよりも重要なのでしょうか。
3. 読んでいて笑えるところ（冗談（じょうだん）・ユーモア）がありましたか。どこでしたか。
4. キーンのエッセイ中でふれられている三島由紀夫はどんな人のようですか。
5. キーンはどんな目的でどんな読者のためにこのエッセイを書いたと思いますか。

## 書いてみよう

あなたの知っている言語と日本語の違いのため、覚えるのが難しかったり、誤解したり、翻訳に苦労したりしたことがありますか。

言語の違いであなたが困った時のことを、次の点を考えながらエッセイを書きなさい。

a. どんな人に読んでほしいか（例：外国語を勉強したことのない一般の日本人、日本語を勉強している人、英語を勉強したことのある一般の日本人）
b. どのようなエッセイを書きたいか（例：軽い、楽しいエッセイ、フォーマルな感じがするまじめなエッセイ）
c. a, bのためにはどんな文体や語彙が効果的か

## 文型・表現

1. **V[ta] あげくの果て** "(Having done V) in the end . . . ; (something/someone) ended up . . ." Literally, both あげく "the last verse of a poem (the last verse in a piece of Japanese linked verse（連歌（れんが））" and 果て "the limit/end" refers to the end. This is to express the last resort or the eventual consequence of multiple or lengthy actions with deliberation or effort. The consequence is unexpected, daring, or shocking, and it is more often used for unfavorable, negative consequences than favorable consequences.（～した）あげく alone can also be used, but **あげくの果て** intensifies the statement, by indicating the ultimate end. In the 本文 sentence, the expression gives an impression that the writer perceives the last action as something that he does not imagine he would do.

   【本文】いろいろ**考えたあげくの果て**、ニューヨーク植物園に電話をかけ、ラフィオレピス・ウンベラータの他に名前がないかと聞いてみた。（7段落6行目）

   【例】

   a. キーンは様々な植物の名前の翻訳に**苦労したあげくの果て**、満天星（どうだん）という植物の名前をそのままdodanとした。
   b. 何ヶ月も**悩んだあげく**、その仕事をやめてしまった。

2. まず〜ない. "(someone) rarely does V; (something) is rare." This expression is usually used in writing or in formal contexts. This expression is rather formal, but it is used both in written texts as well as spoken.

【本文】日本には昔から茨(いばら)があったが、棘(とげ)が多いから嫌われ、文学に**まず出てこない**。(9段落1行目)

【例】

a. 日本文学に興味のある人でドナルド・キーンのことを知らない人は**まずいない**だろう。
b. 物理や化学について知らなくても翻訳者として**まず困らない**。

## (2) 日本語の「所有権(しょゆうけん)」をめぐって　リービ英雄

**読み物について**
リービ英雄のエッセイ集『日本語を書く部屋』(岩波書店2001年出版)の中のエッセイ。

**筆者** リービ英雄(ひでお) (Ian Hideo Levy, 1950–) は、アメリカ出身の小説家、日本文学者。前プリンストン大学、スタンフォード大学、日本文学教授。万葉集(まんようしゅう)を英訳し、全米図書賞(としょしょう)を受賞。その後、日本に渡り、日本語で創作(そうさく)を始め、多くの賞を受賞。2014年現在、法政(ほうせい)大学国際文化学部教授。

## 読む前に

1. あなたは日本語でエッセイや小説を書くのが好きですか。日本語でエッセイや小説を書くプロの作家になりたいと思いますか。
2. 日本語を母語としない作家が日本語で書いた小説を「越境(えっきょう)文学」と言います。日本には、どんな越境文学の作家がいるか知っていますか。インターネットでも調べてみましょう。
3. 日本語の「所有権」(日本語を所有する権利)というものがあるとしたら、誰が「所有権」をもっていると思いますか。

## 語彙

| | | | | |
|---|---|---|---|---|
| T | （～を）めぐって | about/concerning | | |
| 1 | 勝利（しょうり） | a victory | 世紀 | a century |
| | 支配（しはい）する | rule; dominate | イデオロギー | ideology |
| | 出現（しゅつげん）する | appear | イコール・サイン | an equals sign (=) |
| | 痛切（つうせつ）に | keenly; painfully | 論文（ろんぶん） | a thesis; an article |
| | 座談会（ざだんかい） | a round-table talk | 破（やぶ）る | break, violate |
| | 独占（どくせん） | monopoly | 所有物（しょゆうぶつ） | one's possession |
| 3 | 無意識的（むいしきてき）（に） | unconsciously | クレーム | a claim |
| | 渡来（とらい）する | come from abroad | 四半世紀（しはんせいき） | a quarter of a century |
| | 深層（しんそう） | depths | 突（つ）きつける | （～を～に） confront sb [with] |
| | 示（しめ）す | show | 体験（たいけん） | experience |
| | 感性（かんせい） | sensitivity | あくまでも | persistently |
| | 借地権（しゃくちけん） | a lease; a leasehold | | |
| 4 | （～に）まとわりつく | follow sth/sb around; cling [to] | 単なる | mere; simple |
| | 片（かた）づける | put sth away; settle | はるかに | by far |
| | フェティシズム | fetishism | 過剰（かじょう）（な） | excessive |
| | 超（ちょう）民族的 | ultra-ethnic | 普遍性（ふへんせい） | universality |
| | 今さら | after such a long time | | |
| 5 | 窮屈（きゅうくつ）（な） | narrow; rigid | 輝（かがや）く | shine |

## 情報

| | |
|---|---|
| 日本近代（きんだい） | 日本の明治維新以降（めいじいしんいこう）をさす（第2次世界大戦後は、「現代」とも呼ばれる） |
| 昭和 | The Showa period lasted from 1926 to 1989. The year 1989 is the first year of the Heisei（平成（へいせい））period. |

## 表現

1. （段落 1）考えざるをえなくなった (V ざるをえない）"There is no other choice but do V." → 表現文型 1
2. （段落 1）いったん S1 となると、S2. "Once S1, then S2." → 表現文型 2
3. （段落 1）N1 はもちろんのこと、N2 も X. "Needless to say that X is the case with N1, but it can also be the case with N2." → 表現文型 3
4. （段落 3）N にわたって "Extend over N (time/space); throughout"
5. （段落 3）つまり "In other words"
6. （段落 4）X の原因を Y に求める. → 表現文型 4 "Attribute the cause of N1 to N2."
7. （段落 4）したがって "Therefore"
8. （段落 4）まして "To say nothing of; not to mention . . ."
9. （段落 5）S と言うべきではないだろうか. "I would think that we ought to regard (something) as S." → 表現文型 5

## 読みながら

1. 自分の意見や考えを述べるために、どのような文末表現が使われていますか。
2. どんな言葉にカタカナが使われていますか。なぜカタカナで書かれているのか考えながら読みなさい。
3. どんな時に鍵(かぎ)カッコ（「　」）が使われているのか考えながら読みなさい。
4. このエッセイで筆者が伝えたかった一番重要なメッセージだと思う部分に線を引きなさい。

197 ページから読みなさい。

ず突きつけられてきたような気がする。そしてこちらが知っている、話せる、書けるということを示せば示すほど、向う側から、最後に、絶対に分けてくれないコトバの「所有権」が問題にされだしたのである。日本人として生まれた人たちといくら体験や感性を共有しても、人種を共有しない者にとって、日本語にはあくまでも「借地権」という条件が付いていたのである。

4 そのこと——コトバそのものよりもコトバにまとわりついた独占的所有という態度の原因を「ナショナリズム」に求める人もいる。しかし、日本の場合、それはどうも、単なる「ナショナリズム」として片づけることができないようだ。たとえば、近代の日本人と比べたら、近代の韓国人のほうがはるかに「ナショナリスティック」と感じられるが、近代の日本人のように、コトバをはじめとする「文化」の要素を、ぼくの知っているかぎりでは、フェティシズムの対象にはしなかったようだ。したがって「韓国語の勝利」は意味がない。意味がないというよりも、必要がない。韓国語はすでに「勝利」しているのである。まして中国語は、過剰なほどの超民族的な「普遍性」が歴史的に信じられてきたので、今さら「中国語の勝利」を主張する必要はない。

5 しかし、単一民族という窮屈な近代イデオロギーから解放されて、民族と関わりなく世界の中のもう一つの偉大な言語として輝きはじめたという意味では、「日本語の勝利」はこの時代だからこそ可能になった課題であると言うべきではないだろうか。

う解釈されてしまうことを認識せざるをえなかった。「論文」はもちろんのこと、軽いエッセイの中にも、そんな認識はどこかに働きかけていたに違いない。ぼくが今までに書いた本の中で、日本語は日本人として生まれた者たちの独占所有物であるという常識に抵抗していないページは、一つもないと思う。

2　ぼくはときどき、「日本語をもっている」とか「日本語をもっていない」という表現を使ったことがある。その表現が「まちがった日本語だ」という指摘を受けたこともある。「日本語を知っている」とか「日本語を知らない」と書いたほうが正確だ、と言われた。ぼくは「日本語をもっている」というのは「まちがった日本語」だと分かりながらそんな表現を使っていたかもしれない。

3　ぼくはおそらく、ほとんど無意識的に、近代の日本人からはコトバをめぐる所有権の強いクレームを感じて、その所有権から自分が常に外されようとしているということも、最初に東京へ渡来してきた昭和四十二年から、四半世紀以上にわたって感じつづけてきたのかもしれない。向う側から、つまり日本人として生まれた人たちから、日本語は「知っているのか、知らないのか」、「話せるのか、話せないのか」、「書けるのか、書けないのか」だけではなく、深層においては「所有しているのか、所有していないのか」の問題を絶え

# 日本語の「所有権」をめぐって

1 ある時期から、「日本語の勝利」ということばを、ぼくは使うようになった。それは、日本近代の一世紀を支配していた「言語＝人種＝文化＝国籍」という「単一」のイデオロギーに対して、人種や国籍という条件をもっていない日本語の表現者たちが出現したという現代の事実の意義をいっているのである。ぼく自身がそういう表現者の一人になってから、他の文化から見れば信じられないほど執拗だった「コトバ」と「民族」のイコール・サインについて、かなり痛切に、リアルに、考えざるをえなくなったのだ。直接に「日本語の勝利」を内容としていない論文やエッセイ、あるいは同時代の文学者たちとの対談や座談会の中でも、つねにそのイコール・サインの存在を感じさせられた。日本語で書くという、日本の生活者にとっては当たり前な行為が、いったんぼくが日本語を使って表現するとなると、そのイコール・サインを破ろうとしている、自分の意図とは関わりなく、そ

## 読んだ後で：内容理解

（段落 1）

1. リービ英雄は、「日本語の勝利」ということばをどんな意味で使っていると思いますか。
2. 「人種や国籍（こくせき）という条件をもっていない日本語の表現者たち」とは、どんな人たちのことを指していますか。
3. 「「コトバ」と「民族」のイコール・サイン」とは、どういう意味ですか。
4. 「日本の生活者にとっては当たり前な行為（こうい）」とは、どんな行為ですか。
5. 「イコール・サインを破（やぶ）ろうとしている」とは、どういうことですか。
6. 「常識（じょうしき）」を修飾（しゅうしょく）(modifying) している部分はどこからどこまでですか。

（段落 2）

7. 次の引用はだれが（だれに）言った（または、書いた）ことですか。
   a. **「日本語をもっている」「日本語をもっていない」**
   b. **「まちがった日本語だ」**
   c. **「日本語を知っている」「日本語を知らない」**
8. リービ英雄は、どうして「日本語をもっている」という表現を使っていたのですか。その表現には、筆者のどんな気持ちがこめられていると思いますか。

（段落 3）

9. リービ英雄が四半世紀以上にわたって感じつづけてきたのは、どんなことですか。
10. 「向こう側」とは誰のことですか。「こちら」とは誰のことですか。
11. 筆者が「知っている」こと、「話せる」ことを示すと、どんな反応（はんのう）を受けましたか。
12. 「人種を共有しない者」とは、どんな人たちのことを指していますか。
13. 「日本語にはあくまでも「借地権（しゃくちけん）」という条件が付いていた」とはどういうことだと思いますか。

（段落 4）

14. リービ英雄は、日本のコトバにまとわりついた独占的（どくせんてき）所有という態度の原因は、「ナショナリズム」にあると考えていますか。
15. リービ英雄は、なぜ「韓国語の勝利」や「中国語の勝利」という表現は意味がないと考えているのですか。

（段落 5）

16. 「単一民族という窮屈（きゅうくつ）な近代イデオロギーから解放（かいほう）され」たのは、だれ・何ですか。
17. 「この時代」とは、どの（どんな）時代を指しているのでしょうか。

## 読んだ後で：考えてみよう（ことば）

1. 次の指示語は何を指していますか。

| | | | |
|---|---|---|---|
| 段落 1： | a) | （8 行目） | **その**イコール・サイン　→ |
| | b) | （10 行目） | **その**イコール・サイン　→ |
| | c) | （10–11 行目） | **そう**解釈されてしまう　→ |
| | d) | （12 行目） | **そんな**認識　→ |
| 段落 2： | e) | （2 行目） | **その**表現　→ |
| | f) | （4–5 行目） | **そんな**表現　→ |
| 段落 3： | g) | （2 行目） | **その**所有権　→ |
| 段落 4： | h) | （1 行目） | **その**こと　→ |
| | i) | （2 行目） | **それ**はどうも、…　→ |

2. リービ英雄は、このエッセイの中で、一人称「ぼく」を使っています。「私」と比べて、読者の受け取る印象がどう違うと思いますか。
3. リービ英雄は、このエッセイの中で言葉という単語を 1 行目の「ことば」以外は、全てカタカナ（「コトバ」）で書いています。どうしてだと思いますか。どんなニュアンスの違いが感じられますか。
4. このエッセイでは、鍵(かぎ)カッコ（「　」）がたくさん使われています。鍵カッコがついたことばを引用とそれ以外に分類して、引用でないものはどうして鍵カッコが使われているのか考えなさい。
5. 1 段落 11 行目「軽いエッセイ」、4 段落 1 行目「態度」、5 段落 1 行目「民族と関わりなく」に、「、、」が使われています。何のために使われていると思いますか。

## 読んだ後で：考えてみよう（内容）

1. リービ英雄は、だれにどんなメッセージを伝えるために、このエッセイを書いたのだと思いますか。
2. このエッセイを読んで、「日本は単一民族国家である」とか「日本語は日本人が話すことばである」というイデオロギーについて、あなたはどう思いますか。
3. あなた自身も「日本語を母語としない日本語の表現者」として、リービ英雄のような英語を母語とする人が日本語で執筆(しっぴつ)活動をすることにどんな意義があると思いますか。
4. あなたも日本で（または日本人との交流で）日本のコトバや文化を「所有しない」者として扱われた経験がありますか。その経験について、(a) 日本人に伝えたいことがありますか。または、(b) 他の「日本語を母語としない日本語の表現者」に伝えたいことがありますか。

## 書いてみよう

「日本語の勝利」または「日本語の所有権」という考え（上の4。で考えた自分の経験）について、リービ英雄の意見も引用しながら、自分の意見を伝える短いエッセイを書いてみましょう。まず、だれに伝えたいか決め、a, bのどちらかについて書きなさい。

## 表現文型

1. **Vざるをえない**. "There is no other choice but V-ing; cannot help but V-ing." The expression suggests that the action may be unfavorable but imperative. This expression sounds formal and it is usually used in written texts or in formal contexts. The verb form used is the form that appears before the negative ない except for the irregular する（せざるをえない）. See also Genre 8.2 表現文型 2 (V[stem] うる / える).

   【本文】

   a. 「コトバ」と「民族」のイコール・サインについて、かなり痛切に、リアルに**考えざるをえなくなった**のだ。（1段落6行目）
   b. そう解釈されてしまうことを**認識せざるをえなかった**。（1段落11行目）

   【例】

   a. 日本にもっと長くいたかったが、大学を卒業するために国に**帰らざるをえなかった**。
   b. 多くの日本人が「日本語はむずかしい」と言う。日本人でなければ日本語をうまく話せないと信じているのではないかと**感じざるをえない**。

2. **いったんS1（となる）と, S2**. "Once/if S1, then S2." S1 refers to the development of an event or action, and S2 describes its consequence. When となると is used, the event or action described in S1 is not ordinary (for example, a major life event, an action that may be considered to be rather unusual).

   【本文】**いったん**ぼくが日本語を使って表現する**となると**、そのイコール・サインを破ろうとしていると解釈されてしまう。（1段落9–10行目）

   【例】

   a. 旅行での日本は楽しいことばかりだった。でも、**いったん**日本に住む**となると**、困難なことにも遭遇するだろう。
   b. 大学の勉強は大変だが、**いったん**卒業して就職する**となると**、もう勉強する機会がなくなるのが残念でしかたない。

3. **N1 はもちろんのこと, N2（に/で）も X**. "Needless to say X is the case with N1, but it can also be the case with N2." It is typically used in written text. In spoken language, N1 はもちろん、N2（に / で）も may be more common.

【本文】「論文」**はもちろんのこと**、軽いエッセイの中**にも**、そんな認識はどこかに働きかけていたに違いない。（1 段落 11–12 行目）

【例】

a. リービ英雄は日本語**はもちろんのこと**、中国語**も**巧(たく)みに使いこなすそうだ。
b. 日本へ**はもちろんのこと**、韓国や中国**にも**行った。

4. **N1 の原因を N2 に求める**. "Attribute the cause of N1 to N2." This expression sounds very formal. It is used in formal written texts for formal speeches/lectures.

【本文】独占的所有という態度の**原因を**「ナショナリズム」**に求める**人もいる。（4 段落 1–2 行目）

【例】

a. 日本での多様性否定の**原因は**「日本は単一民族国家である」というイデオロギー**に求められる**のかもしれない。
b. ものごとの失敗の**原因を**いつも他人の非(ひ) (fault) **に求めている**と、人間として成長できない。

# Essential Notes on Genre-based Language Choice

## 1. Spoken language and written language: 話しことば・書きことば

The distinction between written language and spoken language in Japanese is not very clear-cut and most texts are in-between. In this Reader, the terms 書きことば (らしい)/書きことば的 "(like) written language" and 話しことば (らしい)/話しことば的 "(like) spoken language" are used to refer to features typical of written language and features typical of spoken language. Most written language features are associated with formality, while many of the spoken language features are associated with informality.

Compared to the written language, spoken language is less susceptible to standardized norms, and thus it varies greatly depending on the individuals and groups (where the speaker comes from, their gender, age, occupation). Notable features associated with spoken language are:

- Use of sentence-final particles (終助詞(しゅうじょし)) such as ね, よね. More colloquial particles include かな, ねえ, なあ.
- Use of – です / ます (see also 2. 文体 below). The *desu/masu* (also called "addressee honorifics") suggests the speaker'/writer's high degree of awareness of the audience.
- Use of fillers such as あの, えっと. Not all fillers are solely used to fill pauses. They are useful to indicate the speaker's hesitation.
- Use of contracted forms such as the examples below are often used in colloquial language.
    - してはいけない → しちゃいけない
    - 食べている → 食べてる
- Preference for native Japanese vocabulary (和語(わご)) over Sino-Japanese compounds (漢語) (see also 5. 語彙(ごい) below)
- Use of incomplete sentences.
- Frequent use of noun phrases without using 助詞 (へ, に, が, を).
    - 何時に学校、行きますか。
    - 朝ご飯、食べなかった。

The typical written language by definition is characterized by the non-use, or less frequent use, of the spoken language features above. But there are also other features associated with written language such as the use of である (called the "expository form") instead of だ or です, which is explained in 2. 文体 below. Though informality in written texts is often expressed by the use of informal spoken language features, distinctive uses of fonts and emoticons are also features of newly emerging "written" texts such as blog posts and instant messages but they are not dealt with in this Reader.

Some texts are written as if spoken in order to give the reader the sense that the writer is engaging the reader by interacting with them. In cases when texts are written for speeches, the degree of inclusion of spoken language features depends on various factors such as the type of occasions, the speaker's persona/identities, the purpose of the speech.

## 2. Sentence-ending styles: 文体(ぶんたい)

です・ます体(たい) (体 refers to the level/style) is often described as the "polite style" because the speaker uses this style to convey formality and deference to the addressee. But this is rather misleading. First, the speaker also uses this form when they are in a "presentational mode" (the speaker sees himself/herself in a role in which they are expected to present some information or their opinion) without necessarily being formal or deferential. For example, a mother (who usually speaks in the plain style to her child) is often observed shifting her style to です・ます when disciplining her child or announcing that dinner is ready. It is common for a teacher to use the plain style when addressing individual pupils but to use です・ます when addressing or teaching the entire class (see Cook 1998, for example). Second, when it comes to written texts, we also need to consider the fact that the writer has the choice of not (directly) addressing the reader.

Official texts such as legal documents or academic essays are usually written without explicitly addressing specific readers by using だ or である rather than です and by using the plain form verbs (also referred to as 普通体 or 常(じょう)体)(for example, 来る, する, 見る, 話す, 行く) rather than ます form (for example, 来ます, します, 見ます, 話します, 行きます). The use of the plain forms in written texts conveys an impersonal, dry, detached or stiff tone and yet also a firm, precise and straightforward tone. These texts are considered *formal* (which is quite different from being *polite*).

However, the writer also has the choice of addressing the reader as if speaking to them on an individual basis (for example, in personal letters) or as a group (for example, in official announcements, instructional materials such as some textbooks, also seen in this Reader) by using です・ます体. It would convey the writer's awareness of the audience and/or their self-awareness that they are acting in a social role (with some authority) in which their delivery of information or opinions is expected. Such awareness of the audience conveys their conscious attention to the audience and makes the text sound approachable to the readers.

In written texts, either だ or である is used for the noun, adjectival noun, or *noda* predicates as in 1.a–f below. Please note the term "non-past" is used because this form is used to refer to any non-completed event/state (present, future, habitual). The negative form for both だ and である are ～ではない. See also Section 3: Sentences Ending with Nouns.

Forms of だ and である

| | | |
|---|---|---|
| 1.a | non-past: | 日本だ；便利だ；困(こま)るのだ |
| 1.b | past: | 日本だった；便利だった；困るのだった |
| 1.c | tentative (it is likely that): | 日本だろう；便利だろう；困るのだろう |
| 1.d | non-past: | 日本である；便利である；困るのである |
| 1.e | past: | 日本であった；便利であった；困るのであった |
| 1.f | tentative: | 日本であろう；便利であろう；困るのであろう |

である is nearly exclusively used in written texts (except maybe some very formal-sounding speeches) in such genres as persuasive and argumentative texts (for example, criticism, research articles, editorials, and legal documents). である sounds more elevated than だ, and it may be effective for emphasis and assertion, while だ is suitable for factual statements. Both だ and である can be used in the same texts.

Despite the general prescriptive recommendation to stick to either です・ます体 or 常体 when writing a text, writers sometimes mix the styles intuitively or purposefully due to the differential effects each style brings about. Table 1 summarizes the possible functions of these forms when used in written texts.

*Table 1*

| **文体** | **Genres, types of texts** | **Effects and functions** |
|---|---|---|
| 普通体 (Plain form verbs and だ) | In typical written language texts (e.g. academic essays and editorials). | It sounds impersonal, academic, dry, detached, stiff and yet firm, precise and/or straightforward. |
| | In "mixed style" text, along with です・ます (e.g. essays, opinion statements). | It is used to provide:<br>• soliloquy-like statements (the writer talking to himself/herself),<br>• background information to supplement the main argument,<br>• summary, or factual statements. |
| | In personal texts written as if spoken ( だ in this case is often followed by particles such as よ , ね , よね or the exclamation mark '!') (e.g. personal essays, personal messages such as blogs, emails). | It sounds informal and friendly (especially if it is used with particles such as よ , ね , よね ) or sounds blunt (used with such particles as ぞ ). |
| である | In argumentative, persuasive texts (e.g. academic essays and editorials). | It sounds elevated, it may be effective for emphasis and assertion especially when used as のである. |
| です・ます | In texts written as if spoken (e.g. letters, opinion statements, announcements, instructions, speech scripts). | It is used to show:<br>• deference to the reader, or<br>• the self-awareness of the writer's role (e.g. expertise on the subject matter). |

## 3. Sentences ending with nouns or noun phrases: 体言(たいげん)止(ど)め

Writers do not always complete sentences. One of the ways to end sentences is to end them with nouns or noun phrases such as shown in 2.a. Such an ending is called 体言止め ( 体言 refers to parts of speech whose forms are always the same, namely nouns).

2.a そして外から聞こえてきたのは美しい歌声！
2.b そして外から聞こえてきたのは美しい歌声だった！
2.c そして外から美しい歌声が聞こえてきた！

As compared with the complete sentences such as 2.b and 2.c, incomplete sentences such as 2.a can be paralleled with a cliffhanger ending, causing the reader to imagine the following scene or continuation of the narrative. These kinds of sentences are often used in genres such as stories (for example, fiction), narratives (in which writers tell their personal or institutional/societal stories), non-academic essays in which writers express their opinions, non-academic informal essays, magazine articles, and poetry.

Similar noun-ending sentences, or sentences ending with noun-like words, are used in news reports as in 3.a, especially in newspaper headlines.

3.a 軍はシリア東部を空爆(くうばく)。
3.b 軍はシリア東部を空爆した。

The word 空爆 "bombing; an air strike" is a verbal noun, which can be used as a verb with the addition of する. In 3.a, 空爆 maintains this verb quality but した (the past form of する) is omitted. Such sentence-ending can help make the writing concise and compact as long as the intended meaning is clear in the context. For instance, 3.a is only good to use when the prior context makes it clear that it refers to an event that occurred. Without contextual cues, the event referred to in 3.a can be a past, future, or repeated event. For this reason, in cases in which there are insufficient contextual cues, this kind of expression should be avoided, except for cases such as headlines, in which conciseness is essential. In formal and academic texts where precision is important, it needs to be avoided.

Modified nouns can also be used without any verbs in some texts such as news reports and opinion statements. For example, when the prior text indicates that an individual was arrested, the charges are often described by a noun phrase with 疑(うたが)い "the suspicion/charge that . . ." Below, 4 is the explanation regarding charges brought against a mother. This sentence, consisting only of a noun phrase, was given after a mention of the mother being arrested for child abuse.

4 自宅アパートで幼児を押し倒した疑い。

## 4. Sentence endings and modal expressions: 文末表現(ぶんまつひょうげん)

Statements are often given with some qualification such as indication of certainty or indication of the sources of information (for example, the writer's own speculation, or hearsay from a third party).

## 4.1 Hearsay

There are various ways to indicate hearsay. We discuss below the hearsay sentence-ending expressions that are indispensable in reporting. Expressions commonly used in reports include those that end with quotative verbs such as —と述べる "to state," —と説明する "explain," or more formal, elevated expressions like —ことを明らかにした "(someone) revealed that . . ."

Probably the most frequently used in written texts, especially in news reports, is the expression —という "it is said that . . ." It is used to represent someone's statements (anonymous, individuals, or authorities such as the police), and it is usually used in the non-past form.

5 —という：幼児に目立ったあざなどはない**という**。

The expression —とする "to state, to claim, to regard that . . ." is used to report opinions and judgments of a third party, which is usually an authority such as the police or the government. This expression is used in various forms such as —として, —としている, —とした.

6 —とする：3 歳の幼児に暴行した**として**、警察は母親を逮捕した。

When reporting a third party's thoughts or views, —と考える or —と思う cannot readily be used without a hearsay expression like という or other expressions such as in 7 and 8.

7 —という考えを示した "(someone) indicated his/her thought that . . ."
8 —という見方を示した "(someone) indicated his/her view that . . ."

## 4.2 Expression of certainty

A writer uses various sentence endings to indicate the level of certainty when they discuss their observations, interpretations or opinions. Statements without any markers, such as 9.a, are the most assertive, definitive statements. They are used both when the writer describes his own observation as a fact and when they express their opinions as unchallengeable "facts".

9.a 問題がある

It is important to note that a writer also uses expressions of uncertainty even though they are confident of the content of their statements if they do not wish to sound assertive or if they acknowledge that other possibilities may also hold. The common Japanese expressions to indicate uncertainty, which are often translated as the English equivalents "seems; looks like; appears," are よう（だ）, みたい（だ）, らしい . Among these, only よう（だ）(used in news reports in Genre 2.1, for example) can be used in formal, written texts such as news reports, formal essays as well as in spoken language. らしい, which can be used either for hearsay or uncertainty may be used in personal essays and fiction. みたい(だ) is the most informal and colloquial, and it may be used in informal essays or light-hearted fiction incorporating colloquial language. A weaker modal marker かもしれない is also typically used in (informal) essays or fiction incorporating colloquial expressions.

Even though the observed "facts" are reported, the sentence endings such as above indicate the writer's attitude (for example, cautiousness) or views to the truth or accuracy of the observed "facts." Besides the use of modal markers such as the above, phrases such as 9.b which incorporate the potential/passive form of verb, can also be used in both formal and informal written texts.

9.b 問題があると**見られる**

When expressing opinions, expressions that clearly signal that the statements reflect the writer's opinions can be used. Both 思う (9.c) and だろう (9.d) are often used in both formal and informal written texts. But what is notable is the frequent use of a combination of multiple elements: combining 思う and だろう (9.e) and adding の and negation as in 9.f are both commonly utilized sentence-endings in formal written texts.

9.c 問題がある**と思う**
9.d 問題がある**だろう**
9.e 問題がある**だろうと思う**
9.f 問題がある**のではないかと思う**

Besides using cognitive verbs (思う, 考える) and modal markers (ようだ, らしい), expressions utilizing the verb 言う are also common. One can express different degrees of assertiveness by using this verb. Below, 10.a is the weakest assertion, 10.b more assertive, and both 10.c and 10.d the strongest assertion. Maynard (1998) calls such strong assertion "emphatic appeal of personal opinion and views" (see Genre 3.1 表現文型 3).

10.a それは問題だ**と言ってもいい**
10.b それは問題だ**と言える**
10.c それは問題だ**と言うほかない**
10.d それは問題だ**としか言いようがない**

## 4.3 Expression of possibility/likelihood

Possibility or likelihood of something happening can be indicated by using expressions of certainty as discussed above. But there are other expressions that specifically indicate likelihood. Relatively low likelihood, expressed by かもしれない, for example, can also be expressed by a phrase 可能性（かのうせい）がある "there is a possibility that . . ." In addition, one can use expressions such as 得る (which can be read either as *uru* or *eru*) or かねない (see Genre 5 表現文型 5). The expressions used in 11.b–d are suitable for formal written texts, and です・ます forms of these expressions can also be used in formal spoken texts (i.e. formal speeches).

11.a 事故が起こる**かもしれない**
11.b 事故が起こる**可能性がある**
11.c 事故が起こり**得る**; 起こり**うる**; 起こり**える**
11.d 事故が起こり**かねない**

Higher likelihood can be indicated by expressions such as 12.a–c. A writer indicates stronger likelihood by using 12.b–c.

12.a 事故が起こるだろうと思う
12.b 事故が起こるにちがいない
12.c 事故が起こるはずだ

These are some of many ways to indicate degrees of certainty and of possibility/likelihood. It is essential for the reader to pay attention to these markers to understand the writers' attitude as to what they say and how they wish to interact with the reader.

## 5. Vocabulary choice (1): 語彙（和語，漢語，外来語）

### 5.1 和語，漢語，外来語

Not only does Japanese have synonyms or alternative vocabulary to describe an event/action (for example, criticize, condemn, attack, etc.) with different nuances or implications, there are often counterparts with approximately the same meaning in three word types — 和語 native-Japanese words, 漢語 Sino-Japanese compounds, and 外来語 or loanwords, which come predominantly from English in recent years. These three types of words convey subtle differences in meanings.

The effect of the use of loanwords and Sino-Japanese compounds depends on various factors, for example, how long a given word has been used among Japanese speakers/writers or whether the equivalent exists in native Japanese words. In some cases, the idea/concept that the word refers to are somewhat different depending on the type of word. For instance, both 旅館 and ホテル are where one lodges, but the word 旅館 refers to a traditional Japanese style lodging while ホテル usually refers to a Western-style hotel. The native Japanese word 宿(やど) may also be used by some writers to refer to an old-fashioned (possibly inexpensive) inn.

When there are equivalents with nearly the same meanings in two or three of these word categories with some differences in nuance, they usually evoke distinctive images. The Japanese native words such as 気晴らし and （お）昼ご飯 below have friendly, approachable, tender and/or informal feel. They are commonly used in personal emails, letters and some informal essays. Instead, the Sino-Japanese compounds such as 娯楽 and 昼食 sound more formal or academic, and thus these words are commonly used in news reports, official documents, and academic essays. Loanwords are often used when what is referred to is considered modern and/or Western. Though not exclusively, the words such as レクリエーション or ランチ are more likely associated with types of recreation or meals associated with the West.

13.a recreation: 気晴(きば)らし，娯楽(ごらく)，レクリエーション
13.b lunch: （お）昼ご飯，昼食(ちゅうしょく)，ランチ

レクリエーション and ランチ are established, commonly used entries in the Japanese vocabulary. When a writer uses a more infrequent, newer loanword despite the fact that (approximately) the same meaning can be expressed by a native word or Sino-Japanese word, then the word is likely to suggest novel, stylish, sophisticated qualities or images of referents that are different from the existing word. An example may be found in advertising. For a construction or home design company's advertisement to encourage the potential clients to renovate their home, the writer may choose to use the loanword リノベーション (or shortened リノベ) rather than words like 改装(かいそう) or 改築(かいちく). This is because the more recently introduced loanword リノベーション may signal more innovative and substantive renovation than a more established loanword リフォーム, often associated with small-scale improvement work.

Compared with the Sino-Japanese compounds, both native Japanese words and non-technical loanwords sound approachable, lighthearted, and friendly.

Having foreign origins, loanwords tend to obscure the meanings. For example, just as the expression *sexual assault* undermines the severity of the event described as *rape*, the choice of the loanword レイプ may not carry the same severity, seriousness, and/or brutality as the Sino-Japanese compound 強姦(ごうかん) entails.

The obscurity of loanwords can be very useful when used in advertising (because they are likely to arouse curiosity among consumers), or when used to diminish the negative images of certain referents. The Japanese government employment service center, whose official name is 公共職業安定所(こうきょうしょくぎょうあんていしょ) (literally, Public Security Employment Office) is now called ハローワーク (literally, Hello Work). Whereas 職業安定所 immediately evokes the negative and dismal image of unemployed status, ハローワーク does not.

The frequent use of loanwords, especially in official documents that are important for everyone to read and understand, is considered problematic because the meanings are not always clear. This is because some people are not familiar with the original English words and because the meanings are often obscure.

Further, in recent years because of widespread use of loanwords, some words that were once felt to be old-fashioned native Japanese words can be refreshing and appealing to readers especially when the loanword equivalents are frequently used. The old-fashioned native words also evoke nostalgic feelings, perhaps especially among those who are middle-aged or elderly. See, for example, an advertisement for an inn in a hot spring resort in 14. Here, the quality highlighted is not poshness but the relaxing and carefree quality that appeals to the young and old (being barrier-free and easy and gentle for three generations).

14 3世代にやさしいバリアフリーのお宿(やど)。

Table 2 summarizes the commonly observed tones/effects of the three types of vocabulary by listing adjectives associated with each, but again the effect depends on various factors such as those mentioned above and the interpretation may differ depending on the background of the reader.

*Table 2*

| | Genres | Tone/associations |
|---|---|---|
| 和語 | letters, informal essays, stories | easy, simple, approachable, friendly, familiar, light-hearted |
| 漢語 | academic essays, editorials, official documents | educated, academic, official, formal, serious |
| 外来語 | advertisements, magazine articles, essays, technical documents | novel (unfamiliar), modern, Western, posh, light-hearted |

## 5.2. Use of honorific「お」"o"

The honorific お is added to native Japanese words (for example, お話, お箸) as well as very commonly used Sino-Japanese words (お電話) when a writer wants to sound polite (which may be often the case in formal situations such as business meetings) or wants to sound approachable especially when addressing young children. Some words without お (箸 for chopsticks, for example) may sound a bit vulgar if used in formal situations, and women's use of such words in particular may be considered inappropriate.

However, when it is added to words that are commonly used without it, the speaker or writer may sound excessively polite or formal, as if they are 'putting on airs'. There are also stereotypical images of speakers who use お excessively such as mothers and prudish (middle-aged) women. When お is added to words such as 勉強, 勉強会, 稽古 "practice/training", the resulting words often refer to studying or training as leisure (especially among women) rather than studying for a degree, or training for competition (unless when it is used while addressing children).

# 6. Vocabulary choice (2): Mimetics (オノマトペ／擬音語・擬声語・擬態語)

The semantic domains of onomatopoetic words (technically called 'mimetics') (オノマトペ / 擬音語・擬声語・擬態語) in Japanese are not limited to imitation of sounds: They are used to express auditory, visual, tactile sensations, pain, and emotions, and are considered to be highly affective and expressive.

Unlike English, in which onomatopoetic words are not used frequently across different genres of texts, Japanese counterparts are used much more frequently. They are often used in genres such as stories, non-academic essays, informal reports, and poetry, but they are not favored in news reports and academic writing.

In general, the relationship between the word forms and their meanings is considered to be arbitrary (for example, a domesticated four-legged animal that barks was arbitrarily named a “dog” in English). But in the case of mimetic words, some sound qualities or forms of words are related to their meanings. For instance, the vowel /a/ or voiced consonants such as /g/, /d/, /b/ are related to largeness while the vowel /i/ or voiceless consonants such as /k/, /t/, /b/ are related to smallness, sharpness, or lightness. Thus, among the mimetic words depicting rolling in 15, *goro* (ゴロ), evokes the image of rolling involving a large, heavy item as compared to *koro*, and the additional form features such as the「ッ」 ending (as in ゴロッ), duplication (ゴロゴロ), 「ン」 ending (ゴロン) , 「リ」 ending (ゴロリ) add respectively a feeling of intensity/suddenness/quickness, repetition, reverberation, and completion. These can be further modified by lengthening the vowels (for example, ゴローン) to convey the length of the referred action or concept (in this case, the rolling motion).

15 ゴロ, ゴロッ, ゴロゴロ, ゴロン, ゴロリ, ゴローン

Mimetic words are often used as adverbs such as in 16, but they are also frequently used as verbs with the addition of する. In 17, ぶらぶらする refers to wandering or strolling. They can also be used to modify nouns by the addition of –の or –した , as in 18, “very baggy pants” and 19 “sparkling eyes.” Whether to use –の or –した depends on the meaning of the mimetic words. In principle, one associates a more static state with –の.

16 ボールがコロッと転がった。
17 公園をぶらぶらした。
18 ぶかぶかのズボン
19 キラキラした目

Mimetic words are the preferred choice when the writer wishes to provide vivid in-the-scene descriptions (of events, feelings) while telling stories or sharing one’s experiences. They are also used when they wish to evoke intensive emotivity especially in creative work (for example, poetry) and in advertisements. The speaker or writer can freely modify existing mimetic words and also create novel ones. The intensity of emotivity and expressivity depends on to what extent the mimetic word being used is a stable, frequently used lexical entry.

A writer usually avoids using mimetic words in formal texts. But highly conventional mimetic words can be used across different genres (for example, はっきり, びっくりする) though the writer may choose other equivalent, non-mimetic words to sound formal or academic whenever such words are available (for example, 明確(めいかく)に rather than はっきり; 驚(おどろ)く rather than びっくりする).

Mimetic words are written in either hiragana or katakana, and the choice between the two depends on the meaning of the word (for example, the mimetic words referring to (loud) sounds tend to be written in katakana) and on the images that the writer wishes to evoke among the readers (see the next section).

## 7. Script choice: 文字（ローマ字、カタカナ、ひらがな、漢字）

Though some words are almost always written in one of the four writing systems in Japanese (namely, Romaji, katakana, hiragana, or kanji), some words can be written in different scripts depending on the context. For example, many fruit, vegetable, or plant names are written in katakana or hiragana nearly equally often, and some of them can also be written in kanji. For instance, the word for *sakura* "cherry blossoms" can be written as サクラ, さくら, or 桜. Likewise, such objects as a chair, *isu*, and a cooking pot, *nabe*, can also be written in three scripts: イス, いす, 椅子; ナベ, なべ, 鍋 . All these choices are authentic. The writer chooses the script based on the text genre, their target audience, and the meanings (stylistic effects) that each of the scripts convey unless they are required to follow some guidelines for certain purposes (for example, for some official or scientific writing, animal and plant names are supposed to be written in katakana). The writer can also write given Japanese words in Romaji though this option is less common.

Table 3 shows the adjectives most frequently given by Japanese university students when they were asked to write down any attributes that they associate with each script (Iwahara et al., 2003: 381).

*Table 3*

| | |
|---|---|
| Kanji | hard, difficult, intellectual, vigorous, old, masculine, formal |
| Hiragana | soft, round, tender, simple, childish, feminine, lovely |
| Katakana | angular, hard, cold, simple, new, sharp, inorganic |

Further, Smith and Schmidt (1996: 50) give the following common, stereotypical assumptions that Japanese make with regard to each of the four script types.

*Table 4*

| | **Writer/Reader features** | **Stylistic features** |
|---|---|---|
| Kanji | male, middle-aged and older | erudition |
| Hiragana | female, young | softness or feminity |
| Katakana | young, especially male | modernity; pop culture |
| Romaji | young, especially female | commerciality |

Smith and Schmidt examined various popular fiction genres and found that preferred scripts differed among them. Kanji was frequently used in business and mystery novels, hiragana in comics and romance, and katakana in comics and science fiction.

Writers can also intentionally write a word using an unconventional choice of script in order to suggest that s/he is using the word with an intention that is different from the commonly understood meaning. For instance, though the word 日本語 is usually written in kanji, a writer may choose to write the word as ニホンゴ for certain effects (for example, to suggest that it refers to a different type of Japanese).

## 8. Conjunctions: 接続詞(せつぞくし)

Conjunctions help readers understand the relation between what precedes the conjunctions (referred to here as A) and what follows (B). It also helps them to predict what is to come. Though there are connectives used within the sentence (for example, 〜つつ（も）"while〜" in Genres 4, 9 in this book), we are concerned here with the conjunctions that are used between sentences, and we give an overview based primarily on the conjunctions used in the texts in the Reader.

Conjunctions are largely divided into four types: additive (for example, *and*, *or*, *furthermore* in English), adversative (for example, *but*, *yet*, *however*), causal (for example, *so*, *therefore*) and temporal (for example, *then*, *next*, *finally*). Typical conjunctions used in this Reader mostly belong to these four types.

20 Additives: そして "and"; さらに "moreover"; また "also"; しかも "moreover"
21.a Adversatives 1: でも "but"; けれども "but", "however"; しかし "however"; ただ "just, only; but"; ただし "however"; とは言っても "having said that"
21.b Adversatives 2: むしろ "(or) rather"; というより "(or) rather"
22 Causal: そうすると "then, so"; それゆえ "therefore, accordingly"; したがって "therefore, consequently"; まして "let alone/much less"; ましてや "let alone/much less; all the more"
23 Temporal: そして "and then"; それから "then, after that"; その後 "after that"

Some conjunctions such as そして, それから and ただ are frequently used both in written and spoken language, but most of the above are commonly used in written texts (except for でも, which is probably more common in spoken language).

The conjunctions of the same type often have functions slightly different from each other. For example, among the adversative connectors, while both けれども and しかし lead the reader to expect that the writer will present a statement B that opposes A, しかし would also hint that what comes next is more important, and that it is possibly the main argument. ただし presents B as a restriction to A, and ただ presents some caution related to A.

Furthermore, conjunctions reveal the writer's assumptions and expectations towards the events and ideas that s/he is presenting. For instance, the writer uses the adversative connector しかし to provide information or ideas B. The writer believes that B is different from A or unexpected given A. Such a belief may not always be the same as the reader's.

## 9. Japanese varieties and other languages in Japan

There are a number of Japanese varieties (so-called "dialects") and other languages spoken in Japan. However, partly due to the national language policy in the twentieth century that suppressed and even prohibited the use of regional languages or dialects (in schools) and also due to the widespread use of so-called "standard" Japanese by the media (radio and TV), some languages (for example, Ainu and indigenous languages in the Ryukyu Islands) and regional varieties were marginalized and in some cases endangered (as reported in the article Genre 2.3). In contrast Tokyo dialect on which "standard" Japanese was based maintains its prestige and perceived usefulness. There is increasing interest in the diversity of language in Japan in recent years (for example, some TV drama series featuring regional settings, or variety shows, such as 秘密(ひみつ)のケンミンSHOW on Nippon Television Network, featuring the unique qualities of the people in various regions hence 県民(けんみん)). Yet, such interest does not seem to be significant enough for the media to consistently represent language diversity and to maintain or revitalize endangered languages.

Hence, published texts written solely in regional varieties are rare though use of different languages and varieties can readily be found on the web in such texts as blogs and tweets. Yet, some writers do include words, expressions or dialogues from those languages and varieties in some texts. A writer has various reasons to incorporate such expressions or in their texts such as to express the writer's own identity or that of the protagonist(s) (for example, where they come from, their occupation) and to perhaps evoke (stereotypical) images that are associated with the respective dialects.

In personal essays, the writer's inclusion of dialectal expressions may also indicate his/her identity and solidarity with the region or the group, and/or provide direct quotes from his/her experiences.

In addition to regional varieties, writers take advantage of stereotypical associations of language features (both real and imagined) of any language varieties to the speaker's characteristics (age, gender, sexual orientation, ethnic group, profession, personality). Such associations that writers make reflect assumptions and biases that are held within the individual and in the community.

Below we provide more explanation of Kansai varieties (Kyoto-ben 京都弁 and Osaka-ben 大阪弁 in this case), which are used in two of the texts in this Reader. Descriptions about other dialects can be found in such books as Shibatani (1990) and Tranter (2012).

## 9.1. Kansai varieties: 関西弁(かんさいべん)

関西弁 is spoken in the Kansai area including Kyoto and Osaka, but it is most strongly associated with Osaka. These areas have varieties different from each other though the difference is reported to be decreasing. The Osaka variety (大阪弁) is probably the most frequently used in the media. Its features are most pronounced in colloquial informal spoken language.

### 9.1.1. Grammatical features of 関西弁

Besides some differences in common vocabulary such as *akan* ("no good") and distinctive prosodic features, there are some notable differences from the standard language in word formation and sentence endings. Below is some description that may be useful to understand 関西弁. Given the fact that the prosodic features are not represented in the written texts, we focus on grammatical features here. Most of these features are shared by 京都弁 (used in the dialogue in Genre 7.2) and 大阪弁 (incorporated in an essay in Genre 9.1).

The first notable feature is the use of や where だ (for example, きれいだ) is used in the standard equivalent.

24 きれいだからね → きれいやからね

Second, how adjectives are formed is different. The Kansai equivalents of the *-ku* forms of adjectives (to use adjectives like adverbs and to negate adjectives) are *-oo* forms, which is sometimes shortened to *-o*.

25.a よくわかる → ようわかる
25.b おもしろくない → おもしろ(う)ない

Verbs are also formed differently from the Tokyo standard equivalents for negatives, past, and *-te* forms. Instead of —ない, —へん (or —ん in some contexts) are usually used. For some verbs, Kyoto dialect speakers may use —ひん (for example, みいひん, きいひん, しいひん, which are the negative forms of 見る, 来る, and する).

26 よくわからない → ようわからん

For the verbs ending in う, such as もらう, 買う, しまう, their *-te* and *-ta* forms in the Tokyo standard equivalents are もらった (moratta), 買った (katta), しまった (shimatta), and もらって (moratte), 買って (katte), しまって (shimatte), but their Kansai dialect equivalents can be もろうた (moroota), こうた (koota), しも(う)た (shimo(o)ta) and もろ(う)て (moro(o)te), こうて (koote), and しもうて (shimoote).

27 混ざってしまった → 混ざってしもうた

In writing fiction, the writer may opt to have a character speak in dialect in order to evoke stereotypical images. For example, Osaka dialect speakers are perceived to possess a set of characteristics such as funny, chatty, stingy, gaudy, energetic, vulgar, and scary (金水 2003: 82–83), while Kyoto dialect speakers are perceived to possess such characteristics as being graceful, elegant, or gentle on the one hand, and being aloof, stand-offish or slow on the other hand.

## References

Cook, Haruko Minegishi. 1998. Situational meaning of Japanese social deixis: The mixed use of the *masu* and plain forms. *Journal of Linguistic Anthropology*, 8(1), 87–110.

Iwahara, Akihiko, Takeshi Hatta, and Aiko Maehara. 2003. The effects of a sense of compatibility between type of script and word in written Japanese. *Reading and Writing: An Interdisciplinary Journal*, 16, 377–397.

Maynard, Senko K. 1998. *Principles of Japanese discourse: A handbook*. Cambridge University Press. UK: Routledge.

Shibatani, Masayoshi. 1990. *The languages of Japan*. Cambridge: University of Cambridge Press.

Smith, Janet, S. (Shibamoto) and David L. Schmidt. 1996. Variability in written Japanese: Towards a sociolinguistics of script choice. *Visible Language*, 30(1), 46–71.

Tranter, Nicolas. (Ed.) 2012. *The Languages of Japan and Korea*. Abingdon, UK: Routledge.

金水敏. 2003. 『ヴァーチャル日本語役割語の謎』岩波書店.

国立国語研究所(編). 2006. 『外来語と現代社会』新「ことば」シリーズ 19. 国立印刷局.

# Wordlist 語彙索引

Notes:

- The meanings (English equivalents) given below are what suit the context where each word is used. "sth" refers to something and "sb" to somebody.
- The grammatical class and particles given are also based on the way each word is used in the given text.
- The notations used are: N (noun), Vt (transitive verb), Vi (intransitive verb), VN (verbal noun), A (adjective), AN (adjectival noun), Suf (suffix), Pref (prefix), Conj (conjunction), Mim (mimetics), Count (counter), and Exp (relatively fixed expression).
- When a VN is used as a noun, then it is marked as "N(VN)," and its noun meaning is given in English.
- When an AN is used as an adverb by adding に, the notation "Adv(AN)" is given.
- The genre and text number where each word first appeared is given in the far right column. P following the text number (for example, 2-2P) indicates that the word appeared in the Pre-reading activity section.

## あ

| | | | | |
|---|---|---|---|---|
| あいきょうがある | 愛嬌がある | Exp | charming | 9-1 |
| あいこくしん | 愛国心 | N | patriotism | 4-3 |
| あいしょう | 相性 | N | compatibility | 7-2 |
| あいす | 愛す | Vt-u | to love | 6-1 |
| あいつぐ | 相次ぐ | Vt-u | to happen successively | 2-1 |
| あえて | (敢えて) | Adv | daringly | 7-2 |
| あからさま(に) | | Adv(AN) | crudely | 9-1 |
| あきない | 商い | N | trade; business | 9-1 |
| あきれる | (〜に)(呆れる) | Vi-ru | to be flabbergasted | 6-1 |
| あくまでも | | Exp | persistently | 10-2 |

(〜に)

| | | | | |
|---|---|---|---|---|
| あげる | 挙げる | Vt-ru | to mention | 7-2 |
| あこがれる | (〜に)憧れる | Vi-ru | to yearn [for] | 4-2 |
| あさやけ | 朝焼け | N | a morning glow in the sky | 6-2 |
| あしかせ | 足かせ | N | hindrance | 7-2 |

| | | | | |
|---|---|---|---|---|
| あしどり | 足取り | N | step; the way one walks | 6-2 |
| あじわい | 味わい | N | taste; profoundness | 7-2 |
| あじわう | 味わう | Vt-u | to taste | 4-2P |
| アスリート | | N | athlete | 7-2 |
| あせをながす | 汗を流す | Exp | to sweat | 1-1 |
| あたまをいためる | 頭を痛める | Exp | troubled; unable to solve problems | 10-1 |
| あたり | （辺り） | N | the vicinity | 6-2 |
| あたりまえ（な/の） | 当たり前 | AN | naturally expected; normal | 3-1 |
| あつい | 厚い | A | thick | 6-2P |
| あつかう | （として）扱う | Vt-u | to treat/regard sth [as] | 2-3 |
| あっさり | | Mim.Adv | simply; readily | 6-1 |
| あっせん（する） | （斡旋）する | VN | to act as (an) intermediary [between] | 1-1 |
| アップ | | N | close-up | 7-1 |
| あてる | (〜に)（当てる） | Vt-ru | to put/place sth [on] | 7-2 |
| あてる | (〜を）あてる | Vt-ru | to call on sb | 9-1 |
| あとかた | 跡形 | N | a trace | 7-1 |
| あふれでる | あふれ出る | Vi-ru | to overflow | 9-2 |
| あやぶむ | 危ぶむ | Vt-u | to worry [about]; doubt | 4-3 |
| あらためて | 改めて | Adv | again, once more | 7-1 |
| あるしゅ（の） | ある種の | Exp | a certain type [of] | 7-1 |
| あれはてる | 荒れ果てる | Vi | to run wild | 10-1 |
| あんがい | 案外 | Adv | contrary to expectations | 3-4 |
| あんどする | 安どする | VN | to feel relieved | 3-2 |
| あんばい | 案配 | N | balance | 9-1 |

## い

| | | | | |
|---|---|---|---|---|
| いかする | 異化する | VN | to make sth different | 4-1 |
| いきいき（と） | （生き生き） | Adv | vividly; full of life | 6-2 |
| いきおい | 勢い | N | momentum | 6-2 |
| いきぐるしさ | 息苦しさ | N | stuffiness | 4-1 |
| いきつく | 行き着く | Vi-u | to reach | 7-2P |
| いきのこる | 生き残る | Vi-u | to survive | 7-1 |
| いけがき | 生垣 | N | a hedge | 10-1 |
| イコール・サイン | | N | an equals sign (=) | 10-2 |
| いごこち（が）いい | 居心地（が）〜 | Exp | comfortable, cosy | 7-1 |
| いし | 意思 | N | a wish | 2-3 |

| | | | | |
|---|---|---|---|---|
| いじける | | Vi-ru | to become perverse | 9-1 |
| いじゅう（する） | 移住する | VN | to relocate | 9-1 |
| いしょう | 衣装 | N | costumes | 7-2 |
| いずれ（は） | | Adv | sooner or later | 3-4 |
| いだい（な） | 偉大 | AN | great; grand | 8-2 |
| いだく | 抱く | Vt-u | to embrace | 3-4 |
| いたって | 至って | Adv | very; extremely | 10-1 |
| いたばさみ | 板ばさみ | N | (be caught in) a dilemma [between] | 3-2 |
| いたみ | 痛み | N | pain | 6-2 |
| いたる | (〜に) 至る | Vi-u | to reach | 7-2 |
| いたわる | (〜を) いたわる | Vi-u | to console | 9-1 |
| いちがいに | 一概に | Adv | sweepingly; wholesale | 7-2 |
| いちべつする | (〜を) 一瞥する | VN | to cast a glance [at] | 6-2 |
| いっしゅん | 一瞬 | Adv | for a moment | 9-1 |
| いっせいに | 一斉に | Adv | in unison | 9-1 |
| いっせつ | 一節 | N | one passage | 4-1 |
| いったん | 一旦 | Adv | once | 8-2 |
| いってい（の） | 一定 | N | a certain (level) | 7-2 |
| イデオロギー | | N | ideology | 10-2 |
| いとなみ | 営み | N | work; activity | 4-3 |
| いのち | 命 | N | a life | 9-2 |
| いのり | 祈り | N | prayer | 7-2 |
| いばしょ | 居場所 | N | where one belongs | 9-2 |
| いばら | 茨 | N | a thorn | 10-1 |
| いまさら | 今さら | Adv | after such a long time | 10-2 |
| いまだ（に） | （未だ） | Adv | till; even now | 3-3 |
| いまひとつ（の） | （今一つ） | Exp | unsatisfactory | 7-2 |
| いらい | 依頼 | N | a request | 8-1 |
| いるかりょう | イルカ漁 | N | dolphin catching | 4-3 |
| いろみ | 色味 | N | color; shade | 6-2 |
| いわかん | 違和感 | N | sense of incongruity | 4-1 |
| いんき（な） | 陰気 | AN | gloomy; dismal | 6-1 |
| いんさつ | 印刷 | N | printing | 6-2P |
| いんしょく | 飲食 | N | eating and drinking | 4-2 |
| インフラ | | N | infrastructure | 2-2 |

## う

| | | | | |
|---|---|---|---|---|
| うえつける | 植え付ける | Vt-ru | to implant | 5 |
| うけいれ | 受け入れ | N | receiving; acceptance | 1-1 |
| うけいれる | 受け入れる | Vt-ru | to accept | 3-3 |

| | | | | |
|---|---|---|---|---|
| うけとめる | 受け止める | Vt-ru | to grasp; accept | 3-2 |
| うしなう | 失う | Vt-u | to lose | 2-3 |
| うすい | 薄い | A | thin | 6-2P |
| うすれる | 薄れる | Vi-ru | to fade (away) | 6-2 |
| うたい | 謡 | N | Noh chanting | 7-2P |
| うたがい | 疑い | N | doubt; a question | 1-3 |
| うたげ | 宴 | N | banquet | 10-1 |
| うったえる | 訴える | Vt-ru | to appeal | 4-3 |
| うつむく | | Vi-u | to look down | 6-1 |
| うで | (料理の) 腕 | N | skill | 9-2 |
| うでたて | 腕立て | N | push-up | 7-2 |
| うとい | (〜に)(疎)い | A | not well-informed [about] | 10-1 |
| うなずく | | Vi-u | to nod | 6-1 |
| うばう | 奪う | Vt-u | to take sth (by force) | 8-2 |
| うまく | 上手く | Adv | nicely; neatly | 7-2 |
| うらがえす | (〜を)裏返す | Vt-u | to turn over | 6-1 |
| うらぎる | (〜を)裏切る | Vt-u | to let sb down | 3-3 |
| うれる | (熟れる) | Vi-ru | to become ripe; ripen | 6-1 |

## え

| | | | | |
|---|---|---|---|---|
| えいえん | 永遠 | N | eternity | 7-2 |
| えいようがつく | 栄養がつく | Exp | nutritious | 4-2P |
| えがら | 絵柄 | N | design | 6-2P |
| えだ | 枝 | N | a branch | 6-2 |
| えらい | 偉い | A | eminent; important | 9-1 |
| えらそう(な) | 偉そう | AN | self-important | 8-2 |
| えんじゃ | 縁者 | N | relatives | 9-1 |

## お

| | | | | |
|---|---|---|---|---|
| おうじる | (〜に)応じる | Vi-ru | to respond [to] | 1-1 |
| おうふく(する) | 往復する | VN | to go back and forth | 9-2 |
| おうぼ(する) | (〜に)応募する | VN | to apply [for] | 6-2 |
| おおげさ(な) | 大げさ | AN | exaggerated | 1-1 |
| おおぜい | 大勢 | Adv | in a large number | 9-2 |
| おおはば(に) | 大幅 | Adv(AN) | drastically | 2-2 |
| おきざり | (置き)去り | N | being left deserted | 6-2 |
| おく | 奥 | N | the inner part | 6-2 |
| おくがい | 屋外 | N | open-air; outside | 7-2 |
| おくびょう(な) | 臆病 | AN | timid | 6-2 |
| おくりもの | 贈り物 | N | a gift | 2-1 |
| おさえる | 押さえる | Vt-ru | to suppress | 9-2 |

| | | | | |
|---|---|---|---|---|
| おしまい | | N | an end | 6-1 |
| おせん | 汚染 | N | contamination | 8-2 |
| おそるおそる | 恐る恐る | Adv | nervously | 9-2 |
| おそれがある | （恐れ）がある | Exp | it is feared that . . . | 1-3 |
| おそれる | （〜を）恐れる | Vt-ru | to be fearful [of] | 8-2 |
| おだやか（な） | 穏やか | AN | calm; quietude | 6-2 |
| おっかなびっくり（の） | | Exp | being really scared | 7-2P |
| おとなびる | 大人びる | Vi-ru | to look like a grown-up | 6-1 |
| おとめ | 乙女 | N | a maiden | 4-2 |
| おぼつかない | | A | unstable | 4-2 |
| おぼれる | （〜に）溺れる | Vi-ru | to indulge [in] | 6-2 |
| おもいしる | （〜を）思い知る | Vt-u | to realize | 8-2 |
| おもや | 母屋 | N | a main house on the premise | 9-2 |
| おんがえし | 恩返し | N | repaying an obligation | 1-1 |

## か

| | | | | |
|---|---|---|---|---|
| 〜か | 課 | Suf | section | 1-3 |
| が | 蛾 | N | a moth | 10-1 |
| かいこ（する） | 回顧 | N(VN) | recollection | 7-1 |
| がいこうてき（な） | 外向的 | AN | out-going | 3-4 |
| かいぞく | 海賊 | N | a pirate | 3-4 |
| かいとう（する） | 回答する | VN | to respond | 5 |
| かいはつ（する） | 開発 | N(VN) | development | 2-2 |
| かいほう（する） | 解放する | VN | to liberate | 7-1 |
| がいろじゅ | 街路樹 | N | trees lining a street | 6-2 |
| がいろとう | 街路灯 | N | street lights | 1-3 |
| かおをみあわせる | 顔を（見合わせる） | Exp | to look at each other | 6-1 |
| かがくメーカー | 化学メーカー | N | chemicals manufacturer | 2-1 |
| かかげる | 掲げる | Vt-ru | to hold sth up [as] | 4-1 |
| かがやく | 輝く | Vi-u | to shine | 10-2 |
| かきたてる | かき立てる | Vt-ru | to stir; arouse | 4-3 |
| かく〜 | 各〜（各地） | Pref | various 〜 (various places) | 2-1 |
| かぐ | 嗅ぐ | Vt-u | to smell; sniff | 7-2 |
| かくう | 架空 | N | fictitious; fictional | 6-2 |
| かくぎ | 閣議 | N | a Cabinet meeting | 2-2 |
| かくしき | 格式 | N | social standing | 4-1 |
| かくしせつ | 核施設 | N | nuclear facilities | 8-3 |
| がくぜんとする | （〜に）愕然とする | Vi-irr | to be shocked; astounded | 7-1 |

| | | | | |
|---|---|---|---|---|
| かくだい（する） | 拡大する | VN | to expand; increase | 2-2 |
| かくへいき | 核兵器 | N | a nuclear weapon | 8-3 |
| かくほ（する） | 確保 | VN | to secure | 9-2 |
| がけ | 崖 | N | a cliff | 9-2 |
| かけごえ | （掛け）声 | N | a shout; a call | 9-1 |
| かける | 駆ける | Vi-ru | to run | 6-1 |
| かさねる | （〜を）重ねる | Vt-ru | to repeat; experience (e.g., hardship) repeatedly | 6-2 |
| かざる | かざる | Vt-u | to display; decorate | 6-2 |
| かしこまる | | Vi-u | to be stiff | 9-2 |
| かじょう（な） | 過剰 | AN | excessive | 10-2 |
| かせつ | 仮設 | N | temporary construction | 7-2 |
| かそうげんじつ | 仮想現実 | N | virtual reality | 3-4 |
| かたくるしい | 堅苦しい | A | formal; strained | 10-1 |
| かたづける | 片付ける | Vt-ru | to put sth away; settle | 10-2 |
| かたる | 語る | Vt-u | to talk; narrate | 8-2 |
| かたわら | 傍 | N | the side | 10-1 |
| かたん（する） | （〜に）加担する | VN | to take part [in] | 8-3 |
| かっこうよい | 格好よい | A | cool-looking | 9-2 |
| かつじ | 活字 | N | a piece of printing type | 7-2 |
| かって（な） | 勝手 | AN | being at (one's own) discretion | 7-1 |
| かつて | | Adv | once; before | 2-3 |
| かつどうか | 活動家 | N | activist | 4-3 |
| かつやく（する） | 活躍 | N(VN) | playing an active role | 1–1 |
| かてい | 過程 | N | process | 10-1 |
| かなう | （叶う） | Vi-u | to be fulfilled | 7-2 |
| かなしい | 哀しい | A | sad | 6-1 |
| かにく | 果肉 | N | flesh of fruits | 6-1 |
| かぶき | 歌舞伎 | N | *Kabuki* | 7-2 |
| かみあう | かみ合う | Vi-u | to mesh [with] | 7-2 |
| かやぶき | 茅葺き | N | thatched (roof) | 9-2 |
| がら | 柄 | N | a pattern | 10-1 |
| かりのすがた | 仮の姿 | Exp | temporary appearance | 7-2 |
| がれきてっきょ | がれき撤去 | N | removal of debris | 1-1P |
| （〜の）がわ | 側 | N | side | 4-3 |
| かわく | 乾く | Vi-u | to get dry | 6-2 |
| かわす | （言葉を）交わす | Vt-u | to exchange (words) | 1-1 |
| かんかく | 感覚 | N | a sense, sensation | 4-2P |

| | | | | |
|---|---|---|---|---|
| かんき（する） | 喚起する | VN | to rouse; stir up | 4-3 |
| かんきゃく | 観客 | N | the audience | 4-3 |
| がんこ（な） | 頑固 | AN | stubborn | 9-2 |
| がんじがらめ（の/に） | | Exp | immobile | 7-2 |
| かんじちょう | 幹事長 | N | a secretary-general | 8-2 |
| かんしゅう | 観衆 | N | spectators | 7-2 |
| かんじゅせい | 感受性 | N | sensitivity | 7-2 |
| かんしん（する） | 感心 | VN | to admire; be impressed [by] | 7-2 |
| かんせい | 歓声 | N | a shout of joy | 6-2 |
| かんせい | 感性 | N | sensitivity | 10-2 |
| かんちがい（する） | 勘違い | VN | to misunderstand | 7-1 |
| かんぱい（する） | 乾杯 | N(VN) | a toast; toasting | 6-1 |
| かんぶ | 幹部 | N | an executive; a leader | 4-3P |
| かんめい（する） | （〜に）感銘する | VN | to be (deeply) moved [by] | 1-1 |
| かんりせきにん | 管理責任 | N | administrative responsibility | 5 |

## き

| | | | | |
|---|---|---|---|---|
| きおく | 記憶 | N | memory | 7-1 |
| きか（する） | 帰化 | VN | to naturalize | 3-3 |
| きき | 機器 | N | machinery | 2-2 |
| ききとり | 聞き取り | N | inquiry | 5 |
| ききのがす | （〜を）聞き逃す | Vt-u | to fail to hear | 9-2 |
| ききもらす | （〜を）聞き漏らす | Vt-u | to fail to catch a word | 4-2 |
| きく | （〜に）効く | Vi-u | to be effective [against] | 9-2 |
| きざみこむ | （〜に）刻み込む | Vt-u | to engrave sth [on] | 4-2 |
| ぎしき | 儀式 | N | a ceremony, rite | 9-2 |
| きしゅ | 旗手 | N | a flag-bearer | 4-3 |
| きじゅつ（する） | 記述 | N(VN) | description | 5 |
| きじゅん | 基準 | N | a standard; a criterion | 5 |
| ぎせい | 犠牲 | N | a sacrifice | 8-2 |
| きたい（する） | 期待する | VN | to expect | 6-1 |
| きたえる | 鍛える | Vt-ru | to train | 7-2 |
| きち | 基地 | N | military base | 7-1P |
| きっかけ | | N | a chance; a start | 8-2 |
| きつけ | 着付け | N | way to dress | 4-2 |
| きふ（する） | 寄付 | VN | to donate | 1-2P |
| きぼ | 規模 | N | scale | 2-3 |
| きぼう | 希望 | N | hope | 6-2 |

| | | | | |
|---|---|---|---|---|
| ぎめい | 偽名 | N | a false name | 1-3 |
| きめつける | (〜と)決めつける | Vt-ru | to make a judgment based on preconceptions | 3-1P |
| きゃくそう | 客層 | N | type of audience | 7-2 |
| きゃっかんてき(な) | 客観的 | AN | objective | 7-1P |
| キャパ | | N | capacity | 7-2 |
| きゅうかく | 嗅覚 | N | the sense of smell | 4-2P |
| きゅうきょく(の) | 究極 | N | ultimate | 7-2 |
| きゅうくつ(な) | 窮屈 | AN | narrow; rigid | 10-2 |
| きゅうじん | 求人 | N | job vacancies | 6-2 |
| きゅうぞう(する) | 急増 | N(VN) | a sudden increase | 2-2 |
| きゅうだん(する) | 糾弾する | VN | to denounce; condemn | 4-3 |
| きゅうていし(する) | 急停止する | VN | to stop suddenly | 6-2 |
| きょうき | 狂気 | N | insanity; madness | 8-2 |
| ぎょうぎょうしい | 仰々しい | A | bombastic; grandiose | 9-1 |
| きょうぐう | 境遇 | N | circumstances | 6-2 |
| きょうごう | 強豪 | N | a powerful team | 5 |
| きょうじん(な) | 強靭 | AN | strong; tough | 7-2 |
| きょうちょう(する) | 強調する | VN | to emphasize | 2-2 |
| きょうふしん | 恐怖心 | N | feeling of fear | 5 |
| きょうゆう(する) | 共有する | VN | to share | 8-1 |
| きょうれつ(な) | 強烈 | AN | intense, strong | 7-1 |
| ぎょぎょう | 漁業 | N | the fishing industry | 4-3 |
| きょくたん(に) | 極端 | Adv(AN) | extremely | 6-2 |
| ぎょみん | 漁民 | N | fishermen | 4-3 |
| きょよう(する) | 許容する | VN | to allow; permit | 8-3 |
| きょりかん | 距離感 | N | a sense of distance | 7-2 |
| きらく(な) | 気楽 | AN | comfortable | 8-1 |
| きり | 霧 | N | fog; mist | 6-2 |
| きりあい | 斬り合い | N | sword fighting | 7-2 |
| きりかえる | 切り替える | Vt-ru | to switch | 7-1 |
| ギリギリ | | Mim.Adv | at the very limit | 7-1 |
| きりさく | 切り裂く | Vt-u | to rip; slash | 6-2 |
| きれい(な) | 綺麗 | AN | beautiful | 7-2 |
| きろく | 記録 | N | a record | 7-1P |
| きわめて | 極めて | Adv | extremely | 2-3 |
| きんじる | 禁じる | Vt-ru | to ban; prohibit | 5 |
| きんせん | 琴線 | N | the strings of a harp | 7-2 |
| きんにく | 筋肉 | N | a muscle | 4-2 |

## く

| | | | | |
|---|---|---|---|---|
| くうかん | 空間 | N | space | 7-2 |
| くぐる | (〜を)くぐる | Vt-u | to go under sth | 6-2 |
| クスクス | | Mim.Adv | giggle, chuckle | 7-1 |
| くちょう | 口調 | N | a tone (e.g., of speech) | 4-2 |
| くつう | 苦痛 | N | pain | 5 |
| くっしん(する) | 屈伸する | VN | to bend and stretch | 4-2 |
| くっつける | | Vt-ru | to attach | 9-1 |
| くびになる | 首になる | Exp | get fired | 6-2 |
| くもる | 曇る | Vi-u | to cloud (up) [with] | 6-2 |
| くらしぶり | 暮らしぶり | N | way of life | 9-2 |
| くりかえす | 繰り返す | Vt-u | to repeat | 9-2 |
| くるまざ | 車座 | N | sitting in a circle | 9-2 |
| クレーム | | N | a claim | 10-2 |
| くろずむ | 黒ずむ | Vi-u | to blacken | 6-2 |
| くんせい | 薫製 | N | smoked | 10-1 |

## け

| | | | | |
|---|---|---|---|---|
| 〜けいしき | 形式 | Suf | 〜 style | 7-2 |
| けいしちょう | 警視庁 | N | the Tokyo metropolitan police department | 1-3 |
| けいせき | 形跡 | N | traces | 4-3 |
| けいぞくてき(な) | 継続的 | AN | continuous | 2-3 |
| けいだい | 境内 | N | shrine precincts | 7-2 |
| げいのう | 芸能 | N | performing art | 7-2 |
| げきじょう | 劇場 | N | theater | 4-3 |
| げじゅん | 下旬 | N | toward the end [of] | 1-1 |
| げたばこ | 下駄箱 | N | shoe case (located in the entrance area) | 6-1 |
| けっかん | 血管 | N | blood vessel | 9-2 |
| けつろんづける | 結論づける | Vt-ru | to reach the conclusion | 5 |
| ケヤキなみき | ケヤキ並木 | N | row of *keyaki* trees | 6-2 |
| ゲラゲラ | | Mim.Adv | roaring laughter | 7-1 |
| けんい | 権威 | N | authority; power | 4-1 |
| けんか(する) | 喧嘩する | VN | to quarrel; fight | 9-2 |
| けんきょ(な) | 謙虚 | AN | modest | 9-2 |
| げんじつ | 現実 | N | a reality | 3-4 |
| げんしょう(する) | 減少 | N(VN) | decrease | 5 |
| げんしりょくはつでんしょ | 原子力発電所 | N | nuclear power plant | 1-1P |

| | | | | |
|---|---|---|---|---|
| けんすう | 件数 | N | the number (e.g., of registrations) | 2-2 |
| げんていてき（な） | 限定的 | AN | limited | 2-2 |
| げんてん | 原点 | N | the origin | 4-3 |
| げんどう | 言動 | N | speech and behavior | 9-1 |
| げんば | 現場 | N | the scene (e.g., of a crime) | 1-3 |
| げんぱつ | 原発 | N | nuclear power plant | 8-2P |
| けんぽう | 憲法 | N | the constitution | 8-3 |
| けんり | 権利 | N | a right | 3-3 |

## こ

| | | | | |
|---|---|---|---|---|
| こいごころ | 恋心 | N | the awakening of love | 4-2 |
| こういてき（に） | 好意的 | Adv(AN) | favorably | 4-3 |
| こうえん | 公演 | N | a public performance | 7-2 |
| こうかい（する） | 公開する | VN | to release | 4-3 |
| こうきゅう（の） | 恒久 | AN | everlasting; permanent | 8-3 |
| こうけい | 光景 | N | scene | 9-2 |
| こうざい | 功罪 | N | merits and faults | 4-3 |
| こうし | 講師 | N | a lecturer | 3-2 |
| こうしん（する） | 交信する | VN | to be in communication | 7-2 |
| こうず | 構図 | N | composition | 4-3 |
| こうぞう | 構造 | N | structure; makeup | 7-1 |
| こうだい（な） | 広大 | AN | vast; extensive | 8-2 |
| こうてい | 校庭 | N | schoolyard | 6-1 |
| こうどう（する） | 行動 | N(VN) | behavior; action | 3-4 |
| こうにゅう（する） | 購入 | N(VN) | purchasing | 2-1 |
| こうはい（する） | 荒廃 | N(VN) | (moral) decay | 8-2 |
| こうふく（な） | 幸福 | AN | happy | 6-2 |
| こうほう | 広報 | N | public relations | 1-1 |
| こうほさく | 候補作 | N | works being considered for a prize | 4-3 |
| こうりゅうサイト | 交流サイト | N | social-networking sites | 1-1 |
| こうれいしゃ | 高齢者 | N | elderly person/people | 2-2 |
| こえをひそめる | 声を～ | Exp | lower (one's voice) | 6-1 |
| こくせき | 国籍 | N | nationality | 3-2P |
| こくはく（する） | 告白する | VN | to confess | 3-4 |
| こくみんとうひょう | 国民投票 | N | a national referendum | 8-2 |
| ここちよい | 心地よい | A | comfortable | 4-1 |

| | | | | |
|---|---|---|---|---|
| こころおだやか（な） | 心穏やか | AN | calm; peaceful | 4-3 |
| こころがまえ | 心構え | N | a mental attitude | 3-4 |
| こじいん | 孤児院 | N | an orphanage | 1-2P |
| こしがぬける | 腰が抜ける | Exp | be utterly surprised | 7-2 |
| こしをおろす | 腰をおろす | Exp | sit down | 6-2 |
| こせい | 個性 | N | one's individuality | 3-2 |
| こっか | 国家 | N | state; a nation | 8-3 |
| このよ | この世 | N | this world | 3-4 |
| こぼれる | | Vi-ru | to overflow | 6-2 |
| ごほんぞん | ご本尊 | N | the principal image (of Buddha) | 7-2 |
| ごまかす | | Vt-u | to cheat | 10-1 |
| こもる | （～に）こもる | Vi-u | to shut oneself up [in] | 6-2 |
| こもれび | 木漏れ日 | N | sunlight filtering through trees | 6-2 |
| こもん | 顧問 | N | an adviser | 5 |
| こゆう | 固有 | N | peculiar, indigenous | 2-3P |
| ごらくさく | 娯楽作 | N | entertainment work | 4-3 |
| こん | 紺 | N | dark blue; navy blue | 2-1P |
| こんだて | 献立 | N | a menu | 10-1 |
| こんなん（な） | 困難 | AN | difficult | 2-2 |
| こんぽんてき（な） | 根本的 | AN | fundamental | 7-1 |
| こんわく（する） | 困惑 | N(VN) | perplexity | 4-2 |

## さ

| | | | | |
|---|---|---|---|---|
| さい | 差異 | N | difference; disparity | 4-2 |
| さいかい（する） | 再開する | VN | to reopen | 8-2 |
| さいしゅう（する） | 採集する | VN | to collect (plants) | 9-2 |
| ～ざいじゅう | 在住 | Exp | residing [in] | 1-1 |
| さいそく（する） | 催促 | N(VN) | a repeated demand | 10-1 |
| さいにんしき（する） | 再認識する | VN | to re-realize | 5 |
| さいのう | 才能 | N | talent; ability | 3-2 |
| さいはっけん（する） | 再発見する | VN | to re-discover | 4-1 |
| さいばんしょ | 裁判所 | N | a courthouse | 6-1 |
| さいぶ | 細部 | N | details | 6-2 |
| さかぞい | 坂沿い | Exp | along the slope | 6-2 |
| さかり | 盛り | N | the height; the peak | 10-1 |
| さぎし | 詐欺師 | N | a con man | 7-2P |
| さく | 柵 | N | a fence | 6-2 |
| さぐる | 探る | Vt-u | to explore; investigate | 4-3 |
| さけぶ | 叫ぶ | Vi-u | to shout; give a cry | 8-3 |
| ささっと | | Mim.Adv | very quickly | 9-2 |

| | | | | |
|---|---|---|---|---|
| さしだしにん | 差出人 | N | the sender | 1-2 |
| さす | 挿す | Vt-u | to put in; insert | 6-2 |
| ざだんかい | 座談会 | N | a round-table talk | 10-2 |
| さつえい（する） | 撮影 | N(VN) | filming | 7-1 |
| さっかく（する） | 錯覚 | N(VN) | an (optical) illusion | 6-2 |
| ざっくり | | Mim.Adv | roughly | 7-1 |
| さっさと | | Mim.Adv | quickly | 9-1 |
| さつじんみすい | 殺人未遂 | N | attempted murder | 1-3P |
| さとご | 里子 | N | foster child(ren) | 9-2 |
| さは | 左派 | N | leftist, left-wing | 7-1 |
| さべつ（する） | 差別 | N(VN) | discrimination | 9-2P |
| さまざま（な） | 様々 | AN | various | 2-1 |
| さまたげる | 妨げる | Vt-ru | to interfere | 9-2 |
| さめる | 醒める | Vi-ru | to cool down; cool off | 6-2 |
| ざめん | 座面 | N | seat | 6-2 |
| さよう（する） | 作用する | VN | to operate (on sth) | 7-2 |
| さらす | （～を～に）晒す | Vt-u | to expose (one's disgrace) in public | 8-1 |
| さる | （～を）去る | Vt-u | to leave; desert | 1-1 |
| さんさい | 山菜 | N | edible wild plants | 9-2 |
| さんせい | 三世 | N | a third-generation | 3-2 |
| さんどう | 参道 | N | an entrance path (to a Shinto shrine) | 6-2 |
| さんまん（な） | 散漫 | AN | loose; distracted | 7-2 |

## し

| | | | | |
|---|---|---|---|---|
| ～し | 氏 | Suf | Mr. ～ (or Ms.) | 1-2 |
| シーソー | | N | a seesaw | 6-2 |
| しえん（する） | 支援 | N(VN) | (to) support sb | 1-1 |
| しかい | 視界 | N | the range of vision | 6-2 |
| しかく | 視覚 | N | the sense of sight | 4-2P |
| じかく（する） | 自覚する | VN | to be aware [of] (one's own faults) | 8-2 |
| しかも | | Conj | moreover | 4-2 |
| しがらみ | | N | chains; bonds | 4-1 |
| しき | 四季 | N | four seasons | 6-2 |
| しきる | （～を）仕切る | Vt-u | to manage, be in charge of | 7-1 |
| じく | 軸 | N | an axis | 7-1 |
| しくじる | | Vi-u | to make a blunder | 9-1 |
| しげき（する） | 刺激する | VN | to stimulate | 4-2 |
| しけつ（する） | 止血 | N(VN) | stopping bleeding | 9-2 |
| じこ | 事故 | N | accident | 1-1P |

| | | | | |
|---|---|---|---|---|
| しこうひん | 嗜好品 | N | items desired for reasons of taste and liking | 7-2 |
| ししゃ | 死者 | N | people who died | 1-1P |
| ししゅう | 刺繡 | N | embroidery | 9-2 |
| じじょう | 事情 | N | the state of things | 1-3 |
| じしん | 地震 | N | earthquake | 1-1P |
| じしんたっぷり（に） | 自信 | Exp | with complete self-confidence | 3-4 |
| しせつ | 施設 | N | an institution | 1-2 |
| しぜんかがく | 自然科学 | N | natural sciences | 10-1 |
| しそう | 思想 | N | an idea; an ideology | 7-2 |
| じたい | 事態 | N | the situation | 5 |
| したく（する） | 支度 | N(VN) | preparation | 9-2 |
| じちたい | 自治体 | N | a self-governing body | 2-2 |
| じっか | 実家 | N | one's parents' home | 6-1 |
| じっかん（する） | 実感する | VN | to fully realize | 7-2 |
| しつけ | | N | discipline; training | 9-1 |
| じっし（する） | 実施する | VN | to carry out | 2-1 |
| しっと（する） | 嫉妬 | N(VN) | jealousy; envy | 7-2 |
| じっと | | Mim.Adv | still; quiet | 7-2 |
| じつに | 実に | Adv | truly; really; indeed | 10-1 |
| じつのこ | 実の子 | Exp | biological child(ren) | 9-2 |
| しつよう（に） | 執拗 | Adv(AN) | persistently | 4-2 |
| じつりょく | 実力 | N | one's ability | 3-2 |
| しつれん（する） | 失恋する | VN | to have a broken heart | 6-2 |
| してき （する） | 指摘する | VN | to point out | 2-2 |
| しどう（する） | 指導 | N(VN) | guidance; coaching | 5 |
| じどうそうだんしょ | 児童相談所 | N | a child consultation center | 1-2 |
| しにそこなう | 死に損なう | Vi-u | to fail to die | 9-2 |
| しはい（する） | 支配する | VN | to rule; dominate | 10-2 |
| しばる | （縛る） | Vt-u | to tie | 6-1 |
| じばん | 地盤 | N | the foundation | 7-1 |
| しはんせいき | 四半世紀 | Exp | a quarter of a century | 10-2 |
| しぼう（する） | 死亡する | VN | to die | 1-3 |
| しぼりこむ | 絞り込む | Vt-u | to narrow down | 7-2 |
| しまぐに | 島国 | N | an island nation | 3-2 |
| しまつ（する） | （〜を）始末する | VN | to manage; dispose [of] | 8-2 |
| じまん（する） | （〜を）自慢する | VN | to brag [about] | 6-1 |

| | | | | |
|---|---|---|---|---|
| じみち（に） | 地道に | Adv(AN) | in an honest way; step by step | 8-2 |
| しみる | （〜に）しみる | Vi-ru | to go deeply [into] | 6-1 |
| しみん | 市民 | N | citizen, people | 7-1P |
| じみんとう | 自民党 | N | the Liberal Democratic Party | 8-2 |
| じめい | 自明 | N | self-evident; obvious | 4-2 |
| しめくくり | 締めくくり | N | conclusion | 8-2 |
| しめす | 示す | Vt-u | to show | 10-2 |
| しめる | 締める | Vt-ru | to tie (e.g., a necktie) | 6-2 |
| しめる | 占める | Vt-ru | to take (up); account for | 1P |
| しゃくちけん | 借地権 | N | a lease; a leasehold | 10-2 |
| しゃれた | | Exp | stylish; smart | 6-2 |
| ジャングルジム | | N | a jungle-gym | 6-2 |
| しゅうい | 周囲 | N | the surroundings | 6-2 |
| しゅうかい | 集会 | N | rally | 8-2P |
| じゅうきせい | 銃規制 | N | gun control | 4-3P |
| しゅうごう（する） | 集合する | VN | to gather together | 9-1 |
| じゅうじつ | 充実 | N | enhancement | 1-1 |
| じゅうしょうをおう | 重傷を負う | V | to get seriously injured | 1-3P |
| しゅうだん | 集団 | N | a group | 8-2 |
| しゅうちゅうりょく | 集中力 | N | concentration | 7-2 |
| しゅかんてき（な） | 主観的 | AN | subjective | 7-1P |
| しゅさいしゃ | 主宰者 | N | chairperson, supervisor | 9-2 |
| じゅしん（する） | 受信する | VN | to receive messages | 2-2P |
| じゅそ | 呪詛 | N | a curse | 8-3 |
| しゅだん | 手段 | N | means; medium | 2-2P |
| しゅっきん（する） | 出勤する | VN | to go to work | 1-2 |
| しゅつげん（する） | 出現する | VN | to appear | 10-2 |
| じゅもく | 樹木 | N | trees (and shrubs) | 6-2 |
| 〜しょ | 署 | Suf | a station (especially relating to police) | 1-3 |
| じょうえい（する） | 上映 | N(VN) | film showing | 4-3 |
| じょうきょう | 状況 | N | condition; situation | 1-1 |
| しょうげき | 衝撃 | N | shock, impact | 7-2 |
| じょうけん | 条件 | N | a condition; terms | 2-3 |
| しょうご | 正午 | N | noon | 1-2 |
| じょうしき | 常識 | N | common sense | 4-1 |
| しょうじょう | 症状 | N | a symptom | 7-1 |
| しょうすうみんぞく | 少数民族 | N | minority | 9-2P |

| | | | | |
|---|---|---|---|---|
| じょうたい | 状態 | N | the situation | 6-2 |
| じょうたいか（する） | 常態化する | VN | to get normalized | 5 |
| しょうち（する） | 承知 | N(VN) | acknowledge | 3-4 |
| しょうちゅう | 焼酎 | N | Japanese liquor distilled from potatoes, wheat, etc. | 9-2 |
| しょうちょう（する） | 象徴 | N(VN) | symbol | 10-1 |
| しょうふ | 娼婦 | N | a prostitute | 7-1 |
| じょうぶつ（する） | 成仏する | VN | to die with one's mind at peace | 7-2 |
| じょうほうでんたつ | 情報伝達 | N | transmission of information | 2-2P |
| しょうめつ（する） | 消滅 | N(VN) | extinction | 2-3 |
| しょうめん | 正面 | N | the front | 1-2 |
| じょうやく | 条約 | N | treaty | 7-1P |
| しょうり | 勝利 | N | a victory | 10-2 |
| しょくぎょうあんていじょ | 職業安定所 | N | an unemployment office | 6-2 |
| しょくさがし | 職探し | N | job hunting | 6-2 |
| しょくひん | 食品 | N | food | 4-3P |
| しょくぶつがく | 植物学 | N | botany | 10-1 |
| しょぞく（する） | （～に）所属する | N, VN | affiliation; to belong [to] | 1-3; 5 |
| しょたいめん | 初対面 | N | the first meeting | 8-1 |
| しょっちゅう | | Adv | very frequently | 6-1 |
| しょもつ | 書物 | N | a book; a volume | 6-2 |
| しょゆうぶつ | 所有物 | N | one's possession | 10-2 |
| しょり（する） | 処理 | N(VN) | management; disposition | 8-3 |
| しれい | 指令 | N | an order | 7-2 |
| じれい | 事例 | N | an instance | 5 |
| しろうと | 素人 | N | a layman | 7-2P |
| しんがい（する） | 侵害 | N(VN) | an infringement | 4-3 |
| しんきくさい | 辛気くさい | Adj | irritating | 7-2 |
| しんけん（な） | 真剣 | AN | serious | 6-1 |
| しんこく（な） | 深刻 | AN | serious; grave | 2-3 |
| しんさい | 震災 | N | an earthquake (disaster) | 2-2 |
| しんじ | 神事 | N | the Shinto ritual | 7-2 |
| じんしゅ | 人種 | N | race | 3-2P |
| しんじゅう（する） | 心中 | N(VN) | a double suicide | 7-1 |
| しんじょう | 心情 | N | one's sentiment | 8-2 |

| | | | | |
|---|---|---|---|---|
| しんせき | 親戚 | N | relatives | 9-1 |
| しんそ | 親疎 | N | closeness and distance | 9-1 |
| しんそう | 深層 | N | depths | 10-2 |
| しんたいてき（な） | 身体的 | AN | bodily | 4-2 |
| じんぶつ | 人物 | N | person | 2-1 |
| しんらい（する） | （〜を）信頼する | VN | to trust | 7-1 |
| しんりてき（な） | 心理的 | AN | mental | 2-3 |
| しんりゃく（する） | 侵略する | VN | to invade | 9-2 |
| しんわ | 神話 | N | a myth | 2-3 |

## す

| | | | | |
|---|---|---|---|---|
| すいけい（する） | 推計する | VN | to estimate | 2-2 |
| すいしん（する） | 推進する | VN | to promote | 4-3 |
| すいま | 睡魔 | N | sleepiness | 7-2P |
| すいもの | 吸い物 | N | Japanese clear soup | 10-1 |
| ずがいこつ | 頭蓋骨 | N | the skull | 1-3 |
| すがた | 姿 | N | appearance | 1-1 |
| すくう | | Vt-u | to scoop | 6-1 |
| すくう | （〜を）救う | Vt-u | to rescue | 6-2 |
| すごろくあそび | 〜遊び | N | a type of board game | 9-1 |
| ずさん（な） | | AN | careless; sloppy | 5 |
| すすめる | 薦める | Vt-ru | to recommend | 7-2P |
| すでに | 既に | Adv | already | 8-2 |
| すなお（な） | 素直 | AN | frank; honest; upfront | 7-2 |
| ずばり | | Mim.Adv | right to the point | 4-2 |
| すます | 澄ます | Vi-u | to look proper | 6-2 |
| すみ | 隅 | N | a corner | 6-2 |
| すむ | 澄む | Vi-u | to become clear/ transparent | 6-2 |
| すりへる | すり減る | Vi-u | to wear thin | 6-2 |
| する | 刷る | Vt-u | to print | 6-2 |

## せ

| | | | | |
|---|---|---|---|---|
| せ | 背 | N | the back | 6-2 |
| せいき | 世紀 | N | a century | 10-2 |
| せいけん | 政権 | N | political power | 7-1 |
| せいざ | 星座 | N | a constellation | 10-1 |
| せいじつ（な） | 誠実 | AN | honest; true | 7-1 |
| ぜいじゃく（な） | 脆弱 | AN | frail; fragile | 2-3 |
| せいじょう（な） | 正常 | AN | normal | 5 |

| | | | | |
|---|---|---|---|---|
| せいしんかい | 精神科医 | N | psychiatrist | 3-4 |
| せいじんしき | 成人式 | N | a coming-of-age ceremony | 3-3 |
| せいそく（する） | 生息する | VN | to inhabit | 9-2 |
| せいち | 聖地 | N | a sacred [holy] place | 9-2P |
| せいちょう（する） | 成長する | VN | to grow up | 6-2 |
| せいとう | 政党 | N | a political party | 8-2 |
| せいふく | 制服 | N | uniform | 4-2 |
| せいぶげき | 西部劇 | N | a cowboy film | 4-3 |
| せおう | （〜を）背負う | Vt-u | 1. to carry sth on one's back; 2. to bear (a burden) | 9-2 |
| せきとめる | せき止める | Vt-ru | to dam up; interrupt | 9-2 |
| せけんばなし | 世間話 | N | small talk | 8-1 |
| せだい | 世代 | N | a generation | 2-3 |
| せっする | （〜に）接する | Vi-u | to come into contact [with] | 1-1 |
| せっぱつまる | | Vi-u | to be in a desperate situation | 7-1 |
| ぜつみょう（に） | 絶妙 | Adv(AN) | exquisitely | 4-2 |
| ぜんあく | 善悪 | N | good and evil | 4-3 |
| ぜんい | 善意 | N | goodwill | 2-1 |
| せんきょ | 選挙 | N | an election | 3-3 |
| せんきょうし | 宣教師 | N | a missionary | 7-1 |
| ぜんさい | 前菜 | N | an hors d'oeuvre | 10-1 |
| せんさいさ | 繊細さ | N | delicate | 4-2 |
| せんじゅうみんぞく | 先住民族 | N | aborigines; indigenous people | 9-2P |
| せんとうき | 戦闘機 | N | a fighter; combat plane | 7-1 |
| せんもんご | 専門語 | N | a technical term | 10-1 |
| せんれつ（な） | 鮮烈 | AN | vivid | 7-1 |

## そ

| | | | | |
|---|---|---|---|---|
| そ | 疎 | N | distance | 9-1 |
| そうぐう（する） | 遭遇 | N(VN) | encounter | 9-1 |
| そうごりかい | 相互理解 | N | mutual understanding | 1-1 |
| そうさ（する） | 捜査 | N(VN) | criminal investigation | 1-3 |
| そうさ（する） | 操作 | N(VN) | operation; handling | 2-2 |
| そうぞうりょく | 想像力 | N | imagination | 8-2 |
| そうとう（の） | 相当 | AN | worth (amount/value) | 1-2 |
| そうとう | 相当 | Adv | considerably | 7-2 |

| | | | | |
|---|---|---|---|---|
| そえる | （〜に〜を）添える | Vt-ru | to attach | 1-2 |
| そがい（する） | 疎外する | VN | to alienate | 3-3 |
| そこ | 底 | N | the sole (of footwear) | 6-2 |
| そざい | 素材 | N | (raw) material | 4-2 |
| そしきはんざい | 組織犯罪 | N | organized crime | 1-3 |
| そそうをする | | Exp | to make a mistake | 9-1 |
| そそぐ | （〜に〜を）注ぐ | Vt-u | to pour; concentrate | 7-1 |
| そっくり | | Mim.Adv | having striking resemblance | 6-1 |
| ソフト | | N | software | 7-2 |
| そんざい（かん） | 存在（感） | N | (a sense of) existence | 2-2 |
| そんしょう（する） | 損傷 | N(VN) | a damage | 2-2 |

## た

| | | | | |
|---|---|---|---|---|
| たいおう（する） | 対応 | N(VN) | dealing with | 5 |
| だいおうじょう | 大往生 | N | a peaceful (natural) death | 6-2 |
| たいがい〜 | 対外 | Pref | external | 3-1 |
| たいかん | 体感 | N | bodily sensation | 7-2 |
| だいきぎょう | 大企業 | N | enterprise | 4-3P |
| たいくつ（な） | 退屈 | AN | boring | 7-2 |
| たいけん | 体験 | N | experience | 10-2 |
| たいさく | 対策 | N | a countermeasure | 1-3 |
| だいしったい | 大失態 | N | a huge mistake | 5 |
| たいしょくきん | 退職金 | N | a severance allowance | 6-2 |
| たいせい | 態勢 | N | preparedness | 1-1 |
| だいとうりょう | 大統領 | N | the President (of a country) | 4-3P |
| だいどく（する） | 代読する | VN | to read (a message) for sb | 8-1 |
| だいのおとこ | 大の男 | Exp | a mature man | 10-1 |
| たいばつ | 体罰 | N | corporal punishment | 5 |
| たいほしゃ | 逮捕者 | N | arrestee | 8-3 |
| たいほじょう | 逮捕状 | N | an arrest warrant | 1-3 |
| たいほ（する） | 逮捕する | VN | to arrest | 1-3P |
| たえず | 絶えず | Adv | constantly | 9-1 |
| たえまなく | 絶え間なく | Exp | without a pause; incessantly | 8-3 |
| たえる | （〜に）耐える | Vt-ru | to stand up [to] | 7-1 |
| たかが | | Adv | only; merely | 6-2 |
| たくみ（な） | 巧み | AN | skilful; adroit | 7-2P |
| たさい（な） | 多彩 | AN | colorful | 4-2 |
| たすけぶねをだす | 助け舟を出す | Exp | to help; rescue | 10-1 |

| | | | | |
|---|---|---|---|---|
| たずねる | 尋ねる | Vt-ru | to ask (sb a question) | 3-3 |
| ただ | | Adv | simply; merely | 6-2 |
| たたかい | 戦い | N | battle | 7-2P |
| たちいふるまい | 立ち居振る舞い | N | manners | 4-2 |
| たちかえる | (〜に) 立ち返る | Vi-u | to come back [to] | 8-2 |
| だっきゃく (する) | 脱却 | N(VN) | freeing oneself [from] | 3-4 |
| だっしゅつ (する) | 脱出 | N(VN) | escape [from] | 1-1 |
| たっする | (〜に) 達する | Vi-u | to reach | 2-1 |
| だとう (な) | 妥当 | AN | proper; appropriate | 2-3 |
| たどる | (〜を) たどる | Vt-u | to trace; follow | 7-2 |
| たのもしい | 頼もしい | A | dependable; promising | 9-2 |
| たば | 束 | N | a bundle | 6-2 |
| たばねる | 束ねる | Vt-ru | to bundle | 6-2 |
| たびたび | 度々 | Adv | very often | 10-1 |
| たましい | 魂 | N | a soul; a spirit | 7-2 |
| だまる | 黙る | Vi-u | to fall silent | 6-1 |
| ためになる | | Exp | be useful | 10-1 |
| たれ | | N | sauce; gravy | 6-1 |
| たんいつみんぞくしんわ | 単一民族神話 | N | the myth of racial homogeneity | 2-3 |
| たんこうぼん | 単行本 | N | hard-cover book | 6-2P |
| たんじゅんか (する) | 単純化 | N(VN) | simplification | 4-3 |
| たんとう (する) | 担当 | N(VN) | being in charge | 1-1 |
| だんなさま | (旦那様) | N | your/her (honorable) husband | 6-1 |
| たんなる | 単なる | Exp | mere; simple | 10-2 |
| たんぶん | 短文 | N | short sentences | 2-2 |
| だんぺん | 断片 | N | a fragment | 7-1 |
| たんまつ | 端末 | N | a terminal | 2-2 |
| だんらん (する) | 団欒する | VN | to sit in a happy circle | 9-1 |
| だんわ | 談話 | N | comments; discussion | 1-3 |

## ち

| | | | | |
|---|---|---|---|---|
| ちえ | 知恵 | N | wisdom | 10-1 |
| ちからがおよぶ | 力が (及) ぶ | Exp | be in one's power | 9-2 |
| ちしき | 知識 | N | knowledge | 3-2 |
| ちゃのま | 茶の間 | N | a Japanese style living room | 6-1 |
| ちゅうけい (する) | 中継 | N(VN) | relay broadcast | 7-1 |
| ちゅうこうねんむけ | 中高年向け | Exp | for the middle-aged or older | 6-2 |

| | | | | |
|---|---|---|---|---|
| ちゅうしょうてき（な） | 抽象的 | AN | abstract | 6-2 |
| ちゅうぶらりん（な／の） | 中（宙）ぶらりん | AN | dangling in the air | 3-3 |
| ちゅうもく（する） | 注目 | N(VN) | attention; notice | 4-2 |
| ちゅうりゅう（する） | 駐留する | VN | to be stationed | 7-1P |
| ちょうかいしょぶん | 懲戒処分 | N | disciplinary action | 5 |
| ちょうがく | 鳥学 | N | ornithology | 10-1 |
| ちょうせんはんとう | 朝鮮半島 | N | the Korean Peninsula | 3-2 |
| ちょうみんぞくてき（な） | 超民族的 | AN | ultra-ethnic | 10-2 |
| ～ちょうめ | 丁目 | Suf | a unit for Japanese addresses | 1-3 |
| ちょこちょこ | | Mim | toddling | 9-2 |
| ちょっぴり | | Mim.Adv | a tiny bit | 9-1 |
| ちょんまげ | | N | topknot hair style | 9-2 |

## つ

| | | | | |
|---|---|---|---|---|
| ついつい | | Adv | without much thought | 9-1 |
| ついていく | （～に）ついて（行く） | Vi-u | to follow; keep up [with] | 7-1 |
| つうぎょう（する） | 通暁する | VN | to know very well | 10-1 |
| つうきんラッシュ | 通勤ラッシュ | Exp | rush hour | 6-2 |
| つうしん | 通信 | N | communication, correspondence | 2-2P |
| つうせつ（に） | 痛切 | Adv(AN) | keenly; painfully | 10-2 |
| つかいこなす | 使いこなす | Vt-u | to use sth skillfully | 2-2P |
| つかいふるす | （使い）古す | Vt-u | to wear out sth | 6-2 |
| つぎこむ | （～に～を）つぎ込む | Vt-u | to invest | 7-1 |
| つきさす | （突き刺す） | Vt-u | to pierce; stab | 6-1 |
| つきつける | （～に～を）突きつける | Vt-ru | to confront sb [with] | 10-2 |
| つきやま | 築山 | N | an artificial hill | 6-2 |
| つける | （～に）漬ける | Vt-ru | to soak/steep sth [in] | 9-2 |
| つちけむり | 土けむり | N | cloud of dust | 6-1 |
| つづき | 続き | N | continuation | 6-2 |
| つっこむ | 突っ込む | Vt-u | to dig deep [into a matter] | 4-3 |
| つなみ | 津波 | N | tsunami | 1-1P |
| つねに | 常に | Adv | always | 4-3 |
| つのる | （～が）募る | Vi-u | to increase; grow | 7-2 |
| つぶす | 潰す | Vt-u | to crush; bring down | 7-1 |
| つぶれる | （潰れる） | Vi-ru | to be crushed | 9-2 |
| つまさき | つま先 | N | tiptoe | 6-2 |
| つまづく | （～に）つまづく | Vi-u | to stumble over; trip | 7-1 |
| つまみだす | つまみ出す | Vt-u | to drag out | 9-1 |

| | | | | |
|---|---|---|---|---|
| つみあげる | 積み上げる | Vt-ru | to pile sth up | 1-2 |
| つみぶかさ | 罪深さ | N | sinfulness | 8-3 |
| つめこむ | (〜に〜を)詰め込む | Vt-u | to pack | 7-2 |
| つめる | (〜に)詰める | Vi-ru | to be on duty [at] | 9-2 |
| つらぬく | (〜を)貫く | Vt-u | to carry through | 8-3 |

## て

| | | | | |
|---|---|---|---|---|
| であい | 出会い | N | an encounter | 6-2 |
| であう | (〜に)出逢う | Vi-u | to encounter | 7-1 |
| ていけつ(する) | 締結 | VN | to conclude (a treaty [with]) | 7-1P |
| ていこう(する) | 抵抗 | N(VN) | resistance | 7-1P |
| ていこくしゅぎ | 帝国主義 | N | imperialism | 4-3 |
| ていし(する) | 停止する | VN | to stop; suspend | 8-2 |
| ていしゅつ(する) | 提出する | VN | to submit | 2-2 |
| ていしょく | 停職 | N | suspension from work | 5 |
| ていでん(する) | 停電 | N(VN) | a power failure | 2-2 |
| てがける | (〜を)手がける | Vt-ru | to work [on] | 4-1 |
| てきがた | 敵方 | N | the enemy side | 4-3 |
| てきとう(な) | 適当 | AN | appropriate | 1-3 |
| てきよう(する) | 適用する | VN | to apply; adopt | 1-3 |
| てこ | 梃子 | N | a lever | 8-1 |
| てごわい | 手強い | A | tough | 3-4 |
| てすき | 手漉き | N | handmade (paper) | 6-2 |
| てっていてき(に) | 徹底的 | Adv(AN) | thoroughly; completely | 4-3 |
| デモ | | N | demonstration | 8-2P |
| てらす | 照らす | Vt-u | to illuminate | 6-2 |
| てんかい(する) | 展開する | VN | to unfold | 9-2 |
| てんけいてき(な) | 典型的 | AN | typical | 7-2 |
| てんこう(する) | (〜に)転校する | VN | to transfer to another school | 6-1 |
| てんとうする | 転倒する | VN | to topple | 1-3P |
| てんねん | 天然 | N | natural | 6-1 |
| てんもんがく | 天文学 | N | astronomy | 10-1 |
| てんらんかい | 展覧会 | N | an exhibition | 7-1 |

## と

| | | | | |
|---|---|---|---|---|
| どあい | 度合い | N | degree | 9-1 |
| といあわせ | 問い合わせ | N | inquiry | 1-1 |
| どういん(する) | 動員する | VN | to mobilize | 2-3 |
| とうこう(する) | 投稿 | N(VN) | contribution (of messages/texts) | 2-2 |

| | | | | |
|---|---|---|---|---|
| どうこう（する） | 同行する | VN | to accompany sb [to (a place)] | 1-1 |
| どうさ | 動作 | N | movements | 4-2 |
| どうせ | | Adv | in any case | 6-1 |
| とうぜん（の） | 当然 | AN | a matter of course; natural | 5 |
| とうそう | 闘争 | N | a fight [against] | 7-1P |
| とうのむかし | とうの昔 | Exp | a long time ago | 10-1 |
| とうばん（で） | 当番 | Exp | by taking turns | 9-2 |
| どうほう | 同胞 | N | a (fellow) countryman | 1-1 |
| とうろく（する） | 登録する | VN | to register | 2-2 |
| ときあかす | 解き明かす | Vt-u | to solve | 6-2 |
| とくさく | 得策 | N | a wise policy or plan | 4-3 |
| どくせん（する） | 独占 | N(VN) | monopoly | 10-2 |
| どくだんてき（な） | 独断的 | AN | dogmatic; arbitrary | 10-1 |
| どくりつ（する） | 独立する | VN | to become independent | 9-2 |
| とげ | 棘 | N | a small thorn | 10-1 |
| とじょうこく | 途上国 | N | a developing country | 1-1 |
| とじる | 綴じる | Vt-ru | to bind | 6-2 |
| とだえる | 途絶える | Vi-ru | to come to an end | 2-3 |
| とっこう | 特攻 | N | a special attack | 7-1 |
| となえる | 唱える | Vt-ru | to recite; chant | 9-2 |
| とまどい | 戸惑い | N | puzzlement | 4-1 |
| とむ | （〜に）富む | Vi-u | to be rich [in] | 7-2 |
| ともなう | 伴う | Vt-u | to involve | 8-2 |
| ともにする | （共にする） | Exp | to share | 6-2 |
| とらい（する） | 渡来する | VN | to come from abroad | 10-2 |
| とらえる | 捕らえる | Vt-ru | to seize | 8-2 |
| 〜とり | 採り | Suf | gathering | 9-2 |
| とりおこなう | 執り行う | Vt-u | to perform (a rite) | 9-2 |
| とりくみ | 取り組み | N | measures | 2-2 |
| とりばし | とり（取り）箸 | N | chopsticks to take portions from shared dishes | 9-1 |
| とりわけ | | Adv | especially | 8-1 |
| とわれる | （〜に）問われる | Exp | be accused [of] | 1-3 |
| とんぼ | 蜻蛉 | N | a dragonfly | 10-1 |

## な

| | | | | |
|---|---|---|---|---|
| ないこうてき（な） | 内向的 | AN | directed to the inside | 7-2 |
| ないしん | 内心 | Adv | at heart | 8-1 |

| | | | | |
|---|---|---|---|---|
| なかい | 仲居 | N | Japanese-style waitress | 4-2 |
| なかごろ | （中頃） | N | about the middle | 6-2 |
| ながめる | 眺める | Vt-ru | to gaze at; watch | 10-1 |
| なきさけぶ | 泣き叫ぶ | Vi-u | to cry; scream | 8-3 |
| なきわらい | 泣き笑い | N | smile through one's tears | 6-2 |
| なぐさめる | 慰める | Vt-ru | to comfort; console | 9-2 |
| なごやか（な） | | AN | peaceful; amicable | 9-1 |
| なしとげる | 成し遂げる | Vt-ru | to accomplish | 8-2 |
| なじむ | （〜と/に）なじむ | Vi-u | to match; fit | 6-2 |
| なぞ | 謎 | N | a mystery | 6-2 |
| なぞらえる | （〜に）なぞらえる | Vt-ru | to copy/model [after] | 1-2 |
| なっとう | 納豆 | N | fermented soybeans | 3-1 |
| なっとく（する） | 納得する | VN | to accept | 6-2 |
| ななめ | （斜め） | N | diagonal | 6-2 |
| なのる | 名乗る | Vt-u | to give one's name | 1-2 |
| なまる | | Vi-u | to speak with an accent | 9-1 |
| なみだ | 涙 | N | tear | 6-1 |
| なやむ | （〜に）悩む | Vi-u | to be troubled [by] | 3-3 |
| なんざん | 難産 | N | a hard labor (giving birth) | 6-1 |
| なんしょくをしめす | 難色を示す | Exp | to show disapproval | 1-3 |

## に

| | | | | |
|---|---|---|---|---|
| におい | （匂い） | N | a smell | 4-3 |
| にくがん | 肉眼 | N | the naked eye | 7-2 |
| にくせい | 肉声 | N | one's natural voice | 7-2 |
| にくたい | 肉体 | N | the body | 7-2 |
| にくたいてき（な） | 肉体的 | AN | physical | 5 |
| にじみでる | 滲み出る | Vi-ru | to reveal itself; come through | 7-1 |
| にっか | 日課 | N | daily routine | 6-2 |
| にぶる | 鈍る | Vi-u | to become dull | 7-2 |
| にゅうしゅ（する） | 入手する | VN | to obtain sth | 2-2 |
| にらむ | （〜を）睨む | Vt-u | to glare; stare [at] | 9-1 |
| にんしき（する） | 認識する | VN | to recognize | 2-3 |
| にんじゃ | 忍者 | N | a ninja | 3-4 |

## ぬ

| | | | | |
|---|---|---|---|---|
| ぬれる | 濡れる | Vi-ru | to get wet | 6-2 |

## ね

| | | | | |
|---|---|---|---|---|
| ねだる | (〜を) ねだる | Vt-u | to pester [for] | 6-1 |
| ねっこ | 根っこ | N | the root; the origin | 8-3 |
| ねっしん (に) | 熱心 | Adv(AN) | enthusiastically | 8-1 |
| ねっちゅうしょう | 熱中症 | N | heatstroke | 8-3 |
| ねっちゅうする | 熱中 | VN | to be enthusiastic | 6-2 |
| ねむたい | 眠たい | A | sleepy | 7-2 |

## の

| | | | | |
|---|---|---|---|---|
| のう | 脳 | N | brain | 7-2 |
| のうがくどう | 能楽堂 | N | *Noh* theater | 7-2 |
| のうめん | 能面 | N | *Noh* masks | 7-2 |
| のこす | 残す | Vt-u | to leave sth | 6-2 |
| のぞく | 覗く | Vt-u | to look [in] | 9-2 |
| のぼる | (〜に) (登る， 上る) | Vi-u | to reach; amount [to] | 2-3 |
| のりこむ | (〜に) 乗り込む | Vi-u | to march into [a place] | 4-3 |
| のんびり (した) | | Mim | laid back | 9-1 |

## は

| | | | | |
|---|---|---|---|---|
| はいきぶつ | 廃棄物 | N | waste | 8-3 |
| はいご | 背後 | N | behind | 7-2 |
| はかい (する) | 破壊 | N(VN) | destroy | 9-2 |
| はぎとる | 剥ぎとる | Vt-u | to strip sth off | 8-2 |
| はきゅう (する) | 波及する | VN | to spread (sth) [to] | 1-1 |
| はくしょ | 白書 | N | a white paper | 2-2 |
| ばくしょう (する) | 爆笑 | N(VN) | roar of laughter | 4-2 |
| はくじょう (する) | 白状 | VN | to confess | 10-1 |
| はくりょくのある | 迫力のある | Exp | powerful | 7-1 |
| はぐるま | 歯車 | N | a cogwheel | 7-2 |
| はげまし | 励まし | N | encouragement | 8-1 |
| はげる | (剥げる) | Vi-ru | to peel off; come off | 6-2 |
| はけん (する) | 派遣 | N(VN) | dispatch | 1-1 |
| はさむ | 挟む | Vt-u | to sandwich [between] | 4-2 |
| はじける | | Vi-ru | to burst open | 4-1 |
| はずす | 外す | Vt-u | to remove; exclude | 4-1 |
| はだのいろ | 肌の色 | Exp | skin color | 3-2P |
| はたらきかける | (〜に) 働きかける | Vi-ru | to appeal to; influence | 4-2 |
| 〜ぱつ／はつ | 発 | Count | a counter for punch/ shot | 5 |
| はっかく (する) | 発覚する | VN | to come to light | 5 |

| | | | | |
|---|---|---|---|---|
| はっき（する） | 発揮する | VN | to bring one's ability into full play | 3-4 |
| はっしんする | 発信する | VN | to send a message | 1-1 |
| はっせい（する） | 発生 | N(VN) | an occurrence | 2-2 |
| はっせい | 発声 | N | vocalization | 7-2 |
| はっぷん（する） | 発奮する | VN | to be spurred/roused | 5 |
| はで（な） | 派手 | AN | flashy | 7-2 |
| はば | 幅 | N | width | 4-1 |
| はまる | （〜に）ハマる | Vi-u | 1. to get addicted to; 2. to fit; suit | 7-2 |
| はらだたしい | 腹立たしい | A | maddening; aggravating | 8-3 |
| ぱらぱら（と） | | Mim.Adv | flipping through a book | 6-2 |
| はらんばんじょう（な／の） | 波乱万丈 | Exp | full of ups and downs | 6-2 |
| はる | 張る | Vt-u | to string (a rope [across]) | 1-3P |
| はるか | 遥か | Exp | far away (distance, time) | 6-2 |
| はるかに | （遥かに） | Adv | by far | 10-2 |
| はんえい（する） | （〜を）反映する | VN | to reflect sth | 2-1 |
| はんげんぱつ | 反原発 | Exp | anti-nuclear (power station) | 8-2 |
| はんこうしん | 反抗心 | N | rebellious spirit | 5 |
| はんざい | 犯罪 | N | an offense; a crime | 8-3 |
| はんせい（する） | 反省する | VN | to reflect on one's past conduct | 4-3 |
| はんにちてき（な） | 反日的 | AN | anti-Japanese | 4-3 |
| はんべいうんどう | 反米運動 | N | anti-U.S. movement | 7-1P |

## ひ

| | | | | |
|---|---|---|---|---|
| ひがいしゃ | 被害者 | N | victims | 1-1P |
| ひかれる | （〜に）惹かれる | Exp | be attracted [to] | 4-2 |
| ひぎ | 秘儀 | N | a secret ceremony | 4-3P |
| ひきこむ | 引き（込）む | Vi-u | to attract; draw sb [into] | 6-2 |
| ひきずる | （引きずる） | Vt-u | drag (e.g., one's feet) | 6-2 |
| ひきわたし | 引き渡し | N | handover; extradition | 1-3 |
| ひく | （〜を）引く | Vt-u | to cite; quote | 8-2 |
| ひげき | 悲劇 | N | a tragedy | 5 |
| ひざ | 膝 | N | knee(s), one's lap | 7-1 |
| ひさいち | 被災地 | N | disaster-stricken area | 1-1 |
| びさい（な） | 微細 | AN | fine; microscopic | 4-2 |

| | | | | |
|---|---|---|---|---|
| ひざし | 日ざし | N | sunlight; rays of the sun | 6-2 |
| ひじょうきん | 非常勤 | N | part-time | 3-2 |
| ヒステリー | | N | hysteria | 8-2 |
| ピターッ（と） | | Mim.Adv | very tightly | 7-2 |
| ひっかかる | (〜に）引っかかる | Vi-u | to get caught [in] | 6-2 |
| ひっかける | (〜に）(引っ）かける | Vt-ru | to catch sth [on] | 9-2 |
| ひっし（に） | 必死 | Adv(AN) | frantically | 9-2 |
| ひつようせい | 必要性 | N | necessity | 2-2 |
| ひてい（する） | 否定する | VN | to deny | 3-2 |
| ひとえに | | Adv | simply; solely | 9-1 |
| ひとで | 人手 | N | a worker; a hand; help | 1-1 |
| ひととき | | N | a short time | 8-1 |
| ひとやくかう | 一役買う | Exp | to take part [in]; help sb out | 1-1 |
| ひにく | 皮肉 | N | irony | 6-2 |
| ひにんじょう（な） | 非人情 | AN | heartless | 10-1 |
| ひびく | 響く | Vi-u | to resound | 7-2 |
| ひぼうりょく | 非暴力 | Exp | nonviolence | 8-3 |
| ヒモ | | N | a pimp | 7-1 |
| ひょうか（する） | 評価する | VN | to value; evaluate | 4-3 |
| ひょうし | 表紙 | N | a cover | 6-2P |
| びょうしゃ（する） | 描写 | N(VN) | depict | 10-1P |
| ひょうじょう | 表情 | N | facial expressions | 6-2 |
| ひょうめい（する） | 表明する | VN | to declare | 4-3 |
| ひらて | 平手 | N | an open hand | 5 |
| ひりつ | 比率 | N | proportion | 2-1 |
| ひろげる | | Vt-ru | to unpack; open | 6-1 |

## ふ

| | | | | |
|---|---|---|---|---|
| ぶあいそう（な） | 無愛想 | AN | surly; unfriendly | 6-1 |
| ふあん | 不安 | N | uneasiness; anxiety | 1-1 |
| ふうちょう | 風潮 | N | a trend; climate | 5 |
| フェティシズム | | N | fetishism | 10-2 |
| ぶかつ | 部活 | N | club activities | 3-1 |
| ふかみどり | 深緑 | N | dark green | 6-2 |
| ふくめん | 覆面 | N | a mask | 1-2P |
| ふくれあがる | | Vi-u | to expand | 6-2 |
| ふくろう | 梟 | N | an owl | 10-1 |
| ふしぎ（な） | 不思議 | AN | mysterious | 7-2 |
| ふじつ（な） | 不実 | AN | unfaithful | 6-2 |

| | | | | |
|---|---|---|---|---|
| ふしぶし | 節々 | N | joints | 9-2 |
| ふしん（な） | 不審 | AN | dubious; suspicious | 1-3 |
| ぶたい | 舞台 | N | a stage; a scene | 4-2 |
| ぶち | 斑 | N | patches; spots | 6-2 |
| ふっと | | Mim.Adv | abruptly; suddenly | 9-1 |
| ふへんせい | 普遍性 | N | universality | 10-2 |
| ふめい（の/な） | 不明 | AN | unknown | 10-1 |
| ブランコ | | N | a swing | 6-2 |
| ふるえる | 震える | Vi-ru | to tremble; shake; shiver | 6-2 |
| ふるまう | 振る舞う | Vi-u | to behave | 3-4 |
| プロレスラー | | N | a professional wrestler | 1-2P |
| ぶんこ | 文庫 | N | pocket-size paperback | 7-2 |
| ぶんしょ | 文書 | N | a document | 8-2 |
| ふんせん（する） | 奮戦 | N(VN) | a brave fight | 6-2 |
| ぷんぷん（する） | | V.Mim | to smell strongly [of] | 4-3 |
| ぶんらく | 文楽 | N | *Bunraku* puppet plays | 7-2 |
| ぶんるい（する） | 分類する | VN | to classify | 2-3 |

## へ

| | | | | |
|---|---|---|---|---|
| へいき（な） | 平気 | AN | calm; cool | 6-1 |
| べいぐん | 米軍 | N | the American military | 1-3P |
| へいこう（する） | 閉口する | VN | to be nonplussed | 10-1 |
| へいぼん（な） | 平凡 | AN | common; ordinary | 3-4 |
| へいよう（する） | 併用する | VN | to use sth together | 2-2 |
| ページをくる | 繰る | Exp | turn over pages | 6-2 |
| ヘリ | | N | helicopter | 9-2 |
| ペンキ | | N | paint | 6-2 |
| へんけん | 偏見 | N | prejudice | 9-2P |
| へんしん（する） | 変身 | N(VN) | transformation | 6-2 |
| へんちょうをきたす | 変調 | Exp | to cease to function properly | 4-3P |
| へんぼう（する） | 変貌 | N(VN) | transfiguration | 10-1 |

## ほ

| | | | | |
|---|---|---|---|---|
| ホイホイ | | Mim | easily; readily | 3-4 |
| ぼう | 棒 | N | a stick | 9-1 |
| ほうかい（する） | 崩壊 | VN | to collapse | 7-1 |
| ほうかつてき（な） | 包括的 | AN | comprehensive | 2-3 |
| ぼうけん | 冒険 | N | an adventure | 3-4 |
| ほうこう | 方向 | N | a direction | 7-2 |

| | | | | |
|---|---|---|---|---|
| ほうしゃせいぶっしつ | 放射性物質 | N | a radioactive substance | 8-2 |
| ほうしゃのう | 放射能 | N | radiation | 1-1P |
| ぼうそう（する） | 暴走 | N(VN) | reckless action | 8-3 |
| ほうそうきょく | 放送局 | N | a broadcasting station | 2-2 |
| ほうそう（する） | 包装する | VN | to wrap | 1-2 |
| ぼうだい（な） | 膨大 | AN | enormous | 7-1 |
| ほうっておく | 放っておく | Vt-u | to leave someone alone/unattended | 7-1 |
| ぼうとう | 冒頭 | N | the beginning; opening | 4-1 |
| ぼうどう | 暴動 | N | uprising | 7-1P |
| ぼうはんカメラ | 防犯 | N | a surveillance camera | 1-3 |
| ぼうりょくこうい | 暴力行為 | N | an act of violence | 5 |
| ほうわじょうたい | 飽和状態 | N | state of saturation | 9-2 |
| ほおばる | （〜を）ほおばる | Vt-u | to fill one's mouth with food | 6-1 |
| ほがらか（な） | 朗らか | AN | cheerful; merry | 4-2 |
| ぼきん | 募金 | N | fund-raising | 1-1P |
| ほご（する） | 保護 | N(VN) | protection | 4-3 |
| ほこり | 誇り | N | pride | 3-3 |
| ぼしゅう（する） | 募集 | N(VN) | recruitment | 1-1 |
| ほしゅけいだんたい | 保守系団体 | N | conservative group | 4-3 |
| ほしょう（する） | 保障 | N(VN) | security | 7-1P |
| ぼひょう | 墓標 | N | grave post | 9-2 |
| ほほ | 頬 | N | a cheek | 5 |
| ほりおこす | 掘り起こす | Vt-u | to dig out; discover | 9-2 |
| ほれぼれする | | Exp | charming; fascinating | 7-2P |
| ぼん | 盆 | N | a tray | 4-2 |
| ほんにん | 本人 | N | the person(s) themselves | 2-1 |
| ほんみょう | 本名 | N | one's real name | 1-2P |
| ぼんやり（と） | | Mim.Adv | vaguely; dimly | 6-2 |

## ま

| | | | | |
|---|---|---|---|---|
| マイノリティー | | N | minority | 9-2P |
| まえむき（な） | 前向き | AN | forward-looking | 1-1 |
| まかせる | 任せる | Vt-ru | to entrust | 7-1 |
| まがり（する） | 間借りする | VN | to rent a room | 4-2 |
| まき | 薪 | N | firewood | 9-2 |
| まじる | （〜に）交じる | Vi-u | to be mingled [with] | 2-1 |
| またいとこ | 又いとこ | N | second cousin | 9-1 |

| | | | | |
|---|---|---|---|---|
| またたく | | Vi-u | to twinkle; flicker | 10-1 |
| またまくまに | 瞬く間に | Exp | in an instant | 9-2 |
| まつげ | まつ毛 | N | eyelashes | 6-1 |
| まったく | 全く | Adv | thoroughly; completely | 3-2 |
| まとわりつく | (〜に) まとわりつく | Vi-u | to follow sth/sb around; cling [to] | 10-2 |
| まぬがれる | (〜を) 免れる | Vt-ru | to avert | 9-1 |
| まひ (する) | 麻痺する | VN | to be paralyzed | 4-2 |
| まほう | 魔法 | N | magic | 6-2 |
| まよう | 迷う | Vi-u | to hesitate; waver | 6-2 |
| まるがり | 丸刈り | N | close-cropped hair | 9-2 |
| まるはだか | (丸) 裸 | N | totally naked | 9-1 |
| まるまる | (〜が) 丸まる | Vi | (sth/sb) curl up | 9-2 |
| まるめる | (〜を) 丸める | Vt | to curl sth up | 6-2 |
| まれ (な) | 稀 | AN | rare | 9-1 |
| まろやか (な) | | AN | mellow | 9-1 |
| まわる | 回る | Vt-u | to go around | 3-2 |
| まんぞく (な) | 満足 | AN | satisfied; content | 6-2 |

## み

| | | | | |
|---|---|---|---|---|
| みかいじん | 未開人 | N | a barbarian | 4-3P |
| みかく | 味覚 | N | the sense of taste | 4-2P |
| みがまえる | 身構える | Vi-ru | to get ready; be on one's toes | 9-2 |
| みがら | 身柄 | N | person (e.g., involved in a criminal case) | 1-3 |
| みせもの | 見世物 | N | a show; an exhibition | 6-2 |
| みせられる | (〜に) 魅せられる | Exp | to be enchanted | 6-2 |
| みぞ | 溝 | N | a gulf; a gap | 3-3 |
| みため | 見た目 | N | appearance | 3-4 |
| みちすがら | 道すがら | Exp | on the way | 9-2 |
| みちばた | 道端 | N | roadside | 9-2 |
| みにつける | (〜を) 身につける | Exp | to master | 7-1 |
| みまわす | 見まわす | Vt-u | to look around | 6-2 |
| みみをそばだてる | 耳をそばだてる | Exp | to prick up one's ears | 9-2 |
| みりょく | 魅力 | N | attraction; charm | 6-2 |
| みんしゅしゅぎ | 民主主義 | N | democracy | 8-2 |
| みんぞく | 民族 | N | race, ethnic group | 2-3P |

## む

| | | | | |
|---|---|---|---|---|
| むいしきてき (に) | 無意識的 | Adv(AN) | unconsciously | 10-2 |
| むかえる | (〜を) 迎える | Vt-ru | to reach (time/phase) | 3-3 |

| | | | | |
|---|---|---|---|---|
| むく | 向く | Vi-u | to lean towards | 3-4 |
| むくち（な） | 無口 | AN | taciturn; quiet | 9-1 |
| むし（する） | 無視する | VN | to ignore; disregard | 3-2 |
| むしょく | 無職 | N | unemployed (status) | 3-3 |
| むすう（の） | 無数 | AN | limitless number | 10-1 |
| むちゅうになる | 夢中になる | Exp | be absorbed in | 6-2 |
| むにのしんゆう | 無二の親友 | Exp | one's best friend | 6-2 |
| むね | 胸 | N | chest | 6-2 |
| むねん | 無念 | N | regret | 7-2 |
| むやみに | | Adv | indiscriminately | 7-2 |

## め

| | | | | |
|---|---|---|---|---|
| めいあん | 名案 | N | good idea | 10-1 |
| めいかい（な） | 明快 | AN | clear-cut | 4-3 |
| めいかく（な） | 明確 | AN | clear; precise | 2-3 |
| めいよきょうじゅ | 名誉教授 | N | Professor Emeritus | 2-3 |
| めぐって | （〜を）めぐって | Exp | about; concerning | 10-2 |
| めちゃくちゃ | | Mim.Adv | extremely | 7-2 |
| めっぽう | 滅法 | Adv | extraordinarily | 4-2 |
| めばえる | 芽生える | Vi-ru | to begin to grow | 3-4 |
| めぼしい | 目ぼしい | A | chief; important | 10-1 |
| めん | 面 | N | a surface; a side | 6-2 |
| めんくらう | 面喰らう | Vi-u | to be bewildered | 9-2 |
| めんせき | 面積 | N | area | 8-2 |

## も

| | | | | |
|---|---|---|---|---|
| もういっぺん | | Adv | one more time | 9-1 |
| もうける | 設ける | Vt-ru | to set up | 7-2 |
| もたらす | | Vt-u | to bring about; cause | 6-2 |
| もちあじ | 持ち味 | N | a distinctive quality | 3-4 |
| もとづく | （〜に）基づく | Vi-u | to be based [on] | 1-3 |
| モノサシ | （ものさし／物差し） | N | a ruler; a measure | 7-1 |
| ものすごい | もの凄い | A | tremendous, striking | 7-1 |
| もよう | 模様 | N | a pattern; a design | 6-2 |
| もれ | 漏れ | N | leak | 1-1P |
| もんがいかん | 門外漢 | N | an outsider; a layman | 10-1 |
| もんだいいしき | 問題意識 | N | an awareness of the issues | 3-4 |

## や

| | | | | |
|---|---|---|---|---|
| やきもき（する） | | V(Mim) | to be anxious | 9-2 |
| やくしゃ | 役者 | N | an actor | 7-2 |

| | | | | |
|---|---|---|---|---|
| やけに | | Adv | awfully; desperately | 3-2 |
| やしなう | 養う | Vt-u | to foster | 5 |
| やっかい（な） | 厄介 | AN | troublesome | 10-1 |
| やぶる | 破る | Vt-u | to break; violate | 10-2 |

## ゆ

| | | | | |
|---|---|---|---|---|
| ゆううつ（な） | 憂鬱 | AN | depressed; miserable | 6-1 |
| ゆうぐ | 遊具 | N | playground equipment | 6-2 |
| ゆうこうきげん | 有効期限 | N | expiry date; statute of limitations | 1-3 |
| ゆうほどう | 遊歩道 | N | a promenade | 6-2 |
| ゆうりょ（する） | （〜に）憂慮する | VN | to fear; worry [over] | 1-1 |
| ゆえん | | N | a reason | 7-2 |
| ゆたか（な） | 豊か | AN | rich; enriched | 6-2 |
| ゆるやか（な） | | AN | gentle | 6-2 |

## よ

| | | | | |
|---|---|---|---|---|
| よういに | 容易に | Adv | easily; with ease | 8-3 |
| よういん | 要因 | N | a factor; cause | 5 |
| ようぎ | 容疑 | N | suspicion | 1-3 |
| ようごしせつ | 養護施設 | N | a child care institution | 1-2 |
| ようし | 養子 | N | adopted child(ren) | 9-2 |
| ようしょようしょ | 要所要所 | N | important parts | 7-1 |
| ようせい（する） | 要請 | N(VN) | an appeal; a request | 1-3 |
| ようそ | 要素 | N | factor; element | 2-3 |
| ようにん（する） | 容認する | VN | to permit; tolerate | 5 |
| よくあつ（する） | 抑圧 | N(VN) | oppression | 7-1P |
| よけい（な） | （余計） | AN | needless | 9-2 |
| よこがお | 横顔 | N | a profile | 6-1 |
| よこぎる | 横切る | Vt-u | to go across | 6-2 |
| よこになる | 横になる | Exp | to lie down | 9-2 |
| よせる | 寄せる | Vt-ru | to send (e.g., a letter [to]) | 5 |
| よそう（する） | 予想 | N(VN) | expectation | 1-1 |
| ヨソヨソしい | | A | standoffish; distant | 9-1 |
| よび | 予備 | N | preparatory | 7-2 |
| よびかけ | 呼びかけ | N | appeal | 1-1 |
| よみがえる | | Vi-u | to revive; come back | 6-2 |
| よもぎ/ヨモギ | 蓬 | N | wormweed; mugwort | 9-2 |

## ら

| | | | | |
|---|---|---|---|---|
| らくご | 落語 | N | *Rakugo*, comic story-telling | 7-2 |

## り

| | | | | |
|---|---|---|---|---|
| りきむ | 力む | Vi-u | to show a bold front [to sb] | 3-2 |
| りくつ | 理屈 | N | logic; argument | 7-2 |
| リストラ | | N | restructuring; downsizing | 6-2 |
| リハビリ | | N | rehabilitation | 9-2 |
| りゅうねん（する） | 留年 | N(VN) | repeating a school year | 6-1 |
| りょう～ | 両 | Pref | both | 2-1 |
| りょうしょう（する） | 了承する | VN | to approve; accept | 2-2 |
| りよう（する） | （～を）利用する | VN | to make use [of] | 1-2 |
| りょうてい | 料亭 | N | a (Japanese style) restaurant | 10-1 |
| りょうばのつるぎ/けん | 両刃の剣 | Exp | double-edged sword | 4-3 |
| りんりかん | 倫理観 | N | ethics; moral value | 5 |

## れ

| | | | | |
|---|---|---|---|---|
| れいき | 冷気 | N | cold; chill | 6-1 |
| れいせい（な） | 冷静 | AN | calm; cool | 1-1 |
| れんあい | 恋愛 | N | love | 3-4 |
| れんそう（する） | 連想 | VN | be reminded of | 10-1p |
| れんぞく（で） | 連続 | N | [in] succession | 2-1 |
| れんどう（する） | 連動する | VN | to operate together | 4-2 |
| れんらくつうろ | 連絡通路 | N | connecting passageway | 6-2 |

## ろ

| | | | | |
|---|---|---|---|---|
| ろうにゃくだんじょ | 老若男女 | N | men and women of all ages | 9-2 |
| ろんぶん | 論文 | N | a thesis; an article | 10-2 |

## わ

| | | | | |
|---|---|---|---|---|
| わか | 和歌 | N | Japanese poem | 10-1 |
| わかば | 若葉 | N | young leaves | 6-2 |
| わかれめ | 分かれ目 | N | a branching point | 6-2 |
| わき | 脇 | N | the side | 7-2 |
| わきでる | 湧き出る | Vi-ru | to gush; well up | 7-1 |

| | | | | |
|---|---|---|---|---|
| わきみず | 湧き水 | N | spring water, welling water | 9-2 |
| わく | 枠 | N | a frame | 4-1 |
| わじん | 和人 | N | the dominant native ethnic group of Japan | 9-2 |
| わずか（な） | （僅か） | AN | a little | 6-2 |
| わだい | 話題 | N | a topic (of conversation) | 3-2 |
| 〜わり | 割 | Suf | a unit refering to 10% | 2-1 |
| わるもの | 悪者 | N | the villain; the blame | 4-3 |

# 表現文型　索引

### ジャンル 6-1
1. N なんて〜
2. ちっとも A くなんかない.
3. 〜（だ）わ.

### ジャンル 6-2
1. ひとりとして〜ない.
2. V[stem] すすめる
3. N は N で
4. V[stem] ごたえがある.
5. A/AN そうな N
6. V[stem] だす
7. N に限って S.

### ジャンル 7-1
1. V[stem] こむ（込む）

### ジャンル 7-2
1. V[stem] きる
2. (X まま) 現在に至っている.
3. よく〜ものだ (と思う).
4. X というより（も）Y.
5. V1/A1(tentative) が, V2/A2(tentative) が〜.
6. S (ような) 気がする.

### ジャンル 8-1
1. いささか〜
2. ごく〜
3. X は , 皆無と言ってもいい.

### ジャンル 8-2/8-3
1. 人一倍〜
2. 〜ものです.
3. V[stem] うる.
4. 〜ものです.
5. もう決して〜ない.
6. A/AN/V てしかた（が）ない.
7. V[stem] ぬく

### ジャンル 9-1
1. N か WH-Q か
2. ましてや〜
3. V[te] ゆく (いく)
4. X としか 言いようがない.

### ジャンル 9-2
1. X のみならず Y.
2. V ずにはいられなかった.
3. V まいとして
4. S のには驚かされた.
5. 何らかのかたちで
6. V[stem] ながらも

### ジャンル 10-1
1. V[ta] あげくの果て
2. まず〜ない.

### ジャル 10-2
1. V ざるをえない.
2. いったん S1 (となる) と, S2.
3. N1 はもちろんのこと, N2 (に/で) も X.
4. N1 の原因を N2 に求める.

Made in the USA
Las Vegas, NV
24 December 2024

15295618R10149